中国建投 | 远见成就未来

中国建投研究丛书·报告系列
JIC Institute of Investment Research Books · Report

中国信托行业研究报告
(2017)

中建投信托研究中心 / 编著

ANNUAL REPORT ON THE DEVELOPMENT OF
CHINA'S TRUST INDUSTRY (2017)

社会科学文献出版社
SOCIAL SCIENCES ACADEMIC PRESS (CHINA)

中建投信托研究丛书编委会

主　任　　王文津
副主任　　刘　屹
委　员　　（按姓氏拼音字母排序）
　　　　　　蔡婉婷　陈　梓　葛　枫　郭慧子　何　珊
　　　　　　黄婷儿　黄伟斌　李合怡　林　凡　聂雅雯
　　　　　　邱　放　唐彦斌　谢雪凯　应汇康　袁　路
　　　　　　曾　层　张妍玫

主要编写人员简介
（按姓氏拼音字母排序）

蔡婉婷 浙江大学经济学博士。现任职于中建投信托风险管理部。曾在核心学术期刊发表多篇论文，参与多项国家社科基金以及教育部基地重大项目研究。善于在数理模型构建、实证量化的基础上分析金融、经济问题。

陈 梓 金融学与金融投资学双硕士。先后就读于复旦大学、英国杜伦大学，曾前往美国耶鲁大学交流学习，现任职于中建投信托风险管理部。参编《中国信托行业研究报告》《中国投资发展报告》《建投投资评论》等研究报告多部，在宏观经济发展、金融市场变革、信托行业转型等方面有独特的见解。

葛 枫 浙江大学经济学硕士。现任职于中建投信托研究创新部，曾发表核心期刊论文多篇，先后参编《中国投资发展报告（2016）、（2017）》《中国信托行业研究报告（2016）》《2016年中国资产管理发展趋势报告》，并在《财经》等杂志发表评论多篇，对信托行业发展转型及信托相关产业经济有较为深入的研究。

郭慧子 牛津大学硕士，北京大学学士。曾任中欧商学院宏观经济研究员，现任中建投信托研究创新部研究员。在《财经》等媒体发表过数篇文章，对宏观经济、信托行业以及地产行业有颇为深入的研究。

何　珊　上海交通大学金融学硕士。现任职于中建投信托金融市场部,曾公开发表《证券投资基金参与公司治理的理论和实证研究》等多篇专业论文。参与过三次《中国信托行业研究报告》的编写,在信托公司固有资产投资领域具有丰富的经验。

黄婷儿　北京大学计算机专业硕士。拥有CICPA专业资格。曾就职于毕马威会计师事务所,现任职于中建投信托北京投行部。具有丰富的改制上市、并购重组、内控审核及财务审计等尽职调查经验,对资产证券化、股权投资、信托转型等方面有着较深的研究。

黄伟斌　厦门大学金融学博士。2014年9月~2016年9月在深圳证券交易所综合研究所工作,主要进行资本市场开放方面的研究,2016年12月进入中建投信托上海金融市场部(境外投资部)工作,主要负责二级市场研究与投资。

李合怡　苏州大学金融学博士。现任职于中建投信托南京业务部、华东师范大学博士后流动站。曾在核心学术期刊发表多篇论文,参编《中国信托行业研究报告》,拥有良好的项目管理、投资与金融学、房地产经济学等相关专业知识。

林　凡　中国社会科学院金融研究所金融学博士。香港中文大学金融硕士,CFA L3 Candidate。超过十年工作履历,历任海王英特龙生物科技研究员、华宝兴业基金研究员、华宝兴业基金深圳分公司总经理助理、复华投信(香港)资产管理有限公司投资经理。

聂雅雯 纽约大学金融工程硕士。毕业于纽约大学，曾就职于普华永道会计师事务所（纽约），现任职于中建投信托有限责任公司风险管理部。曾参与美国四家大型数据金融公司开展的金融衍生品定价估值及金融产品风险管理方面的研究，在资本市场定向增发、租赁行业资产证券化、房地产业务方面具有一定的风险管理审批经验。

邱 放 浙江大学计算机科学技术硕士。现任职于中建投信托信息技术部。曾参与"空间多核处理器协同技术""星载计算机遥感图像并行处理"等多项国家高新技术研究发展计划；曾参与《中国信托行业研究报告（2016）》的编写。关注开源社区，对互联网金融、消费金融等领域有较为深入的研究。

唐彦斌 复旦大学经济学博士。上海交大数学硕士，拥有 CFA、FRM、CAIA、PRM 等专业资格，取得证券从业资格及期货分析资格，具有 9 年以上金融投资行业经验。曾供职于交通银行总行负责总行资金业务市场风险管理、平安集团总部投管会及平安投资管中心（兼寿险资产管理部）负责另类投资审批及保险组合管理、知金资本负责产品研发、私募股权投资、影视文化投资。在各类金融产品研发设计、风控、投资评价、股权投资管理、文化产业投资、保险资金运用及量化投资等领域具有丰富的经验。

谢雪凯 西南政法大学法学博士。先后任职于华东政法大学、国内知名律师事务所，具有中国律师执照。现任职于中建投信托法律合规部，从事资产证券化、标品信托等项目合规审核工作。

应汇康 经济学博士。毕业于英国布里斯托大学，现任中建投信托研究创新部研究员、博士后工作站博士后研究员。曾参与英国政府国际发展部牵头的多个国际经济发展课题研究，并在知名国际期刊发表数篇论文，对信托行业、宏观经济政策、产业政策等有较为深入的研究，在《财经》等媒体发表过数篇评论。

袁　路　经济学博士。历任中建投信托北京投行部总经理、中建投信托研究创新部总经理。中国信托业协会行业专家库成员。近年来，在核心学术期刊发表论文多篇，参编《信托蓝皮书》等研究报告多部，出版专著一部，参与多项国家重大课题与中国社会科学院重大课题研究。并在《财经》杂志等媒体发表评论十余篇。

曾　层　管理学硕士。毕业于中国人民大学，现任中建投信托有限责任公司人力资源经理。曾参与多项薪酬管理、绩效管理课题研究，在企业薪酬绩效、人才发展等方面有一定研究。连续四年参与编写《中国信托行业研究报告》。

张妍玫　浙江大学金融学硕士。曾就职于中国工商银行杭州分行，现任职于中建投信托财富管理部。曾参与义乌国际贸易改革示范区金融专项改革实施细则项目、浙江大学不动产中心房地产品牌价值研究项目、银行业消费者权益保护调查研究课题等课题研究。

总　序

　　一千多年前，维京海盗抢掠的足迹遍及整个欧洲。南临红海，西到北美，东至巴格达，所到之处无不让人闻风丧胆，所经之地无不血流成河。这个在欧洲大陆肆虐整整三个世纪的悍匪民族却在公元1100年偃旗息鼓，过起了恬然安定的和平生活。个中缘由一直在为后人猜测、追寻，对历史的敬畏与求索从未间歇。2007年，维京一个山洞出土大笔财富，其中有当时俄罗斯、伊拉克、伊朗、印度、埃及等国的多种货币，货币发行时间相差半年，"维京之谜"似因这考古圈的重大发现而略窥一斑——他们的财富经营方式改变了，由掠夺走向交换；他们懂得了市场，学会了贸易，学会了资金的融通与衍生——而资金的融通与衍生改变了一个民族的文明。

　　投资，并非现代社会的属性；借贷早在公元前1200～公元前500年的古代奴隶社会帝国的建立时期便已出现。从十字军东征到维京海盗从良，从宋代的交子到曾以高利贷为生的犹太人，从郁金香泡沫带给荷兰的痛殇到南海泡沫树立英国政府的诚信丰碑，历史撰写着金融发展的巨篇。随着现代科学的进步，资金的融通与衍生逐渐成为一国发展乃至世界发展的重要线索。这些事件背后的规律与启示、经验与教训值得孜孜探究与不辍研习，为个人、企业乃至国家的发展提供历久弥新的助力。

　　所幸更有一批乐于思考、心怀热忱的求知之士勤力于经济、金融、投资、管理等领域的研究。于经典理论，心怀敬畏，不惧求索；于实践探索，尊重规律，图求创新。此思索不停的精神、实践不息的勇气当为勉励，实践与思索的成果更应为有识之士批判借鉴、互勉共享。

　　调与金石谐，思逐风云上。《中国建投研究丛书》是中国建银投资有限责任公司组织内外部专家在瞻顾历史与瞻望未来的进程中，深入地体察和研究市场发展及经济、金融之本性、趋向和后果，结合自己的职业活动，精制而成。《丛书》企望提供对现代经济管理与金融投资多角度的认知、借鉴与参考。如果能够引起读者的兴趣，进而收获思想的启迪，即是编者的荣幸。

是为序。

张睦伦

2012 年 8 月

编辑说明

中国建银投资有限责任公司（以下简称"集团"）是一家综合性投资集团，投资覆盖金融服务、先进制造、文化消费及信息技术等领域，横跨多层次资本市场及境内外区域。集团下设的投资研究院（以下简称"建投研究院"）重点围绕国内外宏观经济发展趋势、新兴产业投资领域，组织开展理论与应用研究，促进学术交流，培养专业人才，提供优秀的研究成果，为投资研究和经济社会发展贡献才智。

《中国建投研究丛书》（简称《丛书》）收录建投研究院组织内外部专家的重要研究成果，根据系列化、规范化和品牌化运营的原则，按照研究成果的方向、定位、内容和形式等将《丛书》分为报告系列、论文系列、专著系列和案例系列。报告系列为行业年度综合性出版物，汇集集团各层次的研究团队对相关行业和领域发展态势的分析和预测，对外发表年度观点。论文系列为建投研究院组织业界知名专家围绕备受市场关注的热点或主题展开深度探讨，强调前沿性、专业性和理论性。专著系列为内外部专家针对某些细分行业或领域进行体系化的深度研究，强调系统性、思想性和市场深度。案例系列为建投研究院对国内外投资领域的案例的分析、总结和提炼，强调创新性和实用性。希望通过《丛书》的编写和出版，为政府相关部门、企业、研究机构以及社会各界读者提供参考。

本研究丛书仅代表作者本人或研究团队的独立观点，不代表中国建投集团的商业立场。文中不妥及错漏之处，欢迎广大读者批评指正。

前　言

《中国信托行业研究报告》至今已连续出版了五年。这一系列丛书不仅梳理和积累了中建投信托研究中心和中建投信托博士后工作站的研究成果，也积淀了我们多年来深入理解政策变化、紧密跟随市场方向、潜心分析行业变革的心得。我们希望可以通过坚持不懈的努力形成一个连贯而丰富的行业画像。

2016年的中国经济进入增速放缓的新常态，对增长动能转换和机构性改革提出了更迫切的要求。在金融领域，防范系统性风险成为重中之重。因而在监管的过程中，各金融子行业进一步向规范化、专业化努力。转型和升级是金融各子行业在2016年共同探寻的话题。在此背景下，2016年信托行业的规模较2015年实现了进一步的发展，整体资产规模迈入20万亿元大关。尽管整体发展稳步增长，行业内部在规模、收入、利润等方面的分化均有所加剧，竞争格局亦处于形成的关键时期。信托行业自身的灵活性给予信托公司更大的多元展业空间，因而各信托公司在规模与效率、自身禀赋、增长方式、创新业务选择等方面的差异，正逐步而深入地决定着各自的发展路径以及行业谱系。信托行业告别了懵懂的发展初期，进入重新认识自己、定位自己的探索期。

本书通过行业研究、业务研究和专题研究三个维度探究行业在2016年的发展进程。第一部分"行业研究"是对信托行业全年发展状况的系统性研究。先以"行业发展综述"对信托行业在2016年的发展与分化进行整体性描绘；再分别从固有业务、风险管理、人力资源以及对外长期股权投资四个角度对信托行业进行更为完整和细致的刻画。第二部分"业务研究"则从不同业务类型出发，分别进行更为深入具体的分析。由于信托公司具有十分多元灵活的业务覆盖范围，因而我们不仅选取了信托传统业务中的政府平台、房地产范畴，同时也选取了标品信托、股权信托以及消费信托等创新业务领域进行研究。第三部分"专题研究"则以更为精细的切入点，对信托业务相关的监管、信息技术、风险管控以及法律合规等领域进行专业解读。

中建投信托研究中心和中建投信托博士后工作站作为专业的信托行业研究团队，将中国信托行业研究报告系列丛书的编写与出版作为重点工作之一。我们诚挚地希望该书同研究中心定期发布的系列报告一起，成为同行交流的平台和读者认识信托行业的媒介。中建投信托愿与各方同仁一起为信托行业的发展贡献力量与智慧，共同见证中国信托行业从发展到成熟的精彩历程！

中建投信托研究丛书编委会

2017年7月

目　录

第一部分　行业研究

2016年信托行业发展综述 …………………………… 郭慧子／003

2016年信托公司固有业务研究报告 ………………… 何　珊／041

2016年信托公司风险管理研究报告 ………………… 聂雅雯／065

2016年信托行业人力资源报告 ……………………… 曾　层／085

信托公司长期股权投资及混业经营分析 …………… 葛　枫／099

第二部分　业务研究

财政失衡背景下的中国信托业发展 ………………… 葛　枫／119

货币边际收紧背景下的房地产行业整合新局面 …… 郭慧子　应汇康／133

地产基金及信托公司参与模式探讨 ………………… 李合怡　陈　梓／147

股票投资信托的发展模式与路径探索 ……………… 黄伟斌／175

信托公司搭建FOF基金实例研究 …………………… 林　凡　应汇康／197

立足消费升级开展信托业务 ………………………… 黄婷儿／223

第三部分　专题研究

消费信贷业务信息系统建设研究 ………………………… 邱　放／255

资产管理行业的统一监管初探 …………………………… 袁　路／277

畅想信托的金融科技革命 ………………………………… 唐彦斌／297

将来债权资产证券化的风险及其防范研究 ……………… 蔡婉婷／319

《同意销（预）售函》的法律风险研究
　　——基于最高院一则案例的启示 …………………… 谢雪凯／335

银行业金融机构消费者权益保护问题成因探讨及相关建议
　　………………………………………………………… 张妍玫／349

中英文摘要

中文摘要 ……………………………………………………………／361

英文摘要 ……………………………………………………………／369

第一部分
行业研究

2016 年信托行业发展综述 ／003

2016 年信托公司固有业务研究报告 ／041

2016 年信托公司风险管理研究报告 ／065

2016 年信托行业人力资源报告 ／085

信托公司长期股权投资及混业经营分析 ／099

2016年信托行业发展综述

郭慧子

一、2016年信托行业发展外部环境

（一）经济增长持续放缓，结构性改革继续深化

2016年我国经济增速中枢继续下行，四个季度的经济增速分别为6.7%、6.7%、6.7%、6.8%，全年平均为6.7%。新常态下经济增速放缓：一方面使在高速发展时期积累的结构性问题更为凸显；另一方面也反向刺激结构性改革的进一步深化。

在三大需求中，出口与投资动能不足，消费渐有成为中流砥柱之势。2016年海外需求不振，全球经济复苏相对乏力，全球化进程受挫，因而外贸疲弱依旧。全年出口总额同比下降2%，进口微弱回升至0.6%。投资方面，固定资产投资增速降至8.1%，而制造业投资增速持续回落，从2014年的13.5%降至4.2%。基建和地产投资在对冲经济下行中起到了重要作用，其中基建投资增速维持了17%～20%的高速增长，房地产在2016年总投资规模超10万亿元，同比增长6.9%。消费方面，2016年社会消费品名义总额全年逐步提升，增速为10.4%。2014～2016年，最终消费对GDP增速的贡献率分别为48.8%、59.9%和64.6%，消费占比的稳步提高一方面映衬出传统经济动能的渐退，另一方面也是在经济增速边际放缓的背景下，我国经济结构正逐步靠近成熟市场国家的体现。

经济增速的放缓使经济结构性问题更为突出，同时为我国的增量改革带来了挑战。改革任务更为艰巨的同时却也更为迫切，因而在一定程度上，经济增速放缓会倒逼改革深化。本届政府在供给侧改革的推进中显现出锐意坚决的态度，2016年上半年"三去一降一补"坚定推进，下半年防风险政策亦逐步完善。供给侧改革效果初显，去产能、去库存带来上游采矿到中下游原材料、加工业的库存同比增速均呈下降趋势，上游行业量价

环境逐渐改善,部分行业进入补库存阶段;地产去库存政策带来2016年上半年地产市场呈喷发式增长,对于化解上半年经济下行压力起到了重要作用,但同时也出现了泡沫化趋势。

除高库存外,高企的企业杠杆也是藏在金融系统中的风险点。在增量放缓的情况下,风险事件带来的波动在高杠杆环境下易引发连锁踩踏和系统性风险。中央经济工作会议强调"要在控制总杠杆率的前提下,把降低企业杠杆率作为重中之重"。值得注意的是,降杠杆政策指引企业杠杆逐渐向政府和居民部门转移,在化解企业高杠杆的同时也带来政府和居民杠杆的快速攀升。政府通过基建投资加杠杆,2016年随着政府投资支出的大幅增加,政府杠杆率达到45%,在过去七年内上升幅度居全球前列。居民购房杠杆率在年初的刺激政策下显著攀升,2016年居民中长期贷款占商品销售额的比重已接近50%。尽管"930"地产调控以来,政策对热点城市按揭贷款进行了严格限制,《推动一亿非户籍人口落户意见》等地产长效调节机制的建立,在一定程度上保证了居民部门加杠杆能一定的延续。另外,企业在增减杠杆中也存在一定程度的结构性失衡。国有背景企业在融资获取上具有更多优势,使其杠杆水平平均高于民营企业;同时在降杠杆过程中,国有企业的紧迫性和敏感度亦低于民营企业,因为民营企业的降杠杆力度更强。在这种不均衡的背景下,民间投资占固有资产投资的比重显著降低,2016年固定资产投资增速8.1%,其中民营企业的投资增速仅有3.2%,国有企业投资增速却接近19%,民间投资占固有资产投资总额从66%降至60%。显示了在实体经济回报率低迷状态下,民企具有降杠杆的意愿,同时也体现了国企在金融资源获取优势下对民营企业的挤出效应。

在防风险的政策靶向中,债市降杠杆和房地产调控是2016年的主要方向。2016年底的中央经济工作会议提出"要把防控金融风险放到更加重要的位置,下决心处置一批风险点,着力防控资产泡沫,提高和改进监管能力,确保不发生系统性金融风险"。央行及"三会"加强金融机构监管力度是中央经济改革工作安排的重要组成部分，也是未来金融改革的长期工作方向。我国存在系统性风险的风险点主要在于房地产市场局部过热，金融体系如银行、保险、信托、券商间的同业资金链，多层次高杠杆快速发展，债市高杠杆、非金融企业部门去杠杆对金融体系可能产生的冲击以及地方政府隐性债务过高等。

2016年第三季度债券牛市终结，债券市场泡沫起因于银行理财委外业务的野蛮生长，非银机构被迫采取期限错配与加杠杆操作导致境内"资产荒"，而非银机构为了收益考量优势忽略流动性头寸。在人民币汇率贬值期间，银行间流动性容易受到冲击，非银机构的同向交易模式也放大了流动性冲击的结果，使"资产荒"逐渐演变为"负债荒"。2016年债市泡沫提前泄压，释放了部分金融风险。

2015年到2016年上半年，地产去库存政策带来了地产市场喷发式的增长，地产购置土地、新开工面积、开发投资增速均高位运行，一、二线城市住宅的旺销带动上下游产业的繁荣，对于化解上半年经济下行压力起到了重要作用，但也出现了泡沫化趋势，对整体金融安全造成威胁。自2016年9月30日开启的新一轮地产调控政策意在控制地产迅速泡沫化的趋势，以防可能的外部冲击带来地产行业骤然转向的风险。由于地产行业呈现出较大的行业分化，因而政策强调因城因地施策，意在引导库存去化从一、二线向三、四线城市的转移，防风险的同时解决三、四线城市房地产库存去化疲弱的问题。而短期的行政手段只是暂行之策，更多的供给测改革，特别是土地改革、户籍改革、房产税等税制改革的长效机制的建设方能促进房地产市场的长期稳定。

总而言之，尽管当前经济运行中面临的问题，有周期性、总量性因素，但其根源是结构性失衡，根本解决途径仍是深化改革。党的十八大以来形成的以供给侧结构性改革为主线的政策体系，配合锐意革新的执行力度，将引导经济朝着更高质量、更有效率、更加公平、更可持续的方向发展。

（二）货币政策回归中性

自 2008 年美国次贷危机以来，我国的经济与金融政策多以"稳增长"为首要目标，为配合实现"稳增长"，货币政策总体宽松。中国的货币创造经历了引进外资、出口导向、"商业银行+企业"三个阶段。截至 2016 年末，M2 余额总量为 22.34 万亿美元，超过美国和日本的 13.28 万亿美元、8.19 万亿美元之和。宽信用下企业更易获得低成本资金从而抬高整体杠杆率。又由于经济增速放缓而实体经济回报率低迷，缺乏投资机会，资金多被用于投资金融资产和房地产，使得部分资产金融属性得以凸显，出现"泡沫化"趋势。意在稳增长的宽松货币政策让经济付出了资产价格上涨、金融风险上升、资金流出压力加大等代价。因此自 2016 年第三季度起，货币政策逐步回归中性、地产调控政策出台并逐步收紧，经济政策中"防风险"被提到了重要位置，而"防风险"必然要求货币政策的边际收紧。

2016 年中央经济会议对于货币政策的表述是"稳健中性"，这也是中央第一次用"稳健中性"来表述货币政策。2016 年 4 月后灵活适度的货币政策体现为中性，基准利率、法定存款准备金率、公开市场操作的 7 天回购利率都没有发生任何变化。尽管货币政策边际收紧，但存量流动性仍然宽裕，在"稳中求进"的精神指导下，货币政策将基于市场预期进行相机抉择，同时也在经济面临较明显下行压力的阶段予以政策支持。

2016 年人民币面临贬值压力。2015 年 12 月 31 日至 2016 年 12 月 19 日，人民币兑美元汇率中间价由 6.4936 下降至 6.9312，贬值约 6.7%。2015 年 12 月至 2016 年 11 月，人民币兑美元、欧元与日元的月度汇率分别贬值了 6.0%、5.1% 和 19.4%，同期内国际清算银行计算的人民币名义有效汇率与实际有效汇率均贬值了 6.6%。与 2015 年 12 月 31 日相比，截至 2016 年 12 月 16 日，中国央行公布的人民币兑 CFETS、BIS 与 SDR 货币篮的汇率指数各自贬值了 5.9%、5.3% 和 3.1%。美联储在 2016 年最后一次 FOMC 会议上宣布加息,即将联邦基金利率的目标区间上移 25 个基点至 0.50%~0.75%,这也是 2015 年 12 月启动加息政策之后的首次加息。美国经济复苏导致美联储进入加息通道,美国和世界其他国家之间的息差收窄或扩大,资本从其他经济体流出并流入美国。中国和美国国债收益率的差距逐步缩小,中美利差的缩小将会给国际收支持续带来压力。2016 年 12 月,我国官方外汇储备已经下降到 30105.17 亿美元,自美联储退出 QE 以来已经下跌了接近 1 万亿美元。国际收支的压力持续带来人民币贬值的预期,增加了资本外流的压力,同时也在一定程度上约束了以多目标导向的央行在货币政策中的相机抉择。

总而言之,随着流动性过量的负面影响逐渐凸显,以宽松货币刺激经济的政策将逐步退出,取而代之的将是平稳的货币政策和扩张的财政政策。而供给侧改革的稳步推进与美元加息预期确定,使自 2016 年 8 月起我国货币政策边际收紧,利率波动上行,市场重心由资产端向资产与资金并重的方向转变。

(三)信托行业规范监管与管理机制

2016 年,我国金融监管体系的监管思路由促发展、调结构逐渐转变为控风险。防止系统性风险的指导思想越发明确,统一监管的导向凸显。监管政策进一步趋严,以杜绝监管套利,意将金融体系内空转的资本挤出到实体经济,推动实体经济的增长。2016 年在监管规范的进程中,信托行业自身管理水平也日趋完善。

行业基础制度建设更加健全。信托行业的基础制度建设在 2016 年获得了进一步健全。在信托登记制度方面,中国信托登记公司正式宣告成立,未来信托的财产独立、破产隔离及信息披露等问题将进一步完善;在专业子公司方面,近两年来监管层已在多个场合和文件中鼓励信托公司设立专业子公司,目前也已有20多家信托公司设立了专业子公司,成为其开展股权投资业务、投贷联动业务的重要载体。

行业风险管理机制不断完善。2016年4月,银监会下发了《进一步加强信托公司风险监管工作的意见》(以下简称"58号文"),对信托行业的风险监管工作进行了全面的梳理。自2014年"99号文"实施以来,随着信托公司净资本管理、恢复与处置机制、信托业保障基金等一系列基础性制度的实施,信托行业已基本建立起完备的系统性风险防范体系。"58号文"是对"99号文"既有成果的完善和深化,体现了"控风险、强监管、促转型"的宗旨,持续引导行业稳健深化变革,同时也是对信托行业风险管理机制的全面提升,不仅强调对各类风险的防范,更注重强化风险的实质性处置。

信托行业评级正式实施。2016年底,银监会办公厅印发了新版《信托公司监管评级办法》。监管评级办法更强调资本实力和风险防控能力,将信托公司分为创新类、发展类、成长类,三大类六个级别,监管评级结果直接挂钩信托公司的未来发展和业务开展。短期而言,行业内优胜劣汰的格局将有所强化,但长期来看,或将激励排名后列的信托公司根据评级办法要求进行更多的补强完善。在这一评级体系中,信托公司之间各方面能力,尤其是风险管理能力的差异将被放大,信托公司的异质性进一步显现。

业务分类体系逐步成型。于2016年底召开的信托行业大会中,监管层从信托资金运用端,将信托业务分为八大类,包括债权信托、股权信托、标品信托、同业信托、财产信托、资产证券化、公益(慈善)信托及事务信托。这标志着行业逐步建立起完整的业务分类体系、监管体系和保障体系,不仅有利于帮助信托公司优化内部治理、提升管运效率、拓展业务空间、重塑商业模式,同时也有利于统一和规范行业通用概念和风险监管,引导信托业务新品种的开发与创新,完善各类信托产品的标准化和规范化,推动信托行业的转型升级。

二、2016年信托行业发展概况

根据中国信托业协会统计数据，截至2016年年末，全国68家信托公司管理的信托资产规模正式迈入20万亿元大关，同比增长24.01%，增速比2015年提升7.39个百分点。新增信托规模为12.46万亿元，较2015年增长了38.36%。从收入角度看，信托公司的营业收入在2016年总计实现1127.52亿元，较2015年下降6.98%，多年来首次出现下滑。其中，固有业务收入同比减少22.33%，这是固有业务收入近两年来首次下降，而信托业务收入同比增长6.98%，比2015年略有提高。信托业务收入与固有业务收入增速间差距的背后，体现了2016年资本市场的波动影响，信托行业长期发展需回归信托主业。新增信托规模增速与信托业务收入增速之间的背离放缓，原因是过去一年信托行业整体对规模的追求，对通道业务依赖加重，在规模扩张的同时牺牲了部分营收效率。

（一）固有业务收入拖累营业收入小幅下滑

2016年全行业信托资产规模突破20万亿元，实现同比增长24.01%，结束了自2011以来连续5年的增速下滑趋势。信托公司的营业收入在2016年总计实现1127.52亿元，较2015年呈现下滑。虽然信托业务收入增速实现6.98%，创三年来新高，但固有业务收入的回落拖累了营业收入表现。信托业务收入占营业收入的比重为65.72%，固有业务收入占比约为34.28%。自2013年以来固有业务收入占比稳步上升，受益于证券市场的蓬勃发展，于2015年达到了峰值41.62%（见图2），信托公司营业收入也随之扩张。2016年全行业的信托公司的固有业务收入总额为386.51亿元，同比减少了22.33%，对营业收入造成负面影响。

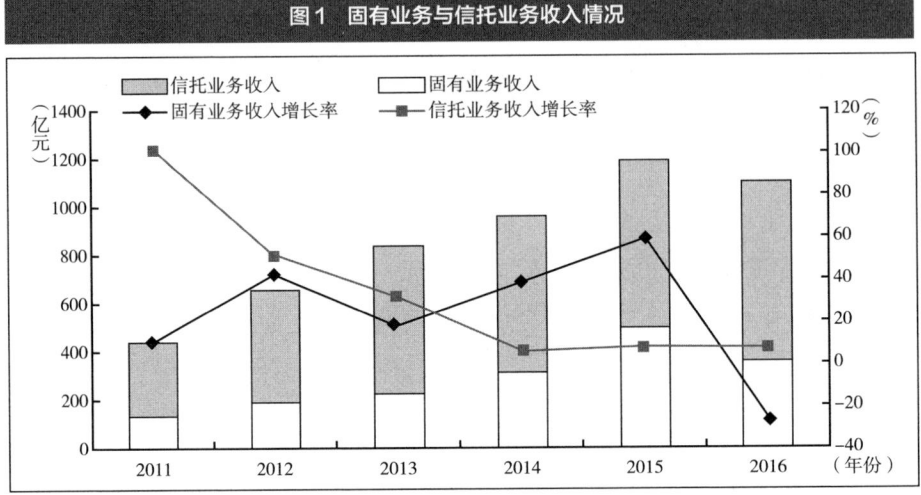

图1 固有业务与信托业务收入情况

资料来源：信托公司年报，中建投信托研究中心。

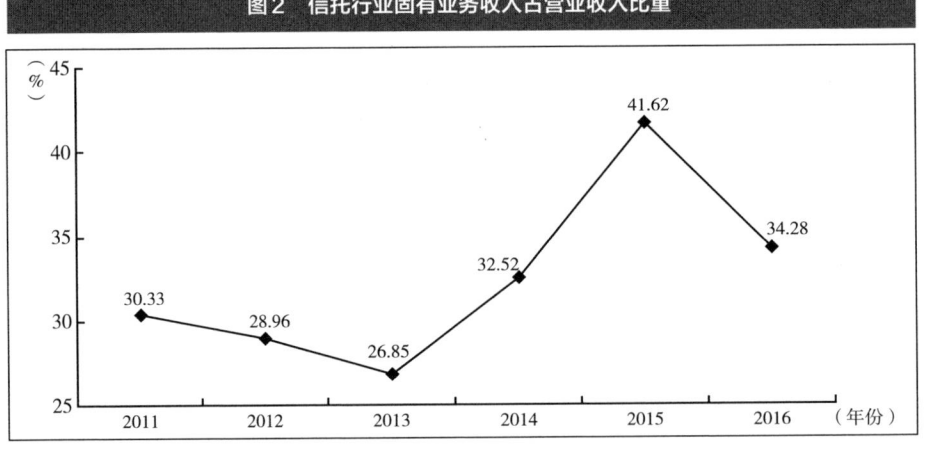

图2 信托行业固有业务收入占营业收入比重

资料来源：信托公司年报、中建投信托研究中心。

行业内各公司信托收入占比两极分化明显。2016年共有14家信托公司固有业务收入超过信托业务收入，而固有业务收入不足信托业务收入一半的也多达42家信托公司。信托业务作为信托公司主业，其收入与公司的展业能力和管理能力密切相关，资本占用低，赢利具有可预测性、持续性以及稳定性，是信托公司长期成长的主要驱动力，也是衡量一家信托公司优质与否的重要标志。与之对应的,固有业务受到资本市场波动影响较大,具有较强的不确定性和波动性,因而公司在固有业务和信托业务方面的定位差异对其未来发展具有重大影响。

表1 信托公司营业收入及信托业务收入占比

信托公司	总收入（万元）	信托业务收入（万元）	固有业务收入（万元）	信托业务收入比（%）
长安信托	176492.15	169776.68	6715.47	96.20
国民信托	65455.04	58808.18	6646.86	89.85
西藏信托	66716.73	59119.34	7597.39	88.61
万向信托	105391.36	91067.63	14323.73	86.41
大业信托	62873.39	53900.09	8973.30	85.73
安信信托	513039.27	439342.31	73696.96	85.64
中航信托	249061.88	212711.69	36350.19	85.41
渤海信托	139340.41	118053.83	21286.58	84.72
浙商金汇信托	19981.27	16739.59	3241.68	83.78
五矿信托	207449.89	171925.46	35524.43	82.88
上海信托	257026.45	212762.64	44263.81	82.78
建信信托	220687.88	180421.91	40265.97	81.75
方正东亚信托	124634.52	101481.03	23153.49	81.42
华融信托	196526.50	158242.08	38284.42	80.52
英大信托	105661.77	84991.90	20669.87	80.44
中融信托	600021.00	481680.00	118341.00	80.28
紫金信托	75038.63	59780.36	15258.27	79.67
山西信托	36077.00	28252.31	7824.69	78.31
东莞信托	78136.85	61173.71	16963.14	78.29
华能信托	303330.40	235840.08	67490.32	77.75
交银信托	137367.54	106592.89	30774.65	77.60
昆仑信托	123911.17	95872.51	28038.66	77.37
杭工商信托	97680.00	75328.00	22352.00	77.12
北方信托	100557.11	77408.93	23148.18	76.98
民生信托	192877.60	147126.33	45751.27	76.28
中建投信托	172275.99	130448.00	41827.99	75.72
中泰信托	62786.21	47495.59	15290.62	75.65
陆家嘴信托	140157.00	104941.00	35216.00	74.87
华澳信托	38724.00	28369.00	10355.00	73.26
中信信托	583459.60	427175.76	156283.84	73.21
云南信托	45026.98	32830.00	12196.98	72.91

续表

信托公司	总收入（万元）	信托业务收入（万元）	固有业务收入（万元）	信托业务收入比（%）
华宸信托	9750.76	7102.11	2648.65	72.84
爱建信托	124385.04	90177.39	34207.65	72.50
中铁信托	290376.00	208860.00	81516.00	71.93
百瑞信托	164574.27	117733.50	46840.77	71.54
中原信托	151792.99	107920.03	43872.96	71.10
兴业信托	219804.93	152479.00	67325.93	69.37
山东信托	136478.51	94279.89	42198.62	69.08
四川信托	279330.16	189393.05	89937.11	67.80
苏州信托	91934.00	62244.00	29690.00	67.71
湖南信托	89800.00	60585.00	29215.00	67.47
光大兴陇信托	80136.26	53697.13	26439.13	67.01
华宝信托	164509.76	108376.19	56133.57	65.88
新华信托	88013.41	57493.26	30520.15	65.32
北京信托	194980.00	126631.00	68349.00	64.95
外贸信托	199999.41	128215.73	71783.68	64.11
金谷信托	50215.16	32158.05	18057.11	64.04
华鑫信托	107104.18	67263.20	39840.98	62.80
新时代信托	80830.83	50671.39	30159.44	62.69
重庆信托	463030.87	257431.52	205599.35	55.60
厦门信托	101205.00	56246.00	44959.00	55.58
陕国投	101357.21	56318.08	45039.13	55.56
中海信托	140559.75	76762.75	63797.00	54.61
天津信托	112331.86	60792.91	51538.95	54.12
平安信托	678866.23	338244.85	340621.38	49.82
国投信托	103902.00	50146.00	53756.00	48.26
中粮信托	70333.80	33328.41	37005.39	47.39
国联信托	38385.00	17516.00	20869.00	45.63
粤财信托	104550.14	44827.13	59723.01	42.88
国元信托	87722.16	37279.16	50443.00	42.50
江苏信托	160812.58	66465.79	94346.79	41.33
中诚信托	191918.47	72674.76	119243.71	37.87
华信信托	231159.10	83953.53	147205.57	36.32
吉林信托	45665.89	15836.42	29829.47	34.68
华润信托	320624.76	87365.49	233259.27	27.25
西部信托	120136.74	31568.33	88568.41	26.28
长城新盛信托	24896.23	6366.49	18529.74	25.57
中江信托	361571.39	88390.47	273180.92	24.45

固有业务收入中平均81.73%来自投资收益，致使固有业务收入依赖投资环境变化，波动较大。投资收益主要由股权投资收益、证券投资收益和其他投资收益构成。受资本市场波动影响，投资收益中的证券投资收益波动较大。2016年资本市场的剧烈波动是造成全年固有业务收入大幅下降的主要原因。

2016年固有业务收入排名前十的信托公司的平均固有业务收入为18.73亿元，相较于2015年的25.67亿元下降了24.07%。全行业只有21家信托公司固有业务收入实现增长。其中，中江信托由于转让控股子公司国盛证券有限责任公司的股权，实现了26.13亿元的股权投资收益。除此之外，在固有业务收入前十的公司中，仅有平安信托实现了增长，增长率为18.97%，其固有业务收入占总收入的75.55%，从2015年的2.65亿元增加到2016年的27.32亿元。固有收入的大幅提升使中江信托的总收入位列全行业第六名，成为年度黑马之一。而证券市场在2016年表现欠佳，上证指数从3501下挫至2975，行业固有收入总额中证券投资收益由2015年的103.75亿元降至26.6亿元。而去年在证券投资中取得超过十亿元证券投资回报的华信信托、重庆信托等公司，2016年均辉煌不再。尽管固有业务可以提升和平滑信托公司业绩表现，甚至帮助个别信托公司在一些年份实现弯道超车，但其自身的波动性使其收益不具有长久的持续性，难以带来持续的竞争力提升。

值得注意的是，与往年相比，2016年信托公司增资数量显著增多。全年共22家信托公司完成增资，行业净资产规模达4408.22亿元，同比增长18%。由于固有资产规模的增长主要依靠自身净利润的积累和股东注资，因而股东增资将进一步增厚固有规模。增资扩股的公司得到资金实力的加持，或将在短期实现营收表现和行业排名的跨越，但由于固有业务收入中的投资收益对外部环境波动更为敏感，波动性大于信托业务，因此增资举动也可能为信托公司的营业收入带来更大波动。长期来看，信托公司的营利性和成长性仍需依托信托主业这一内生动力的修炼和提升。而对于在信

表2　固有业务收入前十名

2016年固有业务收入排名	2015固有业务收入排名	信托公司	2016年固有业务收入（万元）	固有业务同比增长（%）
1	4	平安信托	340621.38	41.54
2	49	中江信托	273180.92	932.78
3	2	华润信托	233259.27	-43.97
4	3	重庆信托	205599.35	-35.61
5	1	中信信托	156283.84	-77.47
6	6	华信信托	147205.57	-22.01
7	7	中诚信托	119243.71	-31.03
8	5	中融信托	118341.00	-42.60
9	9	江苏信托	94346.79	-13.76
10	17	四川信托	89937.11	9.46

托业务上已经拥有更强竞争力的公司而言，无论是固有业务赢利能力的强化还是资本实力的提升，将与信托主业协同作用，进一步提升竞争优势。

（二）转型与机会型业务显背离，主动管理能力仍是行业分化的筛选器

截至2016年年末，全国68家信托公司管理的信托资产规模超过20亿元，同比增长24.01%，增速比2015年提升7.39个百分点。2008~2016年，信托资产规模实现复合增长率高达42.06%。2016年新增信托规模较2015年增长了38.36%，但信托收入增长6.98%，净利润方面合计实现612.84亿元，同比增长2.96%，为近三年新低。总体而言，相较信托行业在2016年取得的新增信托规模增速而言，信托业务收入增速表现疲弱，两者呈现背离。增速差距拉大的背后，体现的是增长质量的降低，原因是过去一年的规模发展中对通道业务的依赖加重。

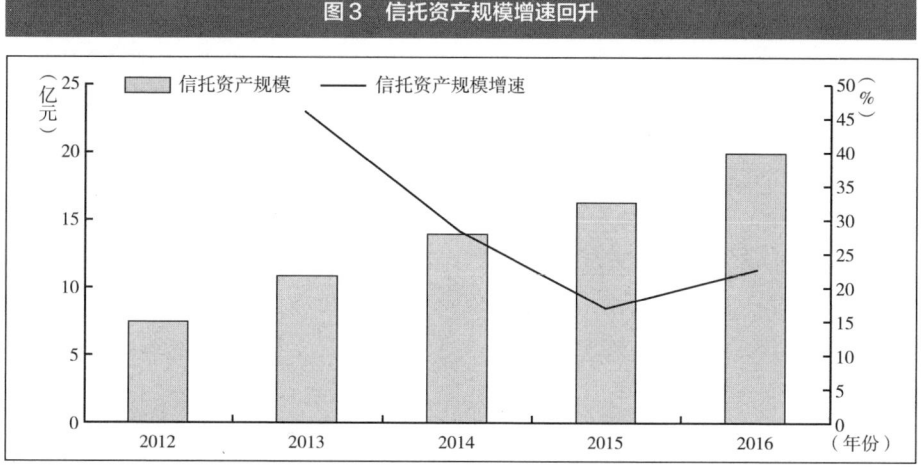

图3 信托资产规模增速回升

资料来源：信托公司年报、中建投信托研究中心。

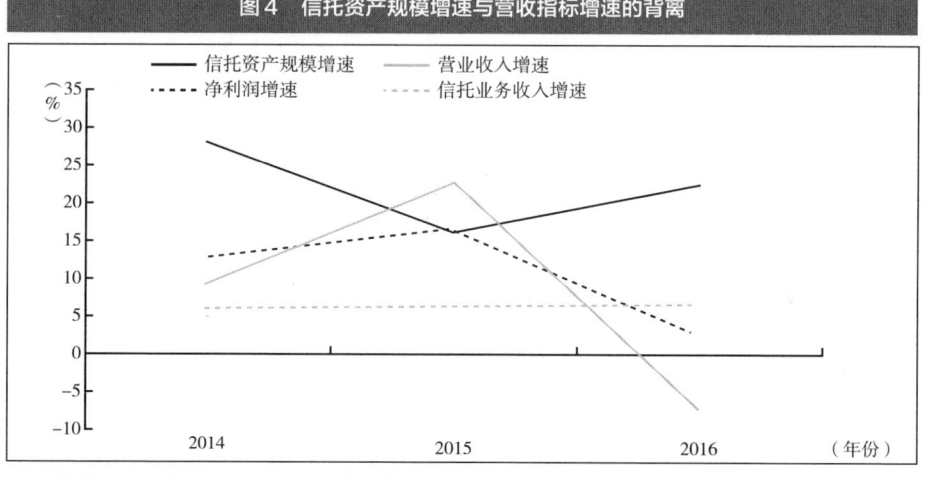

图4 信托资产规模增速与营收指标增速的背离

资料来源：信托公司年报、中建投信托研究中心。

2016年下半年，通道业务回流信托。主要原因是银监会银行理财对接非标债权资产只能走信托通道，以及证券会提升券商资管净资本压力。信托行业素有反应灵活的特点，许多公司利用机会大力扩张通道类业务。一方面，2016年，68家信托公司共新增实收信托财产规模为12.46万亿元，较2015年增加3.46亿元，增长38.42%，较2015年提高近14个百分点。但另一方面，2016年，信托行业共实现新增主动管理类信托规模3.28万

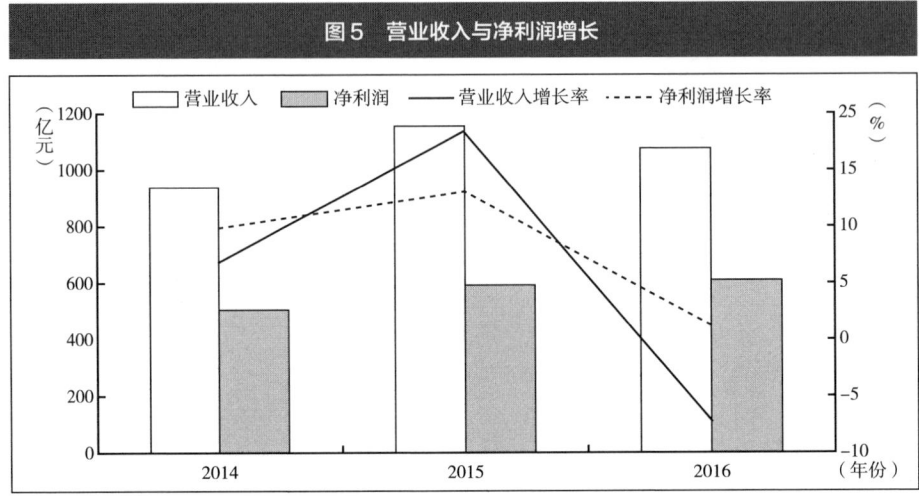

图5 营业收入与净利润增长

资料来源：信托公司年报、中建投信托研究中心。

亿元，同比下降14.92%。相比之下，新增被动管理信托规模为8.83万亿元，同比大幅增长77.03%，占全年新增信托规模总额的71%。相对于信托行业"去通道化"、增强主动管理能力的整体转型方向而言，这无疑是进步中的一种退步，这或可理解为同业业务作为"八大业务"之一，在信托业务板块中有所回归。

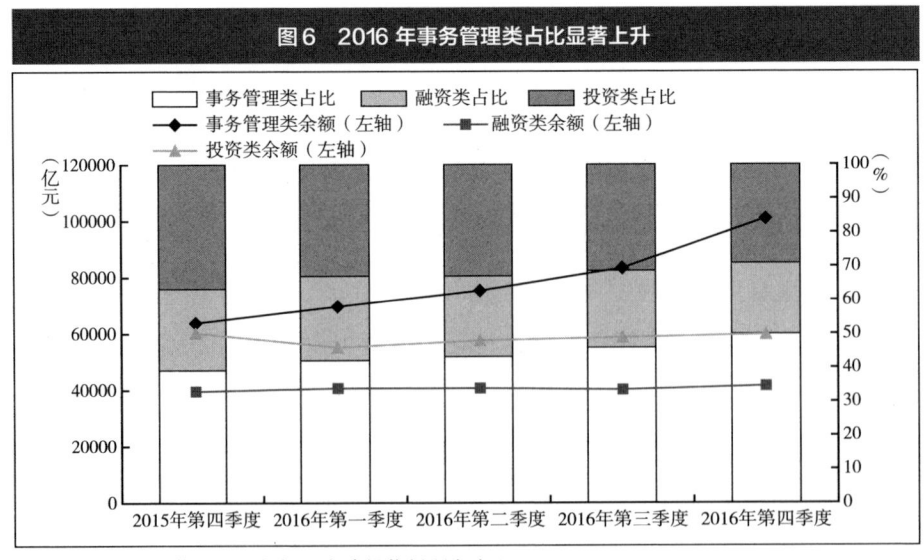

图6 2016年事务管理类占比显著上升

资料来源：信托公司年报、中建投信托研究中心。

然而依靠差异监管带来的通道业务机会，可持续性并不乐观。"一行三会"统一监管的政策方向会将三大监管体系拉回到同一起跑线下，其中禁止多层嵌套，严格"穿透监管"等举措，将在长期对传统通道业务造成冲击。因此，尽管通道回流带来短期的机会性业务，但长期将受到竞争加剧和监管趋严的压力，信托报酬率将不可避免地继续下行，届时以通道为主的公司将承压。比较而言，主动管理业务具有信托报酬率优势，也需要更高的专业资管能力，因而主动管理能力仍是信托行业长期分化的筛选器。

2016年，将68家公司按照信托业务收入排名，排名前十的信托公司的信托业务收入占全行业的40.22%，比2015年的37.49%略有提升，行业集中度进一步增强。而其中有7家连续两年排进前十名，说明这些公司在行业中具有比较明显的领先优势，行业的竞争格局逐渐成形。前十名与后十名信托公司的信托业务收入增速之差为41.26%，进一步深化了2014年以来的两极分化格局（见表3、表4）。

表3　7家信托公司连续两年信托业务收入排名前十

2016年信托业务收入前十公司	信托业务收入（万元）	2016年信托业务收入排名	2015年信托业务收入排名
中融信托	481680.00	1	2
安信信托	439342.31	2	5
中信信托	427175.76	3	3
平安信托	338244.85	4	1
重庆信托	257431.52	5	4
华能信托	235840.08	6	8
上海信托	212762.64	7	13
中航信托	212711.69	8	10
中铁信托	208860.00	9	22
四川信托	189393.05	10	7

表4 信托公司间信托收入差距拉大

单位：%

	2012年	2013年	2014年	2015年	2016年
前十平均增速	41.97	28.47	9.14	12.47	30.38
后十平均增速	61.76	36.31	-6.57	-19.94	-10.88
信托收入分化程度（增速之差）	-19.78	-7.84	15.72	32.42	41.26

在业务竞争分化加剧的背景下，长期决定信托公司竞争力的因素仍是主动管理能力。尽管机会型业务在一定程度上考验信托公司的适应性和灵活性，但通过年报数据可以发现：相对于排名较后的企业，领先企业一方面在主动管理能力、赢利能力、创新能力方面表现更突出。

经过对2016年年报的分析，可以看出：排名领先的信托公司的主动管理能力显著高于行业平均水平和排名靠后的信托公司。如表5所示，信托业务收入排名前十信托公司集合类信托占总业务存量比重近半，为47.84%，高于行业平均水平38.71%，更高于业务收入排名后十的信托公司均值24.22%。说明面对机会型业务，排名领先的信托公司更愿意坚持向高附加值、高回报的主动化方向转型。

表5 排名领先的信托公司集合项目占比更高

	存量集合占比（%）
信托业务收入前十名	47.84
行业平均	38.71
信托业务收入后十名	24.22

而与之形成对比的是，在全年新增业务中被动管理类业务占比最多的15家信托公司中，有7家在存量信托业务的被动管理类占比也进入前15名。考察这7家被动管理业务为主的公司，可以发现：这些公司的存量信托资产大幅高于行业平均值，但净利润、信托业务收入等营收指标方面的表现弱于行业平均水平。其中重要的原因是被动管理业务在扩大规模的同

时，带来的信托报酬远低于主动管理类，因而这些公司的增长质量有待提高。由于主动管理业务对风控管理和募集能力有更高要求，因而部分公司在主动管理业务的展业中存在一定阻碍，抑或由于部分公司在被动管理业务中具有较为明显的资源禀赋优势（见表6）。

表6 存量信托规模和新增信托规模中，被动信托占比均居前15名的7家信托公司

被动管理业务为主的7家信托公司	存量集合占比（%）	新增集合占比（%）	净利润（亿元）	信托资产（亿元）	信托业务收入（亿元）
北方信托	13.99	0.00	4.05	2643.73	7.74
新华信托	16.43	2.62	0.4	1293.51	5.75
江苏信托	8.32	4.54	13.29	4677.21	6.65
兴业信托	19.03	4.97	12.15	9446.21	15.25
国民信托	16.98	5.91	1.96	2474.76	5.88
交银信托	19.76	6.49	8.38	7139.61	10.66
国投信托	15.42	6.54	6.82	2641.67	5.01
7家平均	15.70	4.44	6.73	4331.10	8.13
行业平均	38.71	34.22	9.07	2925.66	10.98

值得一提的是，银行系信托公司充分利用了银行股东背景所带来的展业便利，在2016年以被动管理类业务为主要展业方向，银行系信托公司继续保持了规模扩张的优势，信托资产规模前十的公司中，银行系的建信信托、兴业信托、上海信托和交银信托均位列其中，而光大兴陇信托虽然2015年基数较小，但高速增长势头明显，规模增速达121.38%。

表7 具有代表性的银行系信托公司的通道业务占比更大

银行系信托公司代表	信托业务收入排名	新增信托规模排名	新增规模中主动管理类占比（%）
上海信托	8	5	8.01
建信信托	11	24	29.94
兴业信托	15	4	4.97
交银国际	24	7	6.49
行业平均			34.22

（三）信托资产投向体现行业的多元发展和差异化竞争

信托行业相对于银行、证券、保险等其他金融行业而言，最大的特点是业务方向呈多样性。因此信托公司各自需要根据监管环境的变化和自身禀赋差异，寻找适合其发展的主营业务方向。尽管多数信托公司仍在摸索期，但未来信托行业将朝着多元化格局发展，规模型信托公司发展方向更均衡，而其他公司则走差异化经营的专业化路径。

如图7所示，从信托资产投向分布看，行业最大投向仍为工商企业，占比为26.12%；投向金融机构的占比为18.15%，而投向基础产业和房地产的信托资金则略有走低。

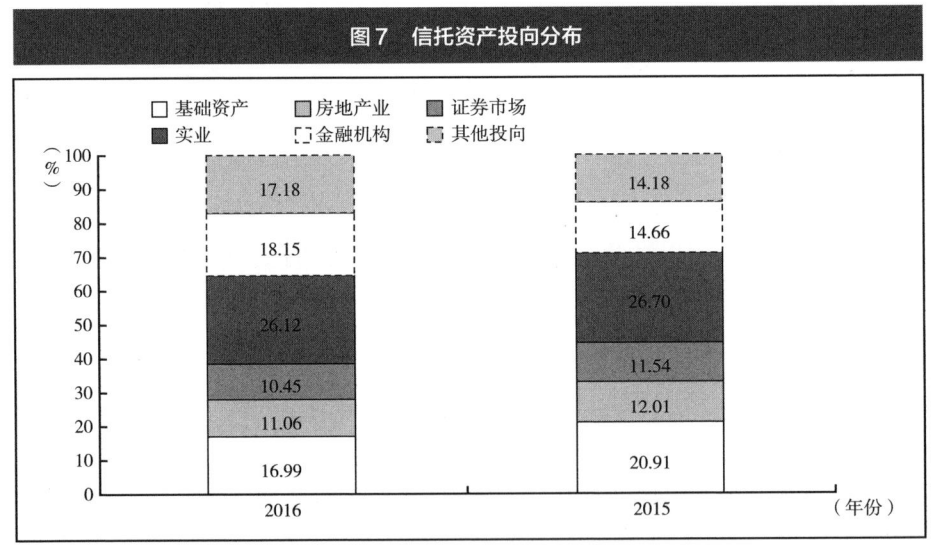

图7 信托资产投向分布

资料来源：信托公司年报、中建投信托研究中心。

如图8所示，从行业内部看，在投向工商企业和证券市场的比重上，信托规模排名靠前的信托公司明显高于排名靠后者；而投向房地产类的比重上，前者则小于后者。

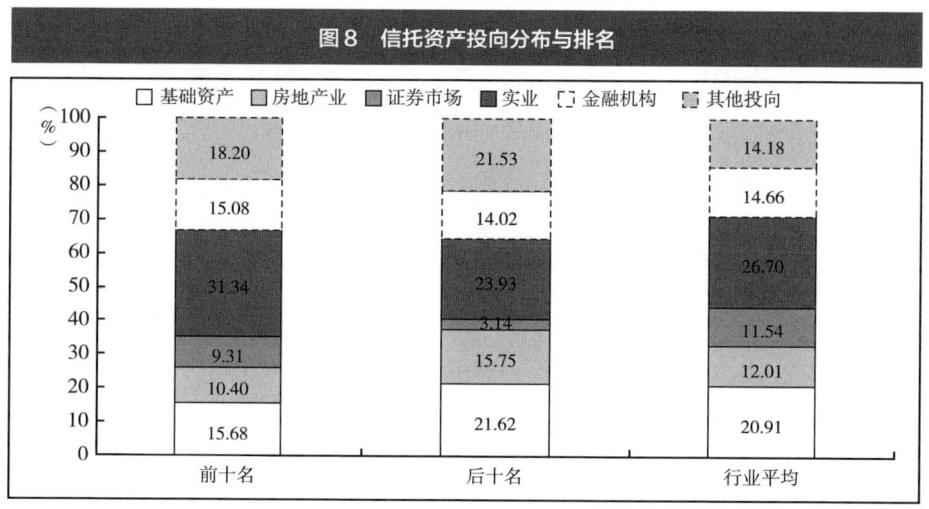

图8 信托资产投向分布与排名

资料来源：信托公司年报、中建投信托研究中心。

在各项业务类别中，房地产信托因其较高的收益率，一直以来是信托业务的主要方向之一，2016年房地产在信托资产投向占比为11.06%，由于通道业务中无法完整体现资金投向，因此实际投向地产的信托规模应更大。地产行业在2015~2016年经历了一轮快速上行期，并在部分城市出现了过热的倾向。在中央政府的政策引导下，2016年9月30日起部分城市开始了新一轮地产调控，并在第四季度政策逐步趋严、范围逐步扩大。监管机构对流向地产的资金步步收紧，地产公司的可用融资工具迅速萎缩，信托公司作为仅存的几种融资渠道之一，是历来调控政策中的缓冲机制，也是信托公司的业绩增长方向之一，迎来较大的展业机会。但一方面，2014年新设房地产信托处于高位，2016年集中到期。另一方面，前三季度得益于去库存政策的红利和低利率环境，地产公司普遍拥有较为通畅和低成本的多元融资渠道，因而全年新设立地产信托规模增幅有限。预计随着地产公司融资渠道的收缩，后续地产信托规模占比将出现新一轮上升。

2016年信托资产投向地产占比最大的三家公司与2015年一致，分别是杭工商信托、长城新盛信托和中建投信托。前五名公司在2015年也均位列前十,意味着这些公司在地产领域走出了差异化竞争路径。通过与全行业数据相比,地产投向前三名企业的平均信托报酬率为1.9,显著高于行业平均信托报酬率0.73,初步形成了地产投资领域的专业优势(见表8)。

表8 地产投资比重与信托业务收入增长率及信托报酬率

地产占比	信托业务收入增长率(%)	信托报酬率
前三名平均	78.39	1.9
行业平均	10.05	0.73

投向证券市场占比前五名的信托公司分别为华润信托、中海信托、江苏信托、外贸信托、建信信托。但值得注意的是,证券投资在信托行业内集中度很高,证券投资占比前十的公司一共投资了全行业证券投资总额的72.4%,而有近七成信托公司的证券投资占总信托资产投资比重低于10%。

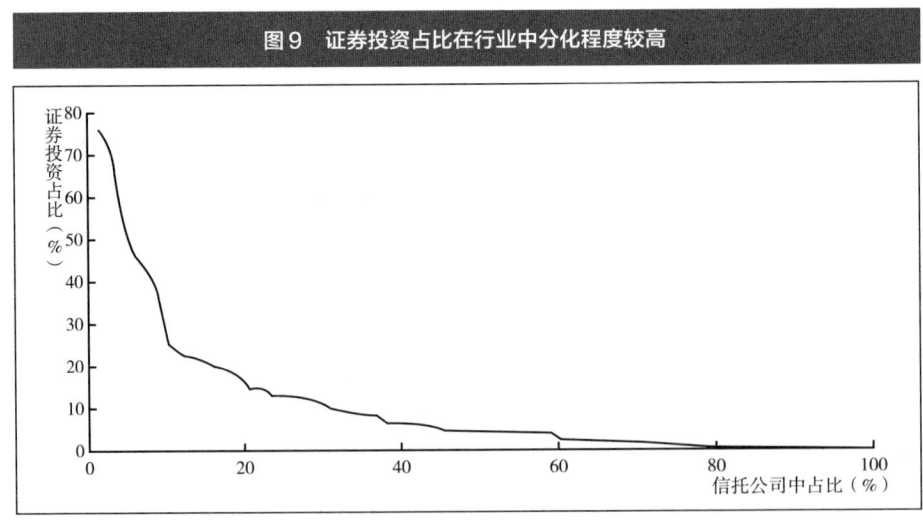

图9 证券投资占比在行业中分化程度较高

资料来源:信托公司年报、中建投信托研究中心。

表9 信托资产投向

单位：%

信托资产总额排名	信托公司	信托业务收入排名	基础资产占比	房地产业占比	证券市场占比	实业占比	金融机构占比	其他投向占比
1	建信信托	11	3.92%	1.23%	38.78%	0.83%	46.81%	8.43%
2	中信信托	3	32.50%	9.95%	6.09%	12.91%	17.27%	21.28%
3	兴业信托	15	6.48%	3.45%	15.26%	27.47%	46.94%	0.39%
4	华润信托	32	1.20%	5.37%	71.73%	2.34%	15.98%	3.38%
5	中融信托	1	15.75%	6.82%	10.77%	34.30%	29.12%	3.24%
6	上海信托	7	26.72%	8.53%	4.90%	22.87%	16.74%	20.24%
7	平安信托	4	7.18%	15.67%	12.37%	34.84%	26.76%	3.18%
8	华宝信托	22	4.30%	1.14%	38.03%	1.55%	40.96%	14.01%
9	华能信托	6	21.33%	2.07%	0.00%	17.86%	13.31%	45.43%
10	交银信托	24	39.30%	5.38%	24.48%	11.18%	5.12%	14.53%
11	外贸信托	18	5.35%	2.39%	53.73%	4.89%	20.03%	13.60%
12	中海信托	36	10.36%	1.12%	66.83%	3.95%	15.99%	1.75%
13	西藏信托	46	12.30%	5.29%	1.91%	16.99%	55.22%	8.28%
14	江苏信托	40	8.61%	4.40%	63.67%	17.68%	2.84%	2.79%
15	四川信托	10	4.65%	9.92%	30.66%	23.42%	17.46%	13.89%
16	中航信托	8	26.02%	11.17%	11.36%	19.09%	8.26%	24.10%
17	长安信托	13	26.64%	11.76%	12.74%	30.06%	10.72%	8.08%
18	北方信托	35	25.67%	5.20%	19.62%	18.89%	7.68%	22.94%
19	五矿信托	12	42.11%	10.09%	3.14%	13.41%	10.57%	20.68%
20	山东信托	28	16.36%	13.73%	21.29%	25.57%	5.74%	17.32%
21	安信信托	2	8.83%	11.04%	0.00%	55.97%	0.00%	24.16%
22	英大信托	33	50.72%	2.08%	0.00%	8.58%	1.13%	37.49%
23	中诚信托	38	9.86%	7.13%	14.90%	45.51%	11.66%	10.95%
24	渤海信托	20	18.16%	8.38%	0.91%	59.99%	10.62%	1.95%
25	华融信托	14	14.15%	13.41%	18.67%	18.42%	33.75%	1.60%
26	云南信托	59	24.14%	3.60%	11.64%	35.21%	10.08%	15.33%
27	北京信托	19	19.33%	20.80%	16.77%	10.62%	29.80%	2.68%
28	粤财信托	56	16.91%	2.51%	17.42%	25.75%	32.88%	4.52%
29	中铁信托	9	3.89%	7.69%	2.26%	60.24%	4.09%	21.83%
30	中江信托	31	26.65%	10.13%	5.04%	40.54%	6.25%	11.40%
31	陕国投	49	31.90%	2.38%	33.94%	20.80%	5.81%	5.17%
32	新时代信托	53	6.49%	6.79%	11.22%	69.14%	1.61%	4.75%
33	华鑫信托	39	16.03%	4.44%	6.80%	53.73%	16.13%	2.88%
34	百瑞信托	21	30.38%	20.98%	0.24%	21.47%	4.05%	22.89%

续表

信托资产总额排名	信托公司	信托业务收入排名	基础资产占比	房地产业占比	证券市场占比	实业占比	金融机构占比	其他投向占比
35	重庆信托	5	9.90%	21.18%	14.67%	31.87%	17.77%	4.62%
36	光大兴陇信托	52	39.04%	12.22%	2.38%	28.90%	6.73%	10.73%
37	陆家嘴信托	25	37.25%	14.33%	9.02%	10.65%	11.53%	17.24%
38	天津信托	43	8.02%	4.66%	1.27%	80.62%	4.02%	1.41%
39	中原信托	23	13.53%	21.92%	0.11%	22.77%	11.87%	29.79%
40	国民信托	47	17.80%	14.97%	0.72%	61.89%	1.08%	3.54%
41	新华信托	48	28.94%	22.72%	0.12%	29.13%	18.45%	0.65%
42	金谷信托	60	5.01%	15.98%	0.01%	11.13%	1.25%	66.63%
43	国投信托	54	13.67%	7.23%	3.80%	64.88%	0.07%	10.35%
44	厦门信托	50	16.18%	15.56%	8.82%	32.10%	22.44%	4.91%
45	中粮信托	58	19.17%	2.96%	15.59%	14.25%	37.50%	10.53%
46	国元信托	57	42.89%	1.73%	2.17%	32.06%	17.49%	3.66%
47	民生信托	16	27.62%	14.51%	5.51%	39.87%	4.57%	7.93%
48	昆仑信托	27	7.95%	14.36%	6.45%	30.47%	13.69%	27.08%
49	方正东亚信托	26	26.55%	15.09%	6.36%	28.35%	14.78%	8.87%
50	西部信托	61	24.94%	9.66%	0.39%	48.98%	14.98%	1.04%
51	中建投信托	17	27.76%	35.33%	0.70%	11.73%	2.35%	22.13%
52	万向信托	29	43.18%	21.41%	2.81%	14.73%	15.20%	2.68%
53	爱建信托	30	40.06%	17.91%	2.11%	20.41%	11.15%	8.36%
54	华信信托	34	0.00%	0.00%	0.00%	0.00%	0.00%	0.00%
55	苏州信托	41	30.72%	12.36%	1.03%	7.76%	6.22%	41.93%
56	中泰信托	55	19.75%	2.86%	3.46%	47.58%	13.59%	12.76%
57	紫金信托	45	37.51%	5.34%	0.03%	38.01%	19.03%	0.07%
58	大业信托	51	10.21%	33.64%	0.00%	16.10%	4.58%	35.47%
59	东莞信托	42	12.46%	4.80%	8.58%	30.78%	0.52%	42.86%
60	湖南信托	44	63.15%	4.88%	1.92%	18.87%	5.16%	6.01%
61	国联信托	64	41.62%	3.79%	0.99%	14.72%	8.48%	30.40%
62	吉林信托	66	0.00%	0.00%	0.00%	0.00%	0.00%	0.00%
63	杭工商信托	37	2.05%	76.74%	0.00%	2.10%	10.38%	8.74%
64	华澳信托	62	31.47%	3.41%	0.00%	42.68%	6.61%	15.83%
65	山西信托	63	12.42%	8.16%	13.41%	38.35%	7.69%	19.97%
66	浙商金汇信托	65	39.94%	26.69%	1.85%	11.17%	18.42%	1.93%
67	长城新盛信托	68	3.10%	40.60%	0.00%	3.25%	53.05%	0.00%
68	华宸信托	67	11.93%	29.84%	0.00%	9.92%	5.65%	42.66%

（四）资本实力优化营收表现，增资潮将强化行业分化

从年报的分析得出，信托行业竞争格局尚未固化，除了修炼内功提高专业化水平外，资金实力的扩充对信托公司竞争力具有提振作用。

2016年较往年相比，信托公司增资数量显著增多。如表10所示，68家信托公司中，共有21家信托公司进行了增资扩股，而2015年共有12家信托公司增资扩股。2016年末，信托行业注册资本为2012.67亿元，相比于2015年的1646.51亿元，合计增加约366.16亿元，增幅与2015年的260亿元相比显著提高，信托行业资本实力进一步提高。信托公司增资潮可归纳为以下几个原因：其一，随着信托公司主动配置资产能力的提高，将出现更多投贷联动的机会；其二，信托公司增强资本实力以应对于监管层对信托公司资本金要求及公司分类评级对净资本充足率的考核；其三，政策对信托公司进入资本市场的支持为行业上市打开窗口，上市公司通过受让或定增购买资产的方式获得信托公司股权，信托公司实现曲线上市。

表10　2016年实现增资的信托公司

信托公司	2016年	2015年	注册资本变动（亿元）	增资方式
新时代信托	60.00	12.00	48.00	送股、转增股本及配股
民生信托	70.00	30.00	40.00	增资（引入外部股东）
华润信托	60.00	26.30	33.70	资本公积、赢余公积、未分配利润转增资本
华信信托	66.00	33.00	33.00	配股增资
新华信托	42.00	12.00	30.00	增资
中航信托	40.22	16.86	23.36	资本公积、未分配利润转增资本
长安信托	33.30	13.46	19.84	净利润同比转增资本
中江信托	30.05	11.56	18.49	未分配利润转增资本
陕国投	30.90	15.45	15.45	公积金转增资本
粤财信托	28.00	15.00	13.00	未分配利润转增资本
紫金信托	24.53	12.00	12.53	增资
华能信托	42.00	30.00	12.00	增资

续表

信托公司	2016年	2015年	注册资本变动（亿元）	增资方式
中原信托	36.50	25.00	11.50	增资（引入外部股东）
百瑞信托	40.00	30.00	10.00	增资
四川信托	35.00	25.00	10.00	增资
国元信托	30.00	20.00	10.00	未分配利润转增资本
大业信托	10.00	3.00	7.00	未分配利润转增资本
渤海信托	26.40	20.00	6.40	增资
西藏信托	10.00	5.00	5.00	未分配利润转增资本
华融信托	23.69	19.83	3.86	增资
安信信托	20.72	17.70	3.02	定向增发增资
合　计			366.16	

从结果上看，净资产增速较快的信托公司，营收增速也较快。按照净资产增速排序，可以看出，随着净资产增速的提升，信托公司净利润、信托业务收入以及固有业务收入的增速也得到提升。值得注意的是，固有业务收入规模的增长主要依靠自身净利润的积累和股东注资，因而股东增资将进一步增厚固有规模。固有业务收入波动性大于信托业务，因此增资在助信托公司营收增长的同时，也可能为其带来更大波动。

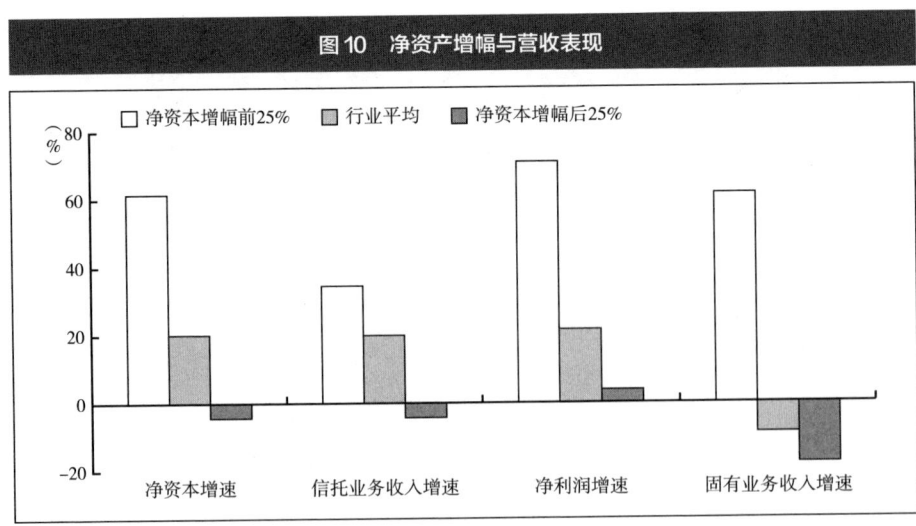

图10　净资产增幅与营收表现

资料来源：信托公司年报、中建投信托研究中心。

从已增资公司的角度来看，资本金排名靠前的信托公司更有意愿继续扩张资本。2016年公告增资计划的27家信托公司中，15家原资本金规模已大于20亿元，8家原规模大于30亿元。可解读为资本金排名靠前的信托公司更有能力和意愿增资，通过资本扩张为进一步业务拓展和转型提供充足空间。而信托公司增资热潮将在增厚固有业务规模的同时，将进一步加大行业分化。

（五）成长期信托公司的利润增长也伴随着人力扩张

如表11所示，2016年信托行业整体呈人员扩张态势，总从业人数达18388人，较2015年增长8.74%。其中第一名中融信托以1943人的规模容纳了行业10.6%的从业人员，超过了位列第二的平安信托（972人）与第三名四川信托（725人）的总和。不同公司人员增长亦有分化，人员增长前十名公司的平均增长率达35.97%，但同时也有21家出现了人员负增长。在这21家公司中，有13家的信托业务收入亦呈负增长，15家净利润和固有业务收入出现负增长。

通过比较人员增速前10名和负增长21家的公司，可以发现人数增长前十名的公司人员规模低于行业平均水平，更多处于成长期。而且人员增速与营收表现提升具有一定正向关系。如图11所示，员工人数增幅前十名公司的平均净利润较2015年增幅超过100%，远高于行业平均水平21.73%，而员工数发生负增长的公司平均净利润较2015年亦负增长了6.13%。初步判断，经营向好并处于快速成长期的信托公司更倾向于人员扩张，而减员的公司或面临更多经营问题，收入或利润呈收缩状态。

表11 员工人数负增长公司与增速前十名公司的经营业绩

信托公司	2016年员工数	2015年员工数	人员增速（%）	信托业务收入增速（%）	固有业务收入增速（%）	净利润增速（%）
陆家嘴信托	295	296	-0.34	-5.05	25.51	-5.05
华澳信托	195	196	-0.51	-28.80	-17.02	-45.48
山东信托	192	194	-1.03	-19.64	-4.77	-4.26
天津信托	139	141	-1.42	-13.44	15.61	-22.95

续表

信托公司	2016年员工数	2015年员工数	人员增速（%）	信托业务收入增速（%）	固有业务收入增速（%）	净利润增速（%）
北方信托	132	134	-1.49	-14.52	-24.61	-24.14
云南信托	212	216	-1.85	-43.99	10.11	-32.95
中融信托	1943	1983	-2.02	13.29	-52.02	-9.24
中信信托	517	528	-2.08	28.47	-77.98	-3.45
兴业信托	518	530	-2.26	-6.19	-40.23	-2.73
四川信托	725	744	-2.55	37.24	-59.37	13.06
国联信托	76	78	-2.56	-15.24	-49.25	-27.14
湖南信托	141	145	-2.76	1.37	73.61	31.11
国元信托	154	161	-4.35	-16.12	-35.00	-32.93
重庆信托	141	149	-5.37	11.28	-36.29	-11.13
华宸信托	96	104	-7.69	-46.71	-67.55	-21.59
中泰信托	215	234	-8.12	-15.23	-31.74	-20.38
吉林信托	169	186	-9.14	23.63	-54.01	-40.93
金谷信托	128	142	-9.86	2.94	1.86	34.93
五矿信托	304	341	-10.85	4.52	-39.40	-14.38
平安信托	972	1120	-13.21	-30.18	32.48	22.12
新华信托	184	231	-20.35	-17.21	-6.30	88.69
人员负增长公司平均	355	374	-5.23	-7.12	-20.78	-6.13
行业平均	270	258	8.74	12.27	-2.83	21.61
人员增速前十公司平均	221	168	31.41	37.69	67.43	108.13

图11 员工人数增幅与信托公司营收表现

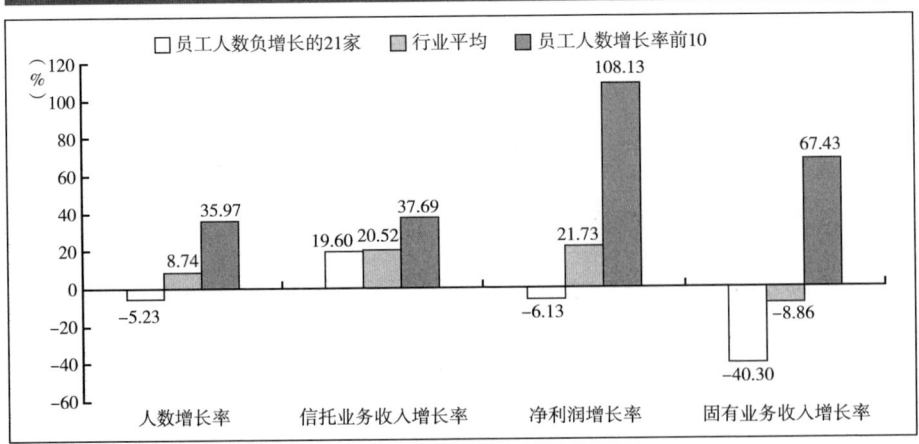

资料来源：信托公司年报、中建投信托研究中心。

（六）股东背景对信托公司营收表现亦有影响

如表12所示，以股东背景划分信托公司，大致可分为金融机构控股（11家）、中央国企控股（16家）、省级政府控股（15家）、市级政府控股（8家）、地方国企控股（5家），以及知名民企控股的信托公司（13家）六类。市级政府控股和地方国企控股的信托公司在注册资本和净资本方面弱于其他四类；而金融机构控股和知名民企控股的信托公司在信托业务收入和利润率增速方面均优于其他类型公司，尤其是金融机构控股的11家公司在各项经营指标中均表现优异，说明金融机构股东对信托公司产生了较强的协同效应。金融机构控股类信托公司相较于其他类型的信托公司，股东的资金支出和业务平台更有力，且其资产处理能力、筹资能力更强，风控体系也更为完善（见图12、图13）。

表12　68家信托公司股东背景与注册资本

股东背景	信托公司	主要控股公司	注册资本（亿元）
金融机构控股	交银国际信托	交通银行	57.65
	建信信托	建设银行	15.27
	兴业国际信托	兴业银行	50
	平安信托	平安集团	120
	中诚信托	中国人民保险集团	24.57
	中信信托	中信集团	100
	金谷国际信托	信达资产	22
	大业信托	东方资产	10
	华融国际信托	中国华融资产	23.7
	长城新盛信托	长城资产	3
	光大兴陇信托	光大集团	34.18
中央国企控股	中建投信托	中国建银	16.66
	中泰信托	中国华闻投资控股	5.17
	中铁信托	中铁股份	32
	中航信托	中航投资控股	40.22
	中海信托	中国海洋石油	25

续表

股东背景	信托公司	主要控股公司	注册资本（亿元）
	中国对外经济贸易信托	中国中化股份	22
	中粮信托	中粮明诚投资咨询	34
	昆仑信托	中油资产	102.27
	华宝信托	宝钢集团	37.44
	五矿国际	五矿资本	20
	国投泰康信托	国投资本	21.95
	华润深国投信托	华润股份	60
	英大国际信托	国网英大国际	30.22
	华鑫国际信托	中国华电集团	22
	华能贵诚信托	中国华能集团	42
	百瑞信托	中国电力投资	40
地方国企控股	西部信托	陕西省电力建设投资	15
	陆家嘴国际信托	上海陆家嘴金融发展	30
	浙商金汇信托	浙江省国际贸易集团	5
	华宸信托	包头钢铁	5.72
	重庆国际信托	重庆国信投资	128
省级政府控股	北京国际信托	北京市国有资产	22
	上海国际信托	上海国际集团	50
	天津信托	天津海泰控股	17
	吉林信托	吉林省财政厅	15.97
	山西信托	山西省国信投资	13.57
	中原信托	河南投资集团有限公司	36.5
	陕西省国际信托	陕西省煤业化工	30.9
	西藏信托	西藏自治区财政厅	10
	云南国际信托	云南省财政厅	10
	广东粤财信托	广东粤财投资	28
	湖南信托	湖南财信投资	12
	安徽国元信托	安徽国元控股	30
	江苏信托	江苏省国信资产	26.8
	山东省国际信托	山东省鲁信投资控股	20
	国联信托	无锡市国联发展集团	12.3
市级政府控股	紫金信托	南京紫金投资	24.53
	苏州信托	苏州国际发展集团	12
	杭州工商信托	杭州市金融投资集团	15

续表

股东背景	信托公司	主要控股公司	注册资本（亿元）
知名民企控股	东莞信托	东莞市财信发展	12
	北方国际信托	天津泰达投资	10
	厦门国际信托	厦门市金财投资	23
	方正东亚信托	武汉金控	12
	新时代信托	新时代远景投资	60
	中融国际信托	经纬纺机	80
	新华信托	上海珊瑚礁信息系统	42
	长安国际信托	西安投资控股	33.3
	四川信托	四川宏达集团	35
	国民信托	丰益实业发展有限公司	10
	中国民生信托	中国泛海控股集团	70
	上海爱建信托	上海爱建股份	42
	华澳国际信托	北京融达投资	25
	安信信托	上海国之杰投资发展	20.72
	万向信托	中国万向控股	13.39
	华信信托	华信汇通	66
	中江国际信托	领锐资产管理公司	30.05
	渤海国际	海航集团	36

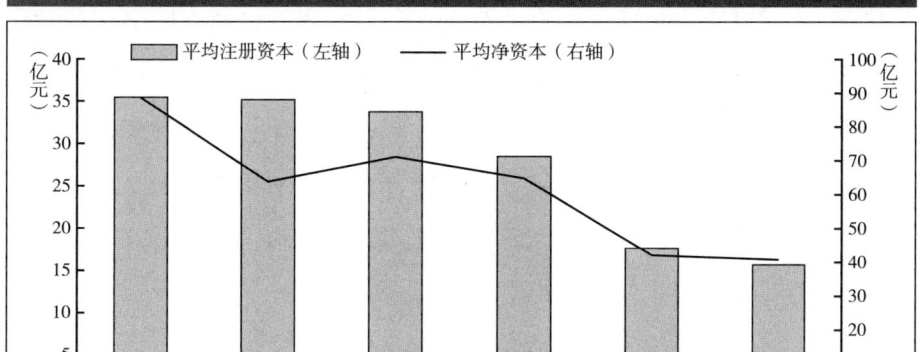

图12 信托公司股东背景与资金实力

资料来源：信托公司年报、中建投信托研究中心。

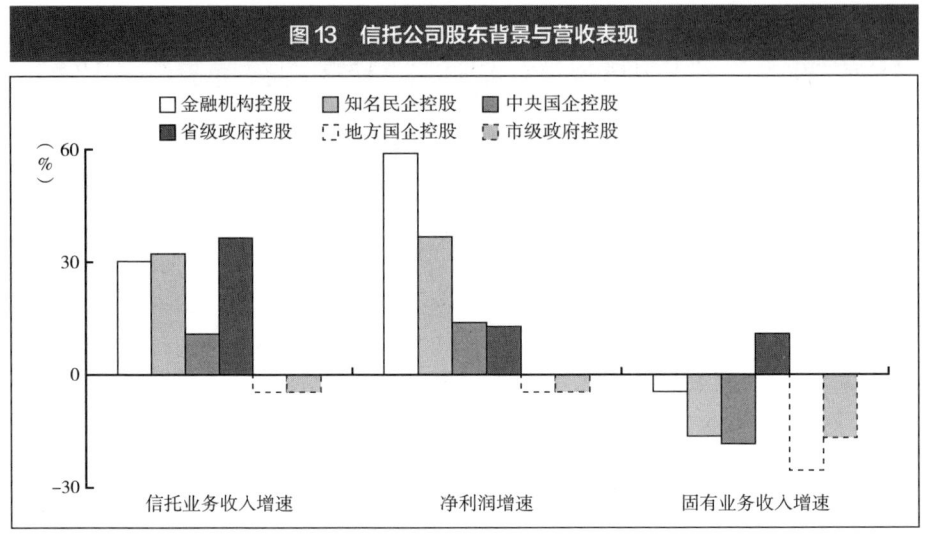

图13 信托公司股东背景与营收表现

资料来源：信托公司年报、中建投信托研究中心。

三、信托公司持续探索创新业务

2016年68家信托公司中有39家在年报中披露了创新业务的关注与实施情况，比2015年的44家略有减少。在公开披露的创新方向中，有资产证券化业务、权益型投资基金、消费金融领域、PPP项目、公益信托、绿色信托以及家族信托等。据统计，2016年信托行业最为关注的创新方向是资产证券化、家族信托和PPP，三者在68家信托公司年报中被分别提到31次、15次和14次，这三方面已有实质探索的分别有26家、9家和8家。而2015年频繁提及的"互联网金融"热度明显渐退。

（一）资产证券化业务

自2014年末资产证券化新规的实施起，资产证券化市场蓬勃发展。面对巨大的市场机遇，信托公司纷纷积极参与，希望尽早建立相关领域的比较优势。2016年约51%的信托公司在其年报中提到资产证券化，15%的信托公司在战略规划中将资产证券化明确为重要转型方向。其中，26家企业主动披露了其在2016年参与资产证券化业务的情况，除了传统的信贷资产证券化业务（CLO）外，信托公司还积极参与了信托受益权资产证券化、企业资产证券化、不良资产证券化、住房抵押贷款证券化（RMBS）、汽车抵押贷款证券化、抵押型商业地产资产证券化（CMBS），以及银行间市场的新型资产支持票据（ABN）和交易所和交易商协会的私募资产证券化等业务。

在不良资产证券化领域，华润信托、金谷信托、苏州信托、外贸信托、兴业信托均在年报中有所提及；在住房抵押贷款和住房公积金贷款方面，建信信托、中信信托、交银信托、上海信托和湖南信托在公司年报及银行间市场公告中有所提及。

参与类REITs（主要是CMBS）的信托公司在产品结构中通过构建双SPV，帮助平整资产的现金流并更好地实现破产隔离，苏州信托、华宝信托、昆仑信托、方正东亚信托、西部信托、华润信托、中航信托等参与了此类业务。其中比较有影响力的实践有：方正东亚信托参与的"高和招商－金茂凯晨资产支持专项计划"（40.01亿元）、昆仑信托参与的"北京银泰中心资产支持转向计划"（75亿元），西部信托参与的"国金－金光金虹桥国际中心资产支持专项计划"（78亿元），以及中航信托参与的首单由信托公司作为原始权益人的类REITs产品"中航红星爱琴海商业物业信托受益权资产支持专项计划"（14亿元）。

除了交易所的ABS市场外，值得信托公司关注的是，2016年12月由交易商协会发布的《非金融企业资产支持票据指引（修订稿）》，明确将信托（特定目的信托）作为ABN的发行载体之一，并且信托公司作为主要的SPV机构，在基础资产受让管理、信息披露、发行载体运营管理等多个环节发挥重要作用。"新指引"的发布开启了信托公司从参与传统"抵押型 ABN"向"信托型 ABN"转变的时代。新型 ABN 与交易所 ABS 在基础资产上具有较高的重合性,监管层面对审批要求具有一定差异性,为企业选择资产证券化产品发行市场提供了新的选项。

2016 年发行的信托型 ABN 产品有:平安信托参与的"远东国际租赁有限公司 2016 年度第一期信托资产支持票据"、中诚信托参与的"九州通医药集团股份有限公司第一期信托资产支持票据"、兴业信托参与的"中电投融和融资租赁有限公司 2016 年度第一期信托资产支持票据"、华润信托参与的"中国铁塔股份有限公司 2016 年度第一期信托资产支持票据"、"中国葛洲坝集团第一工程公司 2016 年度第一期信托资产支持票据"以及中航信托参与的"中国中车股份有限公司 2016 年度第一期信托资产支持票据"。除此之外,中信信托亦在年报中提及对 ABN 业务的参与,但未详细披露。

资产证券化业务,尤其是信托型 ABN 业务领域,将成为未来信托行业的新战场之一。尽管目前资产证券化业务的费率水平尚难以成为信托公司的赢利支撑点,但随着参与程度的加深,信托公司可尝试寻求突破,从最初单一的受托人"通道"角色,到能够发挥主导作用的发行人、发起人等多元角色,以产品的形式设定标准,也意味着能够延展更多业务机会。未来或将找到新的、有质量的规模与利润增长点,实现行业内的差异化竞争和比较优势。

(二)PPP 业务与消费信托业务

随着 2014 年《国务院关于加强地方政府性债务管理的意见》(国发〔2014〕43 号)的下发及地方政府存量债务的清理甄别工作的完成,使信托行业的地方政府融资平台业务受到严重影响。而 2016 年国家宏观政策从货币领域转向财政发力的方针,又带来政府融资的大量需求,因而信托公司积极寻求 PPP 项目的融资合作。2016 年信托公司年报中,国元信托、湖南信托、华鑫信托、江苏信托、交银信托、兴业信托、中信信托和紫金信托简单披露了公司参与 PPP 业务，但未均未披露详细信息。在 PPP 业务方面，信托公司热情较高但落实较少，主要原因是 PPP 项目有期限长、融资成本低，现金流收入处于项目后期等特点，传统信托融资模式难以契合。未来随着 PPP 项目的增多，信托公司也在寻找可切入该业务的新模式，或将在进入政信合作新时代。

在中国逐步迈入消费大国，消费升级市场急速扩张的背景下，消费金融成为信托公司探索创新的另一重要领域。2016 年，华润信托、国投信托、天津信托、外贸信托、中建投信托、中泰信托、中信信托、中原信托、重庆信托和资金信托均在年报中披露了对消费金融领域的探索。其中外贸信托披露其个人消费金融存量规模已突破 300 亿元，另外行业中也涌现出华润信托的"招联 2016 年个人消费贷款财产信托"、中建投信托的"娱乐宝影视消费财产权信托"和陆家嘴信托的"陆家嘴信享消费（有车有家）系列信托"等消费信托项目。然而，尽管消费信托法律构架完善、产品设计能力也较强，但对信托公司后端管理和运营水平提出较高要求，因而至今消费金融类产品的总规模仍然受限，展业路径也有待成熟。

（三）家族信托与慈善信托

作为私人银行与家族财富管理的核心工具，各类形式的家族信托近年来在亚太地区蓬勃兴起，其未来业务重心将放在中国。预计 2020 年中国本土家族信托规模可达 6275.5 亿元[①]。2016 年北京信托、华宝信托、华能信托、华鑫信托、厦门信托、山东信托、外贸信托、中信信托和中原信托在年报中披露了家族信托方面的创新探索。其中山东信托披露其家族信托业务共签约 50 多单，总额为 24.64 亿元，其余未披露详细信息。

---

① 《中国家族信托行业发展报告 2016》：北京银行发联合北京信托、中国社会科学院和中央财经大学。

2016年9月1日,《中华人民共和国慈善法》正式落地实施,明确了慈善信托采用备案制且须向民政部门报备,解决了公益信托发展的最大瓶颈。慈善信托具有独立性、稳定性和长期性等特征,可以满足财富总量大、类型复杂、传承周期长的慈善信托委托人在风险隔离、利益分配、信息保密和连续稳定等方面的特殊要求,因而慈善信托近年来也渐被重视。2016年共有12家信托公司披露了慈善信托方面的探索,分别是安信信托、北京信托、国投信托、国元信托、建信信托、平安信托、山东信托、万向信托、兴业信托、粤财信托、中诚信托和中航信托。其中万向信托开创双人分别履行财产管理和慈善的全新模式,另有兴业信托的"幸福一期慈善信托计划"(养老助学)、"粤财信托-德睿慈善信托计划"、中诚信托的"中诚2016年度博爱助学慈善信托",以及中航信托首单航空背景慈善信托"爱飞客"等。

与传统业务相比,尽管创新业务在规模、收益等方面对信托公司业绩影响较小,尚不能成为信托公司的营收支点。但传统业务竞争日益激烈、收益率不断下滑的趋势促使信托公司积极探索转型,尝试创新,争取在未来的业务蓝海中抢占市场先机。

附件: 信托规模排名		
信托规模排名	信托公司	存量合计(万元)
1	中信信托	142488879.17
2	建信信托	130619640.08
3	兴业信托	94462051.00
4	上海信托	82579375.78
5	华润信托	80823042.82
6	交银信托	71396121.15
7	华能信托	70938996.28
8	中融信托	68296726.89
9	平安信托	67722093.68
10	华宝信托	52698548.77
11	外贸信托	47625707.10

续表

信托规模排名	信托公司	存量合计（万元）
12	中航信托	47478942.76
13	江苏信托	46772056.24
14	五矿信托	41167009.53
15	长安信托	36812744.77
16	四川信托	36054983.02
17	新时代信托	34977199.20
18	渤海信托	34637657.66
19	中海信托	34534308.00
20	西藏信托	33015491.35
21	光大兴陇信托	30746161.00
22	中铁信托	30420515.00
23	北方信托	26437296.70
24	国投信托	26426644.50
25	山东信托	26157347.83
26	北京信托	25862068.98
27	华鑫信托	25770815.14
28	陕国投	25381102.42
29	国民信托	24747529.17
30	华融信托	24259265.60
31	厦门信托	23654123.00
32	安信信托	23495167.40
33	英大信托	22189988.96
34	陆家嘴信托	21637814.73
35	云南信托	21554035.63
36	方正东亚信托	20275280.51
37	粤财信托	20196897.90
38	爱建信托	19907546.61
39	中诚信托	19749966.08
40	重庆信托	17269495.34
41	中江信托	16683077.89
42	百瑞信托	16503224.30
43	天津信托	15305245.44
44	万向信托	15214099.00
45	民生信托	14340473.53
46	昆仑信托	14250121.56
47	中粮信托	14177710.72

续表

信托规模排名	信托公司	存量合计（万元）
48	中原信托	13391726.34
49	大业信托	13147958.55
50	新华信托	12935098.26
51	紫金信托	12541414.53
52	金谷信托	12452636.30
53	华信信托	12210864.56
54	国元信托	12096385.66
55	中建投信托	11600348.95
56	西部信托	10202113.71
57	苏州信托	9818957.74
58	吉林信托	5402900.76
59	中泰信托	5310004.48
60	浙商金汇信托	4906773.06
61	华澳信托	4817764.00
62	湖南信托	4779990.00
63	国联信托	4541468.00
64	东莞信托	4158276.05
65	杭工商信托	3372904.00
66	山西信托	3108514.11
67	长城新盛信托	2040099.14
68	华宸信托	971110.75

2016年信托公司固有业务研究报告

何 珊

对于信托公司而言，固有业务既可以起到逆周期调节作用，在公司发展中发挥积极作用，也可能成为短板拉低股东投资回报，制约公司发展。在信托公司经营理念上，固有业务的根本意义是平衡安全性、收益性与流动性：一方面，要有效提高固有资金使用的效率和收益水平，贡献良好业绩，实现固有资金增值，这是信托公司更好地履行受托人义务的前提条件；另一方面，要保持适度的流动性，满足抵御各项业务非预期损失的需要，缓解流动性风险；同时，要确保固有资金投资的安全性，因为固有资金是支持信托计划成立，承接风险事项的资金来源。因此，信托公司的固有业务以安全稳健为原则，通过管理运用固有资产，把握市场机遇，提升效益，同时保证一定的流动性。本篇根据2016年信托公司披露的数据，对2016年信托公司固有业务的发展情况进行分析，并总结了固有业务的发展趋势和特点。

一、信托行业固有业务经营成果概述

截至2016年末，全行业68家信托公司注册资本合计2012.67亿元，净资产规模合计4408.22亿元（平均65.79亿元，中位数56.13亿元），固有资产规模合计5587.68亿元（平均82.71亿元，中位数68.66亿元）。营业总收入合计1142.2亿元，其中信托业务收入741.01亿元，固有业务收入386.51亿元，营业外收入14.68亿元。净利润合计614.23亿元（平均9.17亿元，中位数6.82亿元），行业净利润率为54.48%。

2016年信托行业固有业务收入为386.51亿元，其中，投资收益为290.49亿元，利息收入为54.05亿元，公允价值变动损益 -7.46亿元，汇兑损益0.48亿元，其他手续费及佣金收入为28.01亿元，营业外收入为14.68亿元。

2016年信托行业固有业务收入的ROE[①]为7.65%。

---

① 本处 ROE = 2016年固有业务收入 × 2/（2015年年末固有资产规模 + 2016年年末固有资产规模）。

二、注册资本变动

2016年,68家信托公司中,共有21家信托公司进行了增资扩股,2015年共有12家信托公司增资扩股。2016年末,信托行业注册资本为2012.67亿元,相比于2015年的1646.51亿元,合计增加约366.16亿元,增幅与2015年的260亿元相比显著提高,信托行业资本实力进一步提高(见表1)。

表1 2016年信托行业注册资本变动情况

信托公司	2016年	2015年	注册资本变动(亿元)	增资方式
新时代信托	60.00	12.00	48.00	送股、转增股本及配股
民生信托	70.00	30.00	40.00	增资(引入外部股东)
华润信托	60.00	26.30	33.70	资本公积、盈余公积、未分配利润转增资本
华信信托	66.00	33.00	33.00	配股增资
新华信托	42.00	12.00	30.00	增资
中航信托	40.22	16.86	23.36	资本公积、未分配利润转增资本
长安信托	33.30	13.46	19.84	净利润同比转增资本
中江信托	30.05	11.56	18.49	未分配利润转增资本
陕国投	30.90	15.45	15.45	公积金转增资本
粤财信托	28.00	15.00	13.00	未分配利润转增资本
紫金信托	24.53	12.00	12.53	增资
华能信托	42.00	30.00	12.00	增资
中原信托	36.50	25.00	11.50	增资(引入外部股东)
百瑞信托	40.00	30.00	10.00	增资
四川信托	35.00	25.00	10.00	增资
国元信托	30.00	20.00	10.00	未分配利润转增资本
大业信托	10.00	3.00	7.00	未分配利润转增资本
渤海信托	26.40	20.00	6.40	增资
西藏信托	10.00	5.00	5.00	未分配利润转增资本
华融信托	23.69	19.83	3.86	增资
安信信托	20.72	17.70	3.02	定向增发增资
合计			366.16	

资料来源:信托公司年报,中建投信托研究中心。

2016年，民生信托、华信信托、华润信托、新时代信托、华能信托、新华信托通过增资跻身行业注册资本前十（其中新华信托与华能信托并列第十）。21家增资的信托公司并未撼动行业注册资本前三的地位，重庆信托、平安信托、中信信托分别以128亿元、120亿元、100亿元的注册资本分别稳居前三。

表2 2015年和2016年注册资本排名前11信托公司对比

排名	2016年末			2015年末	
	信托公司	注册资本（亿元）	名次变动	信托公司	注册资本（亿元）
1	重庆信托	128.00	→	重庆信托	128.00
2	平安信托	120.00	→	平安信托	120.00
3	中信信托	100.00	→	中信信托	100.00
4	民生信托	70.00	↑	中融信托	60.00
5	华信信托	66.00	↑	兴业信托	50.00
6	新时代信托	60.00	↑	交银信托	37.65
7	华润信托	60.00	↑	华宝信托	37.44
8	中融信托	60.00	↓	光大信托	34.18
9	兴业信托	50.00	↓	华信信托	33.00
10	新华信托	42.00	↑	中铁信托	32.00
11	华能信托	42.00	↑	英大信托	30.22

资料来源：信托公司年报、中建投信托研究中心。

2016年信托公司大规模增资的原因是多方面的。一是在信用风险不断暴露的情况下，增资有助于提高公司风险承受能力，满足兑付风险，维护好公司的声誉形象。二是满足监管对信托公司净资本的要求及监管评级。《信托公司净资本管理办法》将各类型的信托业赋予一定的风险系数，并设置若干指标，强化了净资本管理约束，只有更大的资本规模才可以支撑更大的业务规模。2015年底，中国信托业协会发布《信托公司行业评级指引（试行）》，评级内容中，资本实力方面分值28，在评级体系中占据了重要地位。增强的资本实力亦可帮助提升评级。三是可以为信托公司开展业务提供更多的支持。2015年4月，信托公司开始缴纳信托业保障基金，借款人不缴纳的部分由信托公司代缴。这对部分信托公司自有资金造成了较大资金占用，流动性压力增加。增资可以缓解保障基金的占款压力，支撑更大规模的信托业务。

三、所有者权益

自2014年以来，信托公司的所有者权益一直在稳步增加，但是增速逐年放缓。净利润的积累、增资贡献了所有者权益的增长，但是随着信托行业高速增长时代的一去不复返，以及已经逐渐庞大的基数，所有者权益的增速将稳定在一个相对合理的水平，与行业增长幅度保持一致。

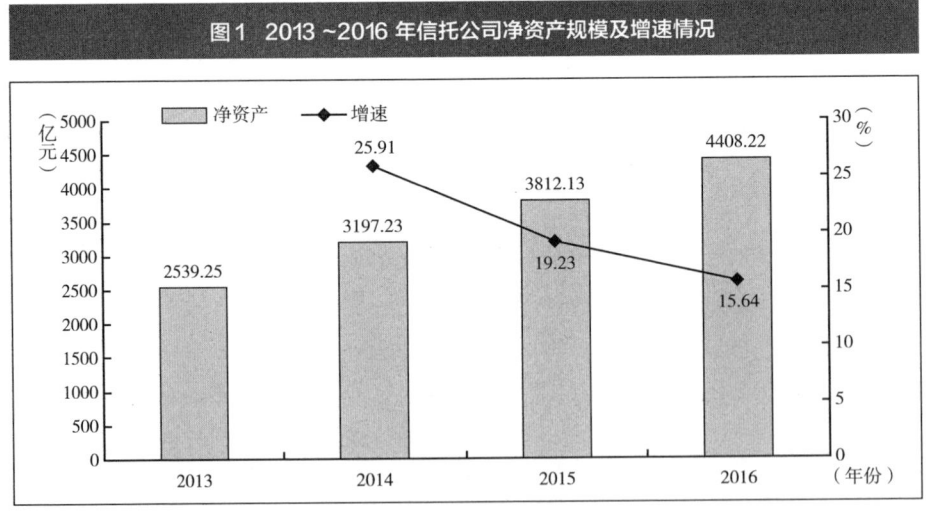

图1　2013~2016年信托公司净资产规模及增速情况

资料来源：信托公司年报、中建投信托研究中心。

四、资产负债

如图 2 所示,2016 年,信托行业固有资产规模为 5588 亿元,同比增长 20.25%。负债规模为 1149.42 亿元,同比增长 37.72%。资产负债率为 20.68%,同比上涨了约 3 个百分点。

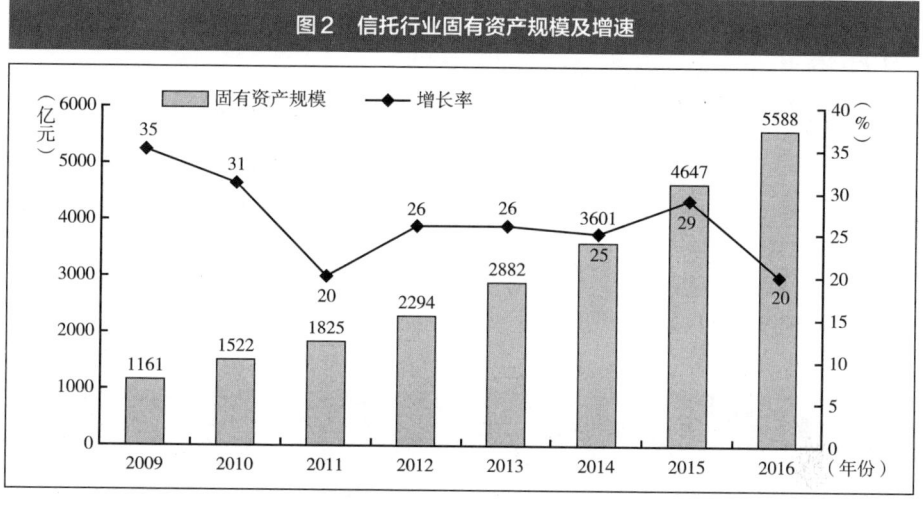

图 2　信托行业固有资产规模及增速

资料来源:信托公司年报、中建投信托研究中心。

信托公司能够产生负债的业务,除同业拆借外,只有向信托业保障基金借款这一种业务。由于同业拆借期限不得超过 7 天,年末银行间拆借市场较为紧张,拆借难度较大,且信托行业的负债率陡增起始于 2015 年,因此可以认为负债率的上升基本上是向信托业保障基金借款导致。

2015 年 4 月信托业保障基金正式成立以来,2016 年是其第一个完整年度。信托业保障基金承担着保障信托行业平稳运行的重要职责,根据保障基金取之于信托用之于信托的精神,目前保障基金给信托公司使用的情况主要有两种:一是正常的流动性支持业务,对经营资质较好的信托公司提供信用借款,额度一般不超过上一年度净资产的20%;二是信托公司真正出现风险,股东又不支持,流动性不足的情况可以获得基金的支持。

五、固有资产配置

信托公司的固有资产配置主要包括货币资产、贷款及应收款、交易性金融资产、可供出售金融资产、持有到期投资、长期股权投资和其他资产运用七类。

如表3所示,2016年末,可供出售金融资产规模达2415.72亿元,所占权重达44.25%,在所有固有资产配置中所占比例最大。其后依次是贷款及应收款,占比为13.22%;长期股权投资,占比为12.88%;货币资产,占比为12.37%。交易性金融资产和持有到期投资所占比例较低,分别只有4.83%和1.8%。

表3 2016年末信托行业固有资产配置

单位:亿元,%

类别	货币资产	贷款及应收款	交易性金融资产	可供出售金融资产	持有到期投资	长期股权投资	其他资产运用	总计
规模	675.40	721.65	263.79	2415.72	98.48	702.95	578.01	5456
权重	12.37	13.22	4.83	44.25	1.80	12.88	10.59	100

资料来源:信托公司年报、中建投信托研究中心。

对比2016年同往年的固有资产配置变化情况(见表4、图3),可供出售金融资产比例继续增加,由2011年的23.43%上涨到2016年的44.25%,这里面主要包括了证券资产、信托计划以及公司管理层认为中途可能发生转让的有固定期限的金融资产等具有较高风险和收益的资产,该比例的上升也证明了随着信托产品销售瓶颈压力凸显,信托公司以自有资金支撑信托产品的发行也成为各大公司的策略之一。

表4 2011年末至2016年末信托行业固有资产配置变化

单位：%

年份	货币资产	贷款及应收款	交易性金融资产	可供出售金融资产	持有到期投资	长期股权投资	其他资产运用	合计
2016	12.37	13.22	4.83	44.25	1.80	12.88	10.59	100
2015	15.34	12.68	6.81	39.89	5.22	13.87	6.19	100
2014	14.08	17.31	6.01	36.05	2.88	14.39	9.27	100
2013	18.26	15.80	3.40	29.91	4.90	19.08	8.64	100
2012	21.15	17.30	4.65	23.55	4.39	21.23	7.73	100
2011	21.22	16.61	3.61	23.43	3.53	24.39	7.20	100

资料来源：信托公司年报、中建投信托研究中心。

图3 2011年末至2016年末信托行业固有资产配置情况

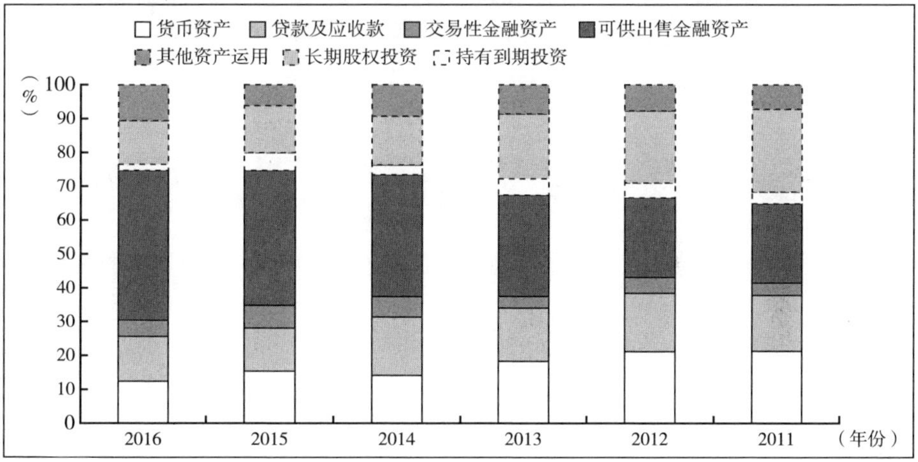

资料来源：信托公司年报、中建投信托研究中心。

除此以外，货币资产占比由2011年的21.22%下降至2016年的12.37%，货币资产是一项低风险、低收益、高流动性的资产。该项资产占比下降意味着信托公司不再甘于获取低风险、低收益的现金收益，更加注重固有资金的主动管理和运用。

长期股权投资比例也在逐年下降，这主要是因为长期股权投资一般以成本法计价，只要不产生新的投资行为，股权投资金额不会改变。同时，信托公司股权投资实力相对不足,获取优质股权投资项目的能力减弱,对长期股权投资的选择也比较慎重。

六、固有资产投向

根据银监会的分类标准,信托公司固有资产投向分别为基础产业、房地产业、证券市场、实业、金融机构和其他资产。2016年,除了安信信托和大业信托外,共有66家信托公司披露了固有资产的投向情况。

2016年末,投向金融机构的规模高达2595.54亿元,权重占47.55%,在所有固有资产投向中所占比例最高;其次是其他资产,权重为27.47%;基础产业的权重最低,只有1.27%(见表5)。

表5 2016年末信托行业固有资产投向

单位:亿元,%

类别	基础产业	房地产业	证券市场	实业	金融机构	其他资产	资产总计
规模	69.16	251.95	753.05	289.57	2595.54	1499.71	5458.98
权重	1.27	4.62	13.79	5.30	47.55	27.47	100.00

资料来源:信托公司年报、中建投信托研究中心。

如表6数据所示,从近几年的固有资产投向分布可以发现,金融机构一直是信托公司固有资产投向的主要部分,占比在40%左右,而且在2016年达到了47.55%。投向于金融机构的资产包括认购各类金融产品,如信托计划、资管计划、银行理财产品等。金融机构是最优质的交易对手,也是各信托公司的主要合作对象,因为与金融同业合作,信用风险较低,且收益率相对较高。然而信托公司对基础产业和房地产业的投向比例常年处于低位,一方面原因是因为信托业务大部分还是基础产业和房地产业,这些领域的业务基本通过信托产品对接;另一方面,这两类投向一般为债权投资，即发放贷款。但固有资金贷款类业务占信托公司的净资本较高，所以这两个行业的占比一直维持在比较低的水平。另外，如果做股权投资，受《中国银监会关于支持信托公司创新发展有关问题的通知》中第五条，"信托公司以固有资产从事股权投资业务和以固有资产参与私人股权投资信托等的投资总额不得超过其上年末净资产的20%，但经中国银监会特别批准的除外"的限制，加之质地优良的股权投资标的选择也愈加困难，因而信托公司也难以在股权投资规模上有所突破。

表6 2011~2016年末信托行业固有资产投向对比

单位：%

年份	基础产业	房地产业	证券市场	实业	金融机构	其他资产	总计
2016	1.27	4.62	13.79	5.30	47.55	27.47	100.00
2015	1.81	5.30	17.31	4.25	45.35	25.97	100.00
2014	2.06	7.51	15.07	7.53	42.59	25.25	100.00
2013	2.42	7.73	12.23	7.06	40.09	30.47	100.00
2012	3.19	7.63	16.60	7.73	37.01	27.84	100.00
2011	2.64	6.21	14.60	8.20	39.85	28.50	100.00

资产来源：信托公司年报、中建投信托研究中心。

七、固有资产质量与风险

2016年，除了安信信托外，其余67家信托公司年报数据均披露了不良资产情况，2016年末全行业信用风险资产余额合计4006.33亿元，不良资产余额合计113.46亿元，同比增加了39.37亿元，增幅为53%。2016年末全行业不良资产率为2.83%。不良资产率排名前10的信托公司依次为华宸信托、浙商金汇信托、吉林信托、五矿信托、北方信托、昆仑信托、华宝信托、新华信托、西藏信托、陕国投。这10家公司的信用风险资产合计464.97亿元，占全行业的11.61%，这个比例并不高，然而贡献的不良资产余额合计占比为 50.61%，占了全行业不良资产余额的一半（见表7）。各家信托公司风控能力参差不齐，行业两极分化明显。

表7　2016 年信托公司不良资产情况

单位：万元，%

排序	信托公司	信用风险资产合计	不良资产余额合计	不良率
1	华宸信托	154459.51	48418.49	31.35
2	浙商金汇信托	78154.60	20472.26	26.19
3	吉林信托	26233.41	5998.94	22.87
4	五矿信托	696789.91	160783.71	19.15
5	北方信托	480497.47	56968.95	11.86
6	昆仑信托	547788.14	78112.53	10.86
7	华宝信托	750139.15	75076.09	10.01
8	新华信托	765807.27	71426.93	9.33
9	西藏信托	240922.70	20626.57	8.56
10	陕国投	908907.79	36349.85	8.54
	合　计	4649699.95	574234.32	
	行业占比	11.61	50.61	

资料来源：信托公司年报，中建投信托研究中心。

八、固有业务收入

（一）固有业务收入与信托业务收入

如图4所示，2016 年全行业的信托公司的固有业务收入总额为 386.51 亿元，2015 年的固有业务收入总额为 497.63 亿元，2016 年比 2015 年减少了 22.33%，这是近两年来固有业务收入首次发生减少的情况。2016 年全行业的信托业务收入总额为 741.01 亿元，2015 年信托业务收入总额为 698.02 亿元，增长了 6.16%。

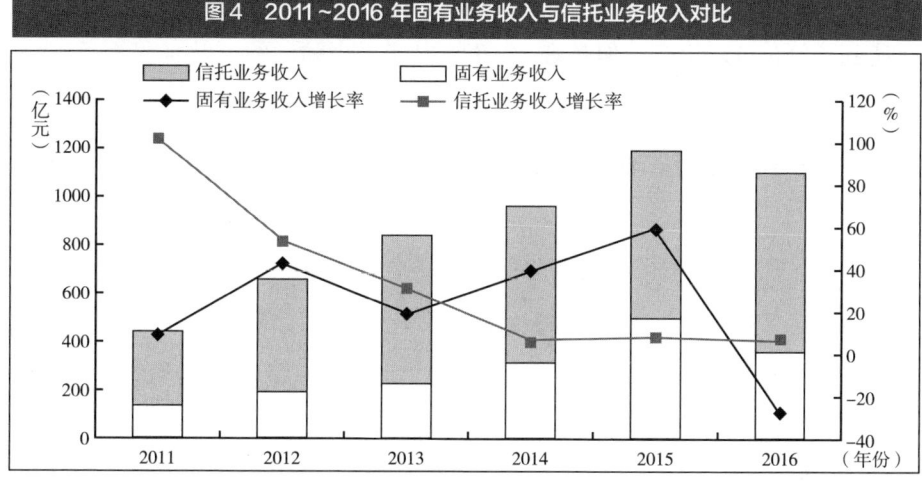

图4 2011~2016年固有业务收入与信托业务收入对比

资料来源：信托公司年报、中建投信托研究中心。

（二）固有业务收入占比

2016年信托行业固有业务收入合计386.51亿元，信托业务收入合计741.01亿元，固有业务收入占比约为34.28%。由此可见，固有业务收入对信托公司而言不可小觑。信托行业在2011～2013年的固有业务收入占比持

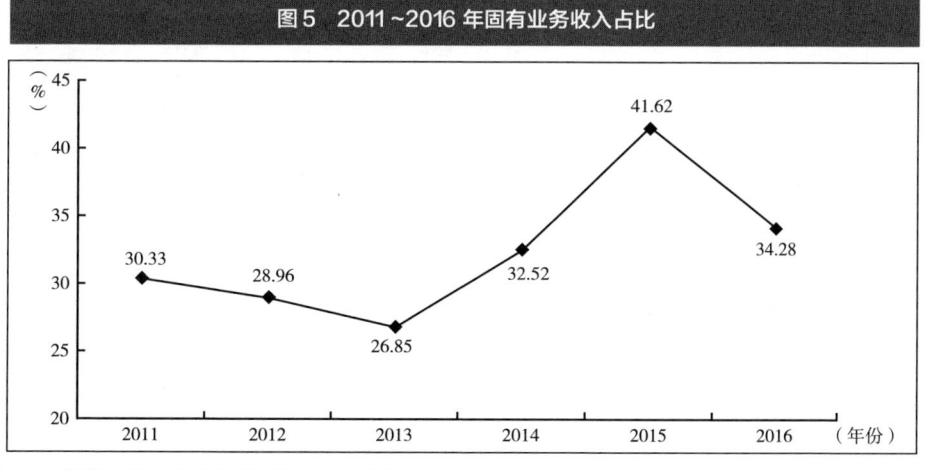

图5 2011~2016年固有业务收入占比

资料来源：信托公司年报、中建投信托研究中心。

续下降,但是在 2013~2015 年固有业务收入占比稳步上升,并且于 2015 年达到了峰值 41.62%,但是在 2016 年出现了小幅度的下跌(见图 5)。

(三)固有业务排名前十

如表 8 所示,2016 年固有业务收入排名前 10 的公司分别是平安信托、中江信托、华润信托、中融信托、重庆信托、中信信托、华信信托、中诚信托、江苏信托、四川信托。相比于 2015 年,中江信托和四川信托成功跻身固有收入排名前 10,值得一提的是中江信托,2015 年固有业务收入仅为 2.65 亿元,2016 年高达 27.32 亿元,增幅显著,主要是因为其转让了控股子公司国盛证券有限责任公司的股权,实现了 26.13 亿元的股权投资收益。最近 3 年稳居行业前 10 的信托公司有 7 家,分别是平安信托、华润信托、中融信托、重庆信托、中信信托、华信信托、中诚信托。

2016 年固有业务收入排名前 10 的信托公司的平均固有业务收入为 18.73 亿元,相比于 2015 年的 25.67 亿元下降了 24.07%。

表 8 2016 年固有业务收入排名前十的信托公司情况

单位:亿元

排名	2016 年	金额	2015 年	金额	2014 年	金额
1	平安信托	34.06	中信信托	69.38	华润信托	22.34
2	中江信托	27.32	华润信托	41.63	重庆信托	18.19
3	华润信托	23.33	重庆信托	31.93	中信信托	16.47
4	中融信托	21.37	平安信托	24.07	中诚信托	16.11
5	重庆信托	20.56	中融信托	20.62	平安信托	15.66
6	中信信托	15.63	华信信托	18.87	华信信托	12.99
7	华信信托	14.72	中诚信托	17.29	华能信托	11.51
8	中诚信托	11.92	兴业信托	11.02	中融信托	11.24
9	江苏信托	9.43	江苏信托	10.94	上海信托	11.21
10	四川信托	8.99	长安信托	10.93	兴业信托	10.32
平均		18.73		25.67		14.61

资料来源:信托公司年报,中建投信托研究中心。

(四)固有业务收入与信托业务收入比重的差异性

2016年,68家信托公司固有业务收入和信托业务收入之比的平均值为0.66,标准差为0.69,行业内各公司的固有业务收入和信托业务收入比重具有较大的差异性,而且中江信托该比值超过了3,位列68家信托公司之首(见表9)。固有业务收入超过信托业务收入的共有14家信托公司,而固有业务收入不足信托业务收入一半的也多达42家信托公司,两极分化现象严重。每个公司在固有业务和信托业务方面的定位差异很大,对于未来战略发展方向也有很大的不同。

表9 2016年信托公司固有业务收入与信托业务收入情况

单位:万元

排序	信托公司	固有业务收入	信托业务收入	差值	比值
1	中江信托	273180.92	88390.47	184790.45	3.09
2	华润信托	233259.27	87365.49	145893.78	2.67
3	华信信托	147205.57	83953.53	63252.04	1.75
4	西部信托	88568.41	31568.33	57000.08	2.81
5	中诚信托	119243.71	72674.76	46568.95	1.64
6	江苏信托	94346.79	66465.79	27881.00	1.42
7	粤财信托	59723.01	44827.13	14895.88	1.33
8	吉林信托	29829.47	15836.42	13993.05	1.88
9	国元信托	50443.00	37279.16	13163.84	1.35
10	长城新盛信托	18529.74	6366.49	12163.25	2.91
11	中粮信托	40598.96	33328.41	7270.55	1.22
12	国投信托	53756.00	50146.00	3610.00	1.07
13	国联信托	20869.00	17516.00	3353.00	1.19
14	平安信托	340621.38	338244.85	2376.53	1.01

资料来源:信托公司年报,中建投信托研究中心。

(五)固有业务收入归因分解

2016年,68家信托公司总收入为1127.52亿元,其中固有业务收入为

386.51亿元，占比为34.01%。与2015年相比，2016年信托公司固有业务收入减少了114.14亿元，降幅达23%。主要是由于2016年资本市场表现不佳，上证指数从3501下挫至2975，固有收入中证券投资收益由2015年的103.75亿元降至26.6亿元，对固有业务收入产生了较大影响。

2016年，68家信托公司实现了386.51亿元的固有业务收入，其中投资收益为最重要的板块，贡献了74.96%；其次为利息收入，占比为14.09%。其他各项收入占比均在10%以下，不做详细分析。

表10 2014~2016年固有业务收入分解

单位：亿元，%

	2016年		2015年		2014年	
	金额	占比	金额	占比	金额	占比
其他手续费及佣金收入	28.01	7.30	22.31	4.48	17.81	5.77
利息收入	54.05	14.09	57.39	11.53	63.14	20.44
其他业务收入中计入固有业务收入部分	6.27	1.63	17.15	3.45	9.51	2.94
投资收益	290.49	74.96	395.44	79.46	204.06	65.96
公允价值变动损益	-7.46	-1.95	-0.21	-0.04	9.62	2.41
营业外收入	14.68	3.83	5.24	1.05	7.67	2.48
汇兑损益	0.48	0.12	0.32	0.06	3.91	1.27
固有业务收入合计	386.51	100.00	497.63	100.00	308.94	100.00

资料来源：信托公司年报，中建投信托研究中心。

从固有业务收入贡献角度分析，投资收益已成为固有业务收入中最重要的来源。2015年投资收益的占比达到历史峰值79.46%，2016年略有回落，下降至74.96%。投资收益主要由股权投资收益、证券投资收益和其他投资收益构成，其中股权投资收益占比最高。由于近几年利率持续下行、资本市场波动，股权投资类的产品成为提高固有业务收入实现突破的投资方式。在固有业务收入较低时期，通过股权转让或上市退出等方式获利了结，可以起到平滑公司财务报表的作用，不失为稳定公司固有业务收入的好方法。

受资本市场波动影响，投资收益中的证券投资收益波动较大。2015年，证券投资收益为103.75亿元，2016年下降至26.6亿元。这也是造成2016年固有业务收入大幅下降的主要原因。华信信托、重庆信托等2015年取得上十亿元的证券投资回报，2016年均辉煌不再。资本市场并非信托公司优势所在，资本市场应把握市场时机、及时了结获利、顺势而为方是生存之道。

2016年为这一波降息通道的尾声。全年前三季度利率持续下行，在第三季度达到低点后，第四季度有着明显的拉升。全年固有业务利息收入同比减少5.82%，连续两年利息收入同比下降。信托的行业优势在于非标业务，固有业务也依托该行业优势，利息收入虽然占比不高，却是固有业务中稳定的收入来源。

九、固有业务赢利能力

（一）固有业务赢利能力大幅下降

2016年，由于行业整体固有业务收入降幅明显，固有业务赢利能力较2015年大幅下降。根据统计测算，信托行业整理的固有业务净资产回报率为8.96%，平均值为7.84%，中位数为7.23%（见表11）。相比于2015年，下降了4~5个百分点。固有业务赢利能力的下降主要有以下几方面原因：一是由于其处于利率下行区间，资产价格持续走低；二是股权投资退出市场活跃度降低；三是资本市场低迷。后两者是2015年固有业务收入的主要贡献板块。一、二级市场以及固定收益全面走低，对固有业务收入造成较大的冲击。尽管通过向保障基金借款等渠道扩大资金来源，提高杠杆率和资产周转率，但是对于固有收入回报率的贡献非常有限。

表11 2014~2016年固有净资产回报率对比

单位：%

固有净资产回报率	2016年	2015年	2014年
平均值	7.84	11.61	9.96
中位数	7.23	10.08	9.87
标准差	5.65	6.95	5.02
变异系数	1.39	1.67	1.99

资料来源：中建投信托研究中心。

注：变异系数＝平均值/标准差。

通过以上分析可知，固有业务的赢利能力下降是信托行业整体下降导致，各家信托公司固有业务收入的差异化也相对缩小。全行业中，仅有中江信托一枝独秀，以39.9%的固有净资产回报率占据榜首（主要由于中江信托2016年通过国盛证券的股权退出实现了16.13亿元的投资收益）。除中融信托、华信信托外，其余信托公司的净资产回报率均在15%以下。中融信托、华信信托、华润信托、重庆信托连续两年保持了前十名的位置，说明以上信托公司的固有业务相对稳定，且具有较强的投资获利能力。

表12 2015年与2016年固有净资产回报率排名前10的信托公司

单位：%

排名	2016年		2015年	
	信托公司	固有净资产回报率	信托公司	固有净资产回报率
1	中江信托	39.90	中信信托	38.36
2	中融信托	16.11	华鑫信托	28.97
3	华信信托	15.19	华润信托	27.28
4	中海信托	14.68	华信信托	26.03
5	平安信托	14.08	长安信托	23.91
6	华润信托	14.02	重庆信托	21.93
7	中铁信托	13.76	安信信托	20.14
8	粤财信托	13.32	国投信托	20.11
9	天津信托	13.23	中融信托	19.62
10	重庆信托	11.67	四川信托	19.11

资料来源：中建投信托研究中心。

十、信托固有资金与信托财产的交易

信托固有资金与信托财产之间可以进行正常的关联交易，主要包括以下几种方式：一是固有资金运用于公司管理的信托项目；二是固有资金受让信托计划项下相关财产；三是信托计划受让固有资金持有的相关资产。在实践中，方式一最为常见。主要原因有两个：其一是为满足一定额度的成立要求，通过固有资金认购，补足缺口，确保项目成立；其二是有些优质的信托计划存在多个竞争对手，同等条件下，资金到账时间成为关键因素。这种情况下固有资金先行认购信托计划锁定客户，再通过后续转让信托受益权实现退出，不失为一种重要方式。方式二中，在信托计划到期兑付时，若基础资产流动性不足，或出现重大风险事项，固有资金通过与信托计划项下财产交易的方式，为信托计划提供流动性，保障信托计划到期顺利退出。

（一）固信交易概况

根据信托公司披露的年报数据来看，2016年共有46家信托公司披露了固信交易情况。2016年初该46家信托公司的固信交易金额为805.92亿元，当年发生额为382.05亿元，2016年末余额为956.56亿元。期末相对于期初增加18.69%。从披露固信交易信息的46家公司来看，2016年信托固有资金对信托业务支持的力度延续了往年，是相对稳定的。

表13显示了2016年46家披露固信交易信托公司中固信交易发生额（净额）[①]排名前十的情况。排名前十的信托公司期末余额与期初余额增幅

---

① 固信交易发生额（净额）＝固信交易期末余额－固信交易期初余额

较大，均保持了两位数甚至三位数的增长速度，超过信托行业净资产的同比增速，说明这些信托公司增加了对信托项目的资金支持力度。

表13 信托行业固信交易发生额（净额）前10信托公司排名

单位：亿元，%

序号	信托公司	期初余额	本期净增加	期末余额	期末同比期初增长比例	期末固信交易余额/期末集合信托计划余额
1	上海信托	30.66	31.52	62.19	102.80	1.88
2	光大兴陇信托	2.37	17.71	20.08	748.31	2.04
3	华润信托	14.87	17.20	32.07	115.74	1.70
4	中建投信托	34.26	16.29	50.55	47.55	6.87
5	山东信托	23.38	15.54	38.92	66.46	5.50
6	华宝信托	29.25	11.85	41.09	40.51	3.19
7	中海信托	0.21	11.39	11.60	5421.23	0.57
8	华融信托	40.83	10.89	51.72	26.67	3.31
9	五矿信托	18.85	10.74	29.59	56.94	1.39
10	百瑞信托	20.11	9.57	29.69	47.59	3.17

资料来源：中建投信托研究中心。

（二）信托业务对固有资金的依赖性

资金的获取能力是制约信托公司快速发展的重要缘由。资金主要有两个来源：一是对外募集；二是公司固有资金。募资能力强的公司，对公司固有资金的依赖性就相对较弱，固有资金有充分投资于其他类别的资产的自由。募资能力差的公司，对固有资金的依赖性就相对较强，固有资金以支持信托计划为主要目标，对外投资额度受限。我们使用"期末固信交易余额/期末主动管理类信托余额"作为衡量信托业务对固有资金的依赖性，排名前十的信托公司情况详见表14。

另外值得注意的是，上述指标中分子为期末固信交易余额。有些信托公司固信交易余额不大，但是期间发生额较大（少部分信托公司披露了期间发生额数据）。比如陆家嘴信托，期末余额为39.13亿元，本期净增加额8.79

表14 2016年末信托业务对固有业务依赖性最大的10家信托

单位：万元，%

排序	信托公司	2016年固信交易余额	2016年主动管理类信托余额	期末固信交易余额/期末主动管理类信托余额
1	华宸信托	45703.32	258287.96	17.69
2	东莞信托	323898.95	2746991.99	11.79
3	山西信托	91921.13	1064560.44	8.63
4	中建投信托	505450.00	7355889.81	6.87
5	杭工商信托	191470.00	3048404.00	6.28
6	山东信托	389174.00	7073361.46	5.50
7	江苏信托	189531.98	3891000.45	4.87
8	昆仑信托	274276.37	6127132.32	4.48
9	国投信托	178120.19	4074468.92	4.37
10	西部信托	38660.72	913980.89	4.23

资料来源：中建投信托研究中心。

亿元，但认购发生额为74.9亿元。可以推断出陆家嘴信托的固有资金对信托计划的成立提供了较多的过桥资金支持，随后通过其他方式实现了固有资金退出，这从其现金流量表里也可以得到印证。同样地，新时代信托当期发生额达100.4亿元，华宝信托当期发生额为62.33亿元，民生信托当期发生额为45.77亿元，等等，均出现了认购发生额远高于本期净增加额的现象，表明这些信托公司的固有资金为信托计划成立提供了较多的短期资金，承担了流动资金支持的责任。

（三）固有业务对信托业务的依赖性

信托公司的主业是信托业务，上文也已提到，固有业务对信托业务的依赖性往往是由信托公司募资能力决定的。本文用"期末固信交易余额/期末信托公司总资产"作为衡量固有业务对信托业务的依赖性。该比例越高，说明越多的固有资金配置了公司发行的信托，可以自由配置的资金越少,独立性越弱。2016年固有业务依赖信托业务最高的10家信托公司情况如表15表示。

表15　2016年末固有业务独立性最弱的10家信托

单位:万元,%

排序	信托公司	2016年固信交易余额	2016年信托公司总资产	期末固信交易余额/期末信托公司总资产
1	东莞信托	323898.95	409923.73	79.01
2	陆家嘴信托	391322.89	567949.28	68.90
3	中建投信托	505450.00	813229.74	62.15
4	山东信托	389174.00	710227.01	54.80
5	华宝信托	410921.00	757533.70	54.24
6	方正东亚信托	273823.39	516901.90	52.97
7	华融信托	517170.00	1016707.33	50.87
8	万向信托	145030.00	289050.19	50.17
9	西藏信托	106605.40	220296.13	48.39
10	爱建信托	269095.37	557460.54	48.27

资料来源:中建投信托研究中心。

披露数据的46家信托公司中,有8家信托公司的固信交易余额超过了信托公司总资产的50%。说明这几家信托公司的固有资金运用相对被动,资金资源均以支持信托主业为主,从另一方面来反映出固信合作的紧密性。

十一、固有业务总结及发展前景

2016年,信托行业迈进20万亿元关口,固有业务规模突破5000亿元,是信托行业继续开疆扩土的一年。受增资热潮的影响,信托行业固有业务、固有资产以及净资产规模持续高速增长。受资本市场不景气的影响和风险防控的需要,信托公司在固有资金运用方面趋于谨慎。自2011年以来，全行业固有业务收入首次出现下降，固有收入中占信托公司收入的比例也有较大幅度下降。在2017年为固有业务找到一条符合自身特点的发展之路，对信托企业转型发展至关重要。

展望未来，对固有业务清晰的定位直接影响信托公司的可持续发展。一直以来，业内强调回归信托本源，但这不是说固有业务的作用就可以被忽略，正相反，充分重视固有业务和信托业务的协同联动，在信托公司发展中将收到事半功倍的效果。比如，信托公司应以固有业务客户为切入点，开发其上、下游客户群的相关信托业务，实现两大业务的客户群联动。所以，结合信托业务发展，利用固有业务积累的客户资源，发挥固有业务的投资管理经验，是信托公司固有业务未来的重要方向，为固有业务找到一条符合自身特点的发展之路，对信托企业的可持续赢利和发展有着重要作用。

2016年信托公司风险管理研究报告

聂雅雯

一、目前信托公司主要风险管理组织架构及风险要素

（一）风险管理组织架构及流程

信托公司目前尚没有统一的组织架构，整个风险管理组织架构的设置原则上需要符合风险管理的全面性、制衡性、程序性、独立性以及适时有效性五个原则。

各信托公司在 2016 年年报披露的信息显示，目前较为普遍的风险管理架构包括四个部分。一是公司顶层设计董事会风险管理委员会、管理层风险管理委员会、审计委员会、战略发展委员会，在执行层面设置风险执行委员会，在经营层面设置风险管理和内部控制与关联交易委员会；二是设立独立的风险管理部、法律合规部、投资评估部、运营部、审批部、资产监控及保全部等职能部门；三是在各业务部门条线内设置内部风险部门，例如，同业产品风险管理部、私募基金风险管理部等；四是制定相关风险管理内部指引和政策，引导公司风险管理组织架构的体系建设和有效沟通。信托公司年报显示，2016 年平安信托成立董事会风险管理委员会及管理层风险管理委员会，董事会审计委员会不再行使风险管理职能，风险管理的顶层设计进一步优化风险治理架构；百瑞信托董事会审议并通过《关于制定〈公司风险管理政策（2016 年度）〉的议案》以及《关于制定〈公司风险管理规划（2016～2020 年度）〉的议案》，制定指导公司中长期风险管理战略，完善组织架构的职能分工。

目前信托公司的事前风险管理的流程包括调研、评估及汇报反馈三个部分。调研阶段过程包括网络公开信息的搜集、问卷调研、现场资料查阅、现场或电话访谈、现场勘查；评估阶段过程包括风险识别、风险分析以及相应的评估及应对建议等；汇报阶段过程包括将风险评估过程和成果

以书面文本的形式向审批委员或管理层进行汇报，并将其存档，风险评估团队归纳总结相关的风险，提出风险应对的策略建议，供审批委员或管理层参考并进行决策。此外风险管理流程还包括通过各部门协同及投后管理团队进行事中持续监控；事后监督则主要通过常规和专项稽核、信访调查、动态监测与监督、舆情管理、压力测试等模式开展风险管理工作。

（二）信托业务风险要素分析

信托公司目前管理多个风险要素，包括信用、市场、操作三大主要风险要素，以及声誉、政策、道德、合规、法律及流动性风险六大其他类的风险要素等，各公司对于所面临的风险以及应对措施都有不同的侧重和相应的管理策略，如何强化识别和主动统筹管理各风险要素的能力，成为风控有效性的重要辨别方式之一。

根据 68 家信托公司的 2016 年年报来看，其中 67 家信托公司披露了其在 2016 年信用、市场风险状况和风险管理情况，66 家信托公司披露了其操作风险状况和风险管理情况。该统计结果显示，信用、市场和操作风险仍是信托公司风险管理的三大重要类别（见图 1）。

银行业 2016 年风险管理工作重点研究显示，在银行业的风险管理中信用、市场和流动性风险的重要性占比分别为 81.3%、53.8% 和 36.6%，位列前三，信用风险管理是商业银行关注的重中之重，与信托公司的风险管理有一定的可比性。2016 年因宏观经济政策变化、国内外复杂的经济形势以及实体经济经营压力大等原因，一定程度上增加了交易对手的信用风险，加大了信托公司筛选项目、甄别客户和管理信用风险的难度。信托公司主要面临的风险还包括利率、汇率及资本市场波动导致的市场风险和信托公司内部的操作风险。

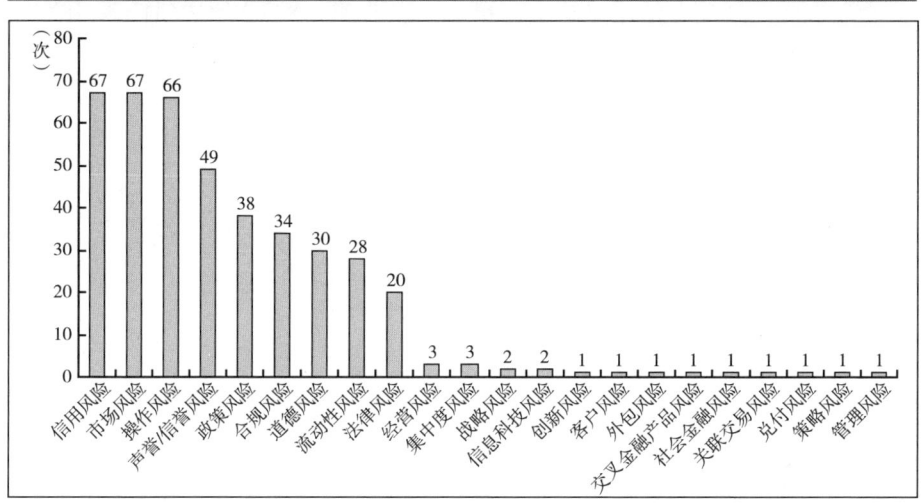

图1 2016年信托公司披露的风险要素统计

资料来源：各信托公司2016年年报，中建投信托研究中心。

根据各个公司经营战略和信托业务的侧重分布不同，除三大风险要素外，各信托公司还相应披露了其重点关注和管理的相关风险，在其他风险类别中，各信托公司重点关注和披露了声誉、政策、合规、道德、流动性以及法律的风险状况及风险管理情况。

根据2016年信托公司年报分析，信托公司的第一大风险类别信用风险的管理策略主要包括以下九个方面：一是针对行业特征、公司经营目标以及业务类型制定相应的评审指引、准入标准和操作流程等管理办法和业务指导；二是建立交易对手及客户的信用风险识别体系，包括名单制管理、集中度管理、限额管理以及内部外部评级体系；三是建立信用风险缓释工具，包括采用实际抵质押物担保或第三方保证人担保形式，关注抵质押物价值、抵质押率情况以及保证人的资信情况；四是通过对交易对手和项目采取风险暴露分类、客户评级以及债项评级来完善风险评估体系；五是设置风险预警机制，包括对于客户、区域、行业的风险预警和监测；六是对于关键业务流程、环节的控制，包括授信权限管理、法律合同审批、资金投放、资金监管以及贷款定价的把控;七是对资产风险进行分类并且开展动态管理;八是采取信用风险抵补措施,按照监管要求的抗风险能力指标计提资产减值损失、信托赔偿准备以及一般风险准备等;九是加强不良资产的处置能力,包括采取资产重组等处置方式。

据统计,对于市场风险的管理主要包括以下四个方面。一是关注信贷、财政、行业及市场变化调整投资策略;二是通过资产或投资组合实现风险的有效对冲和补偿,借助量化工具如久期分析、外汇敞口分析以及敏感性分析评估市场风险;三是在业务决策和流程管理过程中,通过限额管理、压力测试、动态监测、逐日盯市、舆情披露、指数研究对项目进行风险预警和风险管理,及时据实向投资者进行信息披露;四是通过计算头寸拆分、利率、股票、汇率、商品、期权等风险,加总后得到市场风险资本要求,保持对市场行情的动态跟踪和研究。

据统计,信托公司的操作风险管理主要包括以下三个方面。一是建立和健全相关操作风险的管理政策、框架流程系统及工具标准;二是采用包括关键风险指标、业务审核复核等流程来管理操作风险;三是开展专项操作风险排查工作;四是加强操作风险管理方面的员工培训和人才培养等。

除了以上三大风险类别以外,信托公司还披露了在政策、道德、声誉、创新、战略等方面的风险的状况和管理情况。例如,外贸信托披露了其在交叉金融产品风险、信息科技风险及社会金融风险的状况和管理情况,通过制定相关业务管理办法、规范业务开展交叉金融产品和创新业务风险管理;对于信息科技风险,通过定期巡检,加强系统开发和运行监控,更新系统软件硬件设备等方式管理相应的信息系统风险;通过规范金融业务的运作,实行授权制度及前、中、后台的隔离和内部监管来管理社会金融风险;中江信托披露了其在政策、法律、道德、声誉等方面的风险状况,通过调查研究、适时调整经营管理策略,完善内控制度,以及结合内部和外部法律服务等方式来管理政策和法律风险;通过完善内控制度和规章制度,开展专项排查等管理道德风险;建立和健全声誉风险管理制度、信息披露管理制度以及金融消费者权益保护制度来防范相应的声誉风险等；中建投信托披露了公司在开展创新业务时可能带来的创新风险现状，对于创新风险的管理可通过研究政策、制定指引、同业交流、压力测试、情景测试等方式进行研究管理，并设置应急预案应对业务扩展中可能出现的创新风险；兴业信托披露了公司可能面临的战略风险等其他类风险现状，主要通过制定并执行相应的风险管理制度来防范和化解一系列风险。

整体来说，信托公司的风险管理及状况披露有一定的行业核心价值和可比性，各信托公司可借鉴完善自身的风险管理组织架构、风险管理流程以及对风险要素的管理。

二、信托公司风险管理情况分析

面对目前经济环境的严峻挑战，在面临实体经济下行压力、大监管战略的背景下，信托公司的全面风险管控能力越来越受到行业及监管的支持与重视。其中对信托行业的监管除了对公司组织架构和制度建设的监督以外，还包括对资本及风险的监督以及对高管人员与信托从业人员的监管，其中风险管理的监管指标主要包括各项业务风险资本要求、净资本与各项业务风险资本之和的比重要求、净资本与净资产的比重要求以及资产五级分类管理等，中国信托业协会也对信托公司的业务指导给予一定的数据支持及监督管理，一定程度上体现了信托公司的被动抗风险和主动抗风险管理能力。

（一）净资本管理及风险控制情况

信托公司净资本管理能力是其抗风险能力的重要指标之一，是公司应对信用风险及流动性风险的重要抵御能力的来源。其中相关的指标包括净资本规模、风险资本规模、净资本与净资产的比例以及净资本与各项业务风险资本之和的比例。

根据各信托公司2016年的年报来看，68家信托公司中有58家在公司年报中披露了净资本管理的相关指标数据。58家信托公司的平均净资本为57.06亿元，各项业务风险资本之和的平均值为29.26亿元，净资本与净资产的比例平均值为81.24%，净资本与各项业务风险资本之和的比例平均值为202.27%，各信托公司均符合净资本需大于等于2亿元的要求，净资本与各项业务风险资本之和的比例需大于等于100%，以及净资本与净资产的比例需大于等于40%的监管要求（见表1）。

根据58家信托公司的统计数据来看，行业有21家信托公司高于净资本平均值57.06亿元，信托公司的净资本规模幅度相差较大；有6家信托公司的净资本少于20亿元，其中大业信托为统计数据中净资本最小的信托公司，为13.28亿元，仍远高于监管对于净资本大于等于2亿元的标准要求。

根据年报数据来看，信托公司净资本与净资产的比例范围为[58.46%，93.2%]，其中西部信托、万向信托的比例在90%以上，有36家信托公司的比例高于80%，其中仅一家信托公司的比例低于60%，即吉林信托净资本与净资产的比例为58.46%，距离监管要求的指标水平仍有一定空间。

根据年报数据来看，信托公司净资本与各项业务风险资本之和的比例范围为[110.98%，414.59%]，其中有29家信托公司的比例大于200%，5家信托公司的比例低于120%，分别为华融信托（110.98%）、大业信托（114.23%）、华鑫信托（116.59%）、建信信托（117.5%）和华能信托（118.92%），略高于监管对于该比例大于等于100%的要求。

根据年报数据来看，68家信托公司中19家信托公司披露了风险资本的分布情况，风险资本主要由固有业务的风险资本及信托业务的风险资本构成。据统计，固有业务风险资本占各项业务风险资本之和的比例均值为36%，信托业务的占比均值为64%。其中中融信托的风险资本的88%来自信托业务，而民生信托的风险资本的64%来自固有业务，不同信托公司的风险资本构成差异较大，但89%（17家）信托公司的风险资本主要来自其信托业务（见表1、表2）。

表1　2016年各信托公司净资本管理情况

单位：亿元，%

信托公司	净资本（≥2亿元）	排名	2016年末各项业务风险资本之和	排名	净资本/净资产（≥40%）	排名	净资本/各项业务风险资本之和（≥100%）	排名
平安信托	167.24	1	66.58	5	74.00%	28	251.00%	10
中信信托	139.00	2	81.00	1	69.00%	29	172.00%	20
华润信托	137.22	3	39.61	15	83.45%	14	346.46%	4
重庆信托	137.13	4	54.91	9	74.32%	26	249.73%	11
兴业信托	118.52	5	75.56	2	89.00%	3	157.00%	23
中诚信托	116.65	6	33.24	17	75.64%	25	350.95%	3
中融信托	113.28	7	71.24	4	88.43%	5	159.01%	22
安信信托	112.83	8	43.64	11	82.25%	16	258.56%	7
华信信托	92.61	9	23.58	24	77.36%	22	392.79%	2
上海信托	90.25	10	58.11	8	84.54%	12	155.32%	24
华能信托	89.76	11	75.48	3	82.14%	17	118.92%	28
江苏信托	85.16	12	63.01	6	86.17%	11	135.16%	26
民生信托	79.01	13	31.40	18	79.54%	21	251.60%	8
建信信托	73.95	14	62.94	7	75.83%	23	117.50%	29
外贸信托	67.72	15	39.76	14	87.82%	7	170.35%	21
西部信托	65.09	16	15.70	30	93.20%	1	414.59%	1
新时代信托	64.01	17	33.82	16	86.79%	10	189.24%	17
交银信托	62.13	18	42.08	13	87.60%	9	147.70%	25
北京信托	61.94	19	27.31	20	81.14%	20	226.77%	14
中江信托	57.59	20	20.33	28	65.81%	30	283.34%	5
陕国投	57.23	21	24.93	22	74.05%	27	229.56%	13
中航信托	55.37	22	43.40	12	87.79%	8	127.58%	27
华融信托	55.28	23	49.81	10	81.58%	19	110.98%	30
山东信托	55.24	24	21.99	26	88.05%	6	251.24%	9
中原信托	55.13	25	23.81	23	75.69%	24	231.58%	12

续表

信托公司	净资本（≥2亿元）	排名	2016年末各项业务风险资本之和	排名	净资本/净资产（≥40%）	排名	净资本/各项业务风险资本之和（≥100%）	排名
国元信托	53.40	26	20.17	29	89.05%	2	264.72%	6
四川信托	53.03	27	23.49	25	89.00%	4	226.00%	15
百瑞信托	49.89	28	28.98	19	81.96%	18	172.19%	19
五矿信托	47.89	29	26.10	21	83.86%	13	183.49%	18
中建投信托	47.74	30	21.68	27	82.61%	15	220.16%	16
30家平均	82.04	—	41.46	—	81.92%	—	218.85%	—
58家平均	57.06	—	29.26	—	81.24%	—	202.27%	—

资料来源：各信托公司2016年年报、中建投信托研究中心。

表2 2016年信托公司风险资本分布情况

单位：亿元，%

信托公司	各项风险资本之和	排名	固有业务风险资本	占比	信托业务风险资本	占比
中融信托	71.24	1	8.48	12	62.76	88
平安信托	66.58	2	23.52	35	43.06	65
安信信托	43.64	3	25.12	58	18.51	42
外贸信托	39.76	4	9.61	24	30.15	76
华润信托	39.61	5	15.30	39	24.31	61
民生信托	31.40	6	20.23	64	11.17	36
百瑞信托	28.98	7	10.76	37	18.22	63
光大兴陇信托	28.78	8	6.06	21	22.71	79
北京信托	27.31	9	6.73	25	20.58	75
昆仑信托	26.97	10	10.66	40	16.31	60
五矿信托	26.10	11	7.41	28	18.69	72
陕国投	24.93	12	10.50	42	14.43	58
四川信托	23.49	13	5.86	25	17.63	75
山东信托	21.99	14	4.24	19	17.74	81
中铁信托	18.43	15	7.92	43	10.52	57
粤财信托	17.28	16	5.72	33	11.56	67
国民信托	11.90	17	4.51	38	7.39	62
东莞信托	11.69	18	5.75	49	5.94	51
紫金信托	11.21	19	5.33	48	5.87	52
19家均值	30.07	—	10.20	36	19.87	64

资料来源：各信托公司2016年年报。

（二）信用风险资产五级分类及不良资产情况

按照《中国银行业监督管理委员会关于非银行金融机构全面推行资产质量五级分类管理的通知》中的分类标准，68 家信托公司在年报中披露了其资产质量的情况，其中 67 家信托公司有存续的信用风险资产，42 家信用风险资产中存在不良资产，26 家信托公司的不良资产余额及不良率为零。

如表 3 所示，2016 年信托公司不良资产合计 113.46 亿元，其中次级类合计 44.43 亿元，可疑类合计 43.02 亿元，损失类合计 26.01 亿元。

2016 年不良资产规模超过 5 亿元的有 7 家信托公司，包括五矿信托（16.08 亿元）、华润信托（15.29 亿元）、昆仑信托（7.81 亿元）、华宝信托（7.51 亿元）、新华信托（7.14 亿元）以及北方信托（5.70 亿元），以上规模合计达到行业不良资产规模的 52%。

2016 年信托公司的不良率主要集中在 5% 以内，其中低于 1% 的有 10 家。而不良率超过 10% 的信托公司有 7 家，包括华宸信托（31.35%）、浙商金汇信托（26.19%）、五矿信托（23.07%）、吉林信托（22.87%）、昆仑信托（14.26%）、北方信托（11.86%），以及华宝信托（10.01%），各信托公司之间不良率的波动幅度较大。

根据 42 家信托公司年报统计数据看，有 19 家不良率较 2015 年均有所下降，平均下降幅度为 2.63%，说明资产扩张规模增大，整体质量相对有所提升。下降幅度位列前三的信托公司包括浙商金汇信托（26.19%）、华澳信托（4.16%）及新华信托（9.33%），不良率下降的原因包括信托风险资产规模涨幅高于不良资产，不良资产核销或抵质押物处置变现等。其余 23 家信托公司的不良率较 2015 年有所上升，平均上升增幅为 2.16%，上升原因包括信托公司将信托受益权及相应的减值准备转入相应应收款项及坏账准备科目核算，或者将要求划入次级类、可疑类及损失类的款项账龄变短，不良资产计提比例提升，则不良率有所提高。综上所述，68 家信托公司的平均不良资产率为 3.71%，较 2015 年的平均不良资产率 2.63% 有所上升[1]，但整体上不良资产率相对可控。信托公司仍需加强信用风险管理能力，提高不良资产现金清收能力，通过重组转化、抵质押物处置变现等方式及时足值完成不良资产的管理及处置（见表3）。

（三）一般风险准备及信托赔偿准备情况

信托公司的风险准备及计提主要包括信托赔偿准备以及其他风险准备。

根据中国银监会 2007 年颁布的《信托公司管理办法》中的规定，信托公司每年需从税后利润中提取 5% 作为信托赔偿准备金，当该赔偿准备金累计总额达到公司注册资本金的 20% 时，可不再提取。根据财政部关于印发《金融企业准备金计提管理办法》（财金〔2012〕20 号）的通知，信托公司需按承担风险和损失的资产期末余额的 1.5% 提取其他风险准备金或一般风险准备金，其中风险资产可包括发放贷款和垫款、可供出售类金融资产、长期股权投资、存放同业和其他应收款项等。同时，根据中国银行业监督管理委员会颁布的《中国银监会关于进一步规范银信理财合作业务的通知》的有关规定，按照银信合作信托贷款余额的一定比例，检查信托赔偿金是否达到规定标准。

根据已披露相关数据的 53 家信托公司年报数据来看，2016 年信托公司平均提取一般风险准备金 4.3 亿元，其中约 67% 来自信托赔偿准备金，约 33% 来自除信托赔偿准备金以外的其他风险准备，2016 年信托公司未发生使用信托赔偿准备兑付的情况。

提取的信托赔偿准备金主要用于弥补因管理操作不善而对信托财产造成的损失，随着信托公司利润的增长以及风险防范意识的提高，部分信托公司以高于监管要求的比例计提信托赔偿准备金，例如，云南信托按税后

---

[1] 参考数据：中建投信托－信托公司 2015 年风险管理研究报告。

表3 2016年不良资产及不良率情况统计

单位：万元，%

信托公司	不良资产	排名	不良率（%）2016	排名	不良率较2015年变化（%）	信托公司	不良资产	排名	不良率（%）2016	排名	不良率较2015年变化（%）
五矿信托	160783.71	1	23.07	3	8.51	山西信托	18420.98	22	8.21	10	-1.41
华润信托	152890.11	2	7.92	11	7.55	国元信托	12483.59	23	2.00	28	1.18
昆仑信托	78112.53	3	14.26	5	4.60	华融信托	9768.73	24	5.48	14	5.48
华宝信托	75076.09	4	10.01	7	-1.08	华澳信托	8585.00	25	4.16	20	-5.84
新华信托	71426.93	5	9.33	8	-5.33	中航信托	8000.00	26	0.93	33	0.93
北方信托	56968.95	6	11.86	6	-2.55	中诚信托	7709.19	27	2.77	24	0.50
华宸信托	48418.49	7	31.35	1	0.37	山东信托	7563.17	28	1.05	31	-4.76
中信信托	40546.74	8	2.49	25	1.48	金谷信托	6028.21	29	4.51	19	-1.00
中建投信托	38056.22	9	4.86	18	-0.64	吉林信托	5998.94	30	22.87	4	-0.38
陕国投	36349.85	10	4	21	2.32	大业信托	3360.50	31	1.89	29	-1.66
中泰信托	35416.06	11	7.22	12	-1.07	兴业信托	3000.00	32	0.53	34	0.53
天津信托	32010.00	12	6.48	13	1.14	百瑞信托	2273.57	33	0.38	35	-0.57
陆家嘴信托	31679.00	13	5.42	15	1.78	华鹏信托	2234.44	34	0.16	37	-0.07
四川信托	29848.50	14	4.97	17	4.30	英大信托	1519.90	35	0.27	36	-0.02
光大兴陇信托	26171.40	15	5.19	16	-2.16	国民信托	1514.43	36	1.05	32	0.15
西藏信托	20626.57	16	8.56	9	2.03	长安信托	1150.76	37	0.16	38	-0.01
浙商金汇信托	20472.26	17	26.19	2	-21.41	华鑫信托	580.50	38	0.14	39	0.03
上海信托	20417.26	18	1.49	30	1.49	新时代信托	396.50	39	3.03	23	2.87
爱建信托	20172.54	19	3.69	22	1.25	外贸信托	357.78	40	0.05	40	-0.06
渤海信托	19493.00	20	2.29	26	0.65	东莞信托	100.00	41	0.02	41	0.02
西部信托	18598.27	21	2.15	27	0.58	中江信托	50.00	42	—	42	-0.01
42家	合计为 1134630.67	—	平均为 6.01	—	平均为 -0.01	68家	合计为 700801.30	—	平均为 3.71	—	平均为 -0.01

资料来源：各信托公司2016年年报、中建投信托研究中心。

利润的6%计提信托赔偿准备金，四川信托原每年按税后净利润的5%计提的信托赔偿准备金提高至10%，信托行业的信托赔偿准备规模也有较明显的增加（见表4）。

表4　2016年末各信托公司一般风险准备余额

单位：亿元，%

信托公司	一般风险准备（合计）	排名	一般风险准备（不包含信托赔偿准备）	占比	信托赔偿准备	占比
中信信托	14.07	1	3.69	26	10.38	74
中铁信托	12.57	2	7.11	57	5.46	43
上海信托	12.14	3	6.38	53	5.75	47
新华信托	11.86	4	0.83	7	11.02	93
江苏信托	9.24	5	1.67	18	7.56	82
华润信托	8.85	6	2.74	31	6.11	69
交银信托	8.54	7	1.01	12	7.53	88
中融信托	8.21	8	1.41	17	6.80	83
北京信托	8.16	9	1.16	14	7.00	86
山东信托	6.38	10	2.38	37	4.00	63
华信信托	6.38	11	1.71	27	4.67	73
重庆信托	6.06	12	3.82	63	2.23	37
外贸信托	5.46	13	1.24	23	4.22	77
华能信托	5.39	14	2.11	39	3.28	61
国元信托	4.78	15	0.49	10	4.29	90
安信信托	4.71	16	1.44	31	3.26	69
方正东亚信托	4.66	17	2.99	64	1.67	36
兴业信托	4.61	18	1.36	29	3.25	71
中原信托	4.43	19	2.23	50	2.20	50
百瑞信托	4.42	20	1.12	25	3.30	75
建信信托	4.20	21	1.56	37	2.65	63
新时代信托	4.06	22	1.43	35	2.63	65
中航信托	3.82	23	1.33	35	2.49	65
长安信托	3.59	24	1.08	30	2.51	70
华融信托	3.27	25	—	0	3.27	100
西部信托	3.19	26	1.86	58	1.34	42
中江信托	3.14	27	1.41	45	1.74	55
湖南信托	3.13	28	0.62	20	2.51	80

续表

信托公司	一般风险准备（合计）	排名	一般风险准备（不包含信托赔偿准备）	占比	信托赔偿准备	占比
中建投信托	3.06	29	1.06	35	2.00	65
北方信托	3.04	30	0.57	19	2.47	81
30家均值	6.18	—	1.99	32	4.25	68
53家均值	4.30	—	1.38	33	2.92	67

资料来源：各信托公司2016年年报、中建投信托研究中心。

（四）2016年信托公司诉讼案件情况

信托公司2016年年报显示，68家信托公司中有33家涉及诉讼案件，占行业总数的48.53%。其中涉及诉讼案件的前3名分别为五矿信托（31件）、厦门信托（15件）以及湖南信托（12件）和光大兴陇信托（12件）；已披露的涉及诉讼金额最大的前3家分别为五矿信托（54.7亿元）、长安信托（23.21亿元）和山西信托（17.24亿元），合计95.15亿元，约占33家信托公司披露诉讼金额的54%，行业的诉讼风险分布较为集中（见表5）。

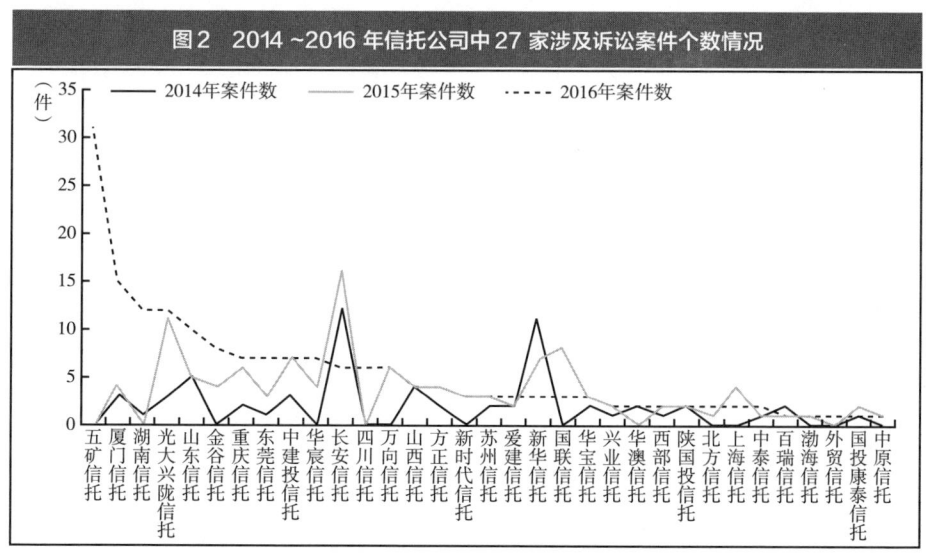

图2　2014~2016年信托公司中27家涉及诉讼案件个数情况

据统计，2016 年涉及诉讼案件的信托公司有 33 家，诉讼案件数合计达 179 件，年报披露的规模合计约 175.65 亿元，平均每起案件涉及金额为 0.98 亿元，案件数及规模较 2015 年的增长率分别为 46% 和 20%；2015 年涉及诉讼案件的信托公司有 30 家，诉讼案件数达 123 件，年报披露的规模合计约 146.28 亿元，平均每起案件涉及金额为 1.19 亿元，案件数及规模较 2014 年的增长率分别为 84% 和 67%。虽然 2016 年信托公司涉及的诉讼案件数及规模的增长速度较 2015 年放缓，但整体仍呈现快速增加的趋势（见表 5）。

表 5 信托公司 2014~2016 年重大诉讼事项情况

单位：件，亿元

信托公司	2014 年		2015 年		2016 年			
	案件数	规模	案件数	规模	案件数	排名	规模	排名
五矿信托	0	—	0	—	31	1	54.70	1
长安信托	12	10.40	16	13.40	6	7	23.21	2
山西信托	4	12.64	4	17.34	4	8	17.24	3
重庆信托	2	1.50	6	19.49	7	6	10.79	4
兴业信托	1	0.60	2	9.50	2	10	9.50	5
湖南信托	1	N/A	0	—	12	3	9.15	6
光大兴陇信托	3	0.58	11	8.64	12	3	8.64	7
方正信托	2	0.93	4	6.44	4	8	6.44	8
东莞信托	1	0.12	3	3.22	7	6	5.83	9
百瑞信托	2	4.70	1	4.00	1	11	4.00	10
中建投信托	3	1.80	7	3.80	7	6	3.80	11
渤海信托	0	—	1	3.80	1	11	3.80	12
华澳信托	2	8.45	0	—	2	10	3.00	13
新时代信托	0	—	3	2.67	3	9	2.67	14
苏州信托	2	2.28	3	4.78	3	9	2.28	15
四川信托	0	—	0	—	6	7	1.84	16
爱建信托	2	7.38	2	7.14	3	9	1.73	17
新华信托	11	17.30	7	9.01	3	9	1.54	18
西部信托	1	0.03	2	1.33	2	10	1.33	19
万向信托	0	—	6	7.08	6	7	1.14	20
外贸信托	0	—	0	—	1	11	1.00	21

续表

信托公司	2014年		2015年		2016年			
	案件数	规模	案件数	规模	案件数	排名	规模	排名
国联信托	N/A	N/A	8	6.18	3	9	0.92	22
陕国投信托	2	2.22	2	N/A	2	10	0.90	23
厦门信托	3	0.04	4	0.01	15	2	0.13	24
国投康泰信托	1	0.07	2	0.07	1	11	0.07	25
山东信托	5	N/A	5	N/A	10	4	N/A	—
金谷信托	0	—	4	N/A	8	5	N/A	—
华宸信托	0	—	4	N/A	7	6	N/A	—
华宝信托	2	N/A	3	N/A	3	9	N/A	—
北方信托	0	—	1	N/A	2	10	N/A	—
上海信托	0	—	4	N/A	2	10	N/A	—
中泰信托	1	N/A	1	N/A	2	10	N/A	—
中原信托	0	—	1	N/A	1	11	N/A	—
33家合计	63	71.03	117	127.89	179	—	175.65	—
68家合计	67	87.34	123	146.28	179	—	175.65	—

注：N/A 指年报中未披露案件规模。

资料来源：各信托公司2016年年报、中建投信托研究中心。

信托公司年报及公开市场信息显示，截至2016年末，信托公司涉及房地产行业的风险资产余额占比较大，而产能过剩领域的信托风险资产风险率较高，包括渤海钢铁、东北特钢、河北融投、云南煤化工集团等客户的风险较为突出，部分交易对手由于涉及职工安置、破产重组等较大程度影响诉讼的执行。其中长安信托发行的"长安3号"信托计划，由于融资方山西联盛集团破产重组事件，本息到期未能兑付，公开信息显示，包括吉林信托、北京信托等多家信托公司总额达70亿元的信托计划受到此事件影响，"长安3号"系受影响的信托计划之一。国民信托发行的"天钢国贸计划"中，由于涉及融资方到期无法偿付，导致信托计划延期；而针对"天冶线缆计划"，经北京银监局核查，国民信托存在对投资者的信息披露、风险提示等方面不足的情况。除此以外，光大兴陇信托、华澳信托等也均有信托计划发生兑付困难和逾期违约情况，相关诉讼多数得到妥善处置（见表6）。

表6　2016年主动管理类信托计划部分诉讼案例及处置情况

项目名称	信托公司	诉讼原因	处置进展
黄氏控股案	光大兴陇信托	债务人违约，未还本付息	法院主持下已和解
皇台烟酒案	光大兴陇信托	债务人违约，未还本付息	诉讼立案后借款人还本付息
长盈37号	华澳信托	债务人陷入债务纠纷	债权转让后撤诉
天冶线缆计划	国民信托	债务人未能按合同约定支付回购价款，担保人未能履行担保义务	项目延期，尚未兑付
天钢国贸计划	国民信托	债务人到期无法偿付，信托计划延长清算期	项目延期，尚未兑付
长安3号	长安信托	债务人违约，涉及回购人及担保人未能履约	未披露最新处置信息

三、信托公司主动管理风险体系建设的建议

信托公司风险管理体系建设可参考当前商业银行风控体系的建设，主要包括健全和完善行业监管及信托公司内部风险管理制度及指引，提高风险管理技术，建设抵补机制，优化风险控制组织架构及流程，完善风险评估人员配置和专业培训等。

（1）建设风险管理制度及指引。目前行业内仍需完善和统一对于信托公司在开展业务所面临的信用风险、市场风险、操作风险等各个风险要素的管理制度，包括对可能涉及的流动性风险、声誉风险、战略风险、管理风险等要素的界定以及制定行业指引标准和监督体系，提高信托公司在开展各类信托业务时的风险管理实操能力，使信托公司在遵循行业指引及监管的前提下追求业务的独特性。

信托公司目前监管指标及抗风险能力的指标包括净资本、净资本/净资产、风险覆盖率、信托杠杆率、固有资产不良率、信托赔偿准备金提取比率、信托风险准备金余额、资产减值准备以及信托风险赔偿率等，相关监管指标及风险排查政策可参考商业银行，在提升数据的完备性以及信息

化建设的过程中，可以以交易对手信息为核心，结合相关税务应税、工商登记、海关报关、征信报告、水电煤气、公检法等外部数据甄别客户，建立信息共享平台，降低信息不对称及整体信用风险。内部的计算机系统建设也可采取公司信贷管理、额度管理、风险缓释、内外部评级体系，利率及流动性风险管理分析等方式。

（2）发展风险计量评估及管理技术。除了制定风险管理指引及制度以外，信托公司风险管理的效率和能力很大程度上还取决于其评估技术、量化工具包括测算模型等的发展。

目前部分信托公司的风险评估以定性分析为主，评估结果的合理性主要依赖于风险评估人员的经验和专业素养，若能够更多地利用定性与定量的结合，通过设置风险要素等级、风险可能性等级矩阵以及风险后果等级矩阵推导出风险等级矩阵，通过评估风险后果及发生的可能性来测算风险值，或者通过资产价值、威胁性和脆弱性等要素量化标的资产的风险等，充分结合定性分析和定量测算，关注业务及客户的集中度风险、组合风险以及管理交易对手风险系数等，来更好地评估风险并加强行业监管及可比性。

（3）建设风险缓释、应急预案及不良贷款的处置机制。目前监管设置信托业保障基金，各信托公司也按监管要求的一定比例计提资产减值损失、一般风险准备及信托赔偿准备，用于风险缓冲机制建设及应对项目的潜在兑付风险。信托公司可通过内部积累和外部融资建立内外兼顾的风险缓冲体系，在预判项目风险变化前提早计提和调整风险准备金的比例和规模，并设置相应的应急预案。

信托公司在处置不良贷款时也可借鉴商业银行，根据实际情况采取包括现金清收、重组转化、以物抵债、批量转让以及不良资产证券化或者债转股等处置方式。

（4）完善风险组织架构、流程及人员配置和培训。信托公司组织架构的建设包括针对信托公司事前、事中及事后风险管理需求，设置业务部门的风险自控意识和体系，建立董事会、高级管理层风险管理及战略委员会，设置独立的风险管理部、法律合规部及运营部等部门负责风险管理体系开展统筹监督，通过财务部的审计及运营部定期回访及时跟踪等方式，形成及时反馈机制，配置及培养专业风险评估人员，开展内部风险评估考核及风险管理专题培训，明确工作重点和优先等级，协助管理层及审批委员相应决策，把握项目及交易对手的实质风险。

2016年信托行业人力资源报告

曾 层

本报告通过对 68 家信托公司的年报分析，探究 2016 年信托行业人力资源发展的新动向。

一、信托行业 2016 年度人员概况

（一）信托行业从业人员基本情况

根据 2016 年已披露年报的 68 家信托公司统计信息来看，截至 2016 年末，68 家信托公司总人数为 18393 人，平均人数为 270 人，中位数为 203 人。

如图 1 所示，2016 年 68 家信托公司从业人员较 2015 年的 17556 人增加了 837 人，增幅为 4.77%，从业人员继续保持净流入。2011～2014 年人员增幅均保持在 20% 以上的高位，2016 年全行业人员数量同比增长延续 2015 年较小的增幅，信托行业在经历了人员快速储备后，可以预见人员规模增速放缓进入平稳期。一方面原因在于信托规模增速放缓后信托从业人

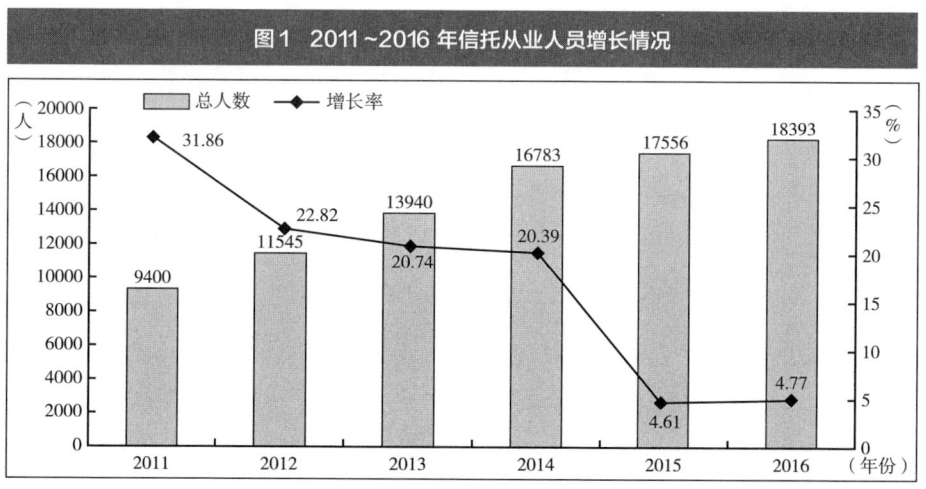

图 1　2011～2016 年信托从业人员增长情况

资料来源：据各信托公司年报数据整理。

员需求下降；另一方面信托行业面临转型，粗放式的规模扩张有所收敛，对从业人员的要求有了进一步提高，行业内部可能出现整合。

（二）各信托公司人员变动情况

2016年，68家信托公司共有47家信托公司人员绝对数量增加，其中建信信托、陕国投、中航信托、中建投信托、中江信托人员绝对数量增加超过60人；中建投信托、建信信托、光大信托人员数量增长较快。人员增长主要原因包括信托公司新区域或部门的设置、新业务的拓展、中后台部门的配置、自主营销团队建设等。

如表1所示，68家信托公司有21家的人员绝对数量不变或有不同程度的减少，平安信托、五矿信托、新华信托、中融信托的人员流失较多，人员流失主要原因包括市场的收缩、业绩的负增长，以及早期人员扩充较多的信托公司进行下一步组织架构调整等。

表1 2015~2016年信托公司人员绝对值变动情况

人员数量绝对值变动情况	数量	信托公司名称
增加51~100人	6	中建投信托（90）、中航信托（75）、建信信托（72）、陕国投（72）、中江信托（61）、民生信托（57）
增加31~50人	9	华融信托（50）、光大信托（44）、渤海信托（42）、浙金信托（42）、大业信托（39）、国投信托（36）、中海信托（35）、长城新盛信托（34）、上海信托（33）、中诚信托（33）
增加11~30人	22	中铁信托（26）、爱建信托（25）、安信信托（25）、长安信托（25）、国民信托（24）、外贸信托（23）、西藏信托（23）、中原信托（23）、中诚信托（22）、华宝信托（20）华润信托（18）、华鑫信托（18）、山西信托（17）、江苏信托（16）、苏州信托（16）、交银信托（15）、华能信托（14）、西部信托（13）、中粮信托（13）、粤财信托（12）、杭工商信托（11）、新时代信托（11）
增加1~10人	10	百瑞信托（9）、万向信托（9）、方正信托（6）、华信信托（6）、紫金信托（6）、厦门信托（5）、东莞信托（4）、昆仑信托（3）、北京信托（2）、英大信托（1）

续表

人员数量绝对值变动情况	数量	信托公司名称
减少1~10人	11	陆家嘴信托（-1）、华澳信托（-1）、山东信托（-2）、天津信托（-2）、北方信托（-2）、国联信托（-2）、云南信托（-4）、湖南信托（-4）、国元信托（-7）、重庆信托（-8）、华宸信托（-8）
减少10人以上	10	中信信托（-11）、兴业信托（-12）、金谷信托（-14）、吉林信托（-17）、四川信托（-19）、中泰信托（-19）、五矿信托（-37）、中融信托（-37）、新华信托（-47）、平安信托（-148）

资料来源：据各信托公司年报数据整理。

比较信托公司人员增幅，如表2所示，长城新盛信托人员增幅最大，这与其人员基数小相关。浙商金汇信托人员增幅也超过40%，与其新业务团队的设置和总体公司业务发展相关。中江信托、中建投信托、中航信托和建信信托不仅人员增加绝对值排名靠前，人员增幅也在前10名。

2012~2016年信托行业人员发展情况如表3所示。四川信托、中建投

表2 2015~2016年信托公司员工数量增幅前10名

排名	信托公司	2016年人数	2015年人数	人员增幅（%）	增加人数（人）
1	长城新盛信托	83	49	69.39	34
2	浙商金汇信托	137	95	44.21	42
3	大业信托	138	99	39.39	39
4	西藏信托	85	62	37.10	23
5	中江信托	252	191	31.94	61
6	中建投信托	392	302	29.80	90
7	中航信托	327	252	29.76	75
8	建信信托	343	271	26.57	72
9	中海信托	167	132	26.52	35
10	民生信托	285	228	25.00	57
	10家平均值	221	168	53	35.97
	行业平均值	270	258	12	8.73

资料来源：据各信托公司年报数据整理。

信托、建信信托、陆家嘴信托四家信托公司同时在人员变化和人员增幅都在前十名,中等规模左右的信托公司在5年内人员有了较大发展。

表3 2012~2016年信托公司人员变化和人员增幅前10名

排名	信托公司	2012-2016年人员增加数量(人)	信托公司	2012-2016年人员增幅(%)
1	中融信托	783	中建投信托	197.93
2	四川信托	392	云南信托	158.54
3	长安信托	302	西藏信托	131.71
4	中建投信托	287	陆家嘴信托	124.03
5	兴业信托	283	国民信托	123.31
6	建信信托	194	长城新盛信托	110.53
7	陕国投	194	渤海信托	105.97
8	陆家嘴信托	191	建信信托	102.11
9	华融信托	188	中铁信托	91.38
10	华能信托	182	四川信托	90.74

资料来源:据各信托公司年报数据整理。

二、信托行业2016年度人员结构分析

鉴于信托公司年报人员结构披露的完整性,本报告选用2013~2016年数据进行分析。

(一)年龄结构分析

2016年,披露员工年龄分布的信托公司共60家,人数共16863人,占信托行业从业总人数的91.68%,基本可以反映整个行业年龄结构分布。

如图2所示,20~29岁年龄段的员工有5391人,占比为31.97%;30~39岁年龄段的员工共7941人,占比为47.09%;40岁以上员工共3531人,占比为20.94%。

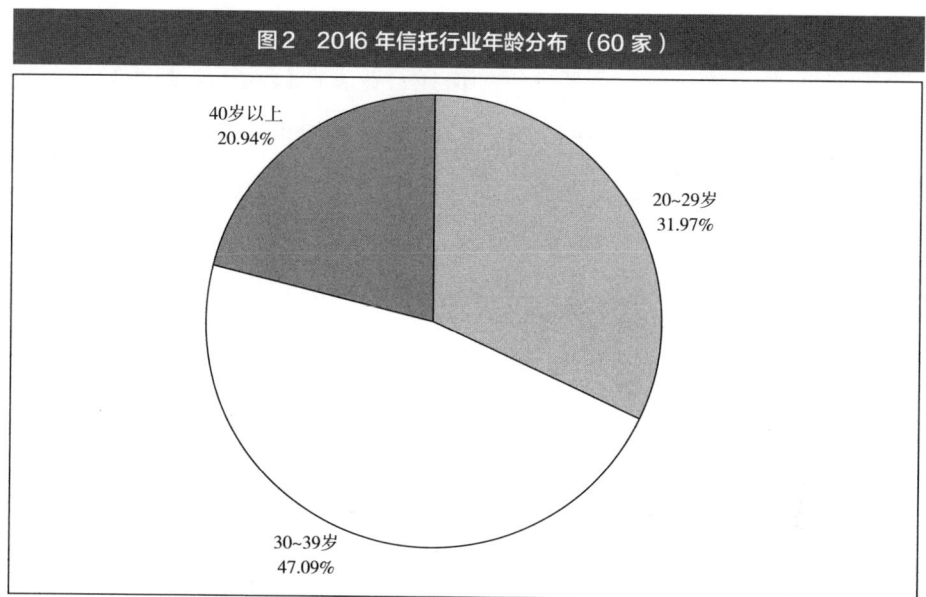

图2　2016年信托行业年龄分布（60家）

资料来源：据各信托公司年报数据整理。

2013～2016年各年龄段人员数量占比变化情况如图3所示，20～29岁的青年员工占比下降近10%，40岁以上员工占比基本维持在20%左右，而年龄介于30～40岁的中坚力量占比逐年增加，至2016年，已达到信托行业近一半的人数，为信托业员工最重要的组成部分。

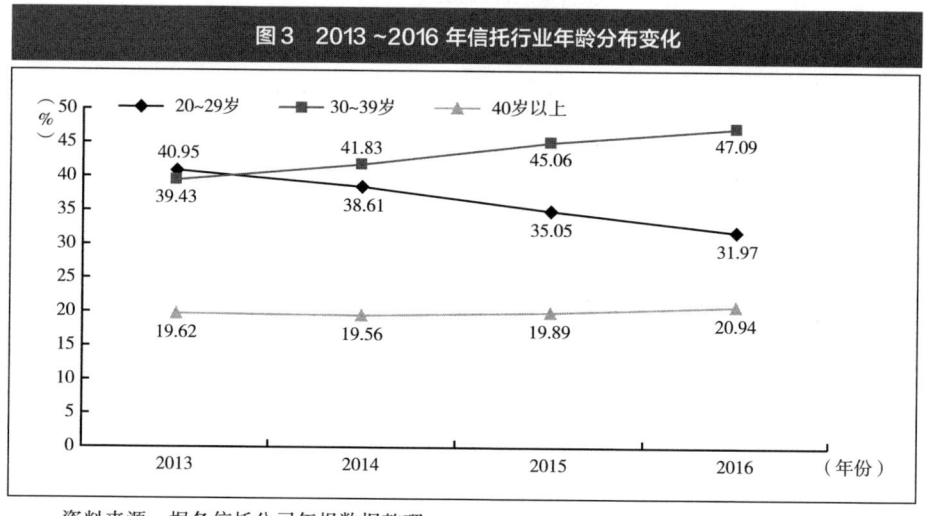

图3　2013～2016年信托行业年龄分布变化

资料来源：据各信托公司年报数据整理。

信托行业从业人员 30～40 岁年龄段的人员逐年增加，说明了整体市场环境不景气以及大资管竞争环境下，信托行业发展目前更需要同时具备丰富业务经验和风险管理能力的人才。该年龄段员工也同时处于职业生涯关键时期，具备较强开拓创新精神。而前几年进入信托行业的 20～29 岁年龄段的青年员工也逐步迈入 30 岁行列。

信托行业人员保持年轻化，信托公司有较多的青年员工分布于信托核心岗位，30～40 岁年龄段人员成为信托行业主力，信托业员工年龄结构更趋合理。

（二）学历结构分析

2016 年，披露员工学历分布的信托公司共 67 家，人数共 18026 人，占信托行业从业总人数的 98%，可以反映整个行业学历结构分布。

如图 4 所示，员工中拥有博士学历的共 359 人，占比为 1.99%；拥有硕士学历的共 8590 人，占比为 47.65%；拥有本科学历的共 7836 人，占比

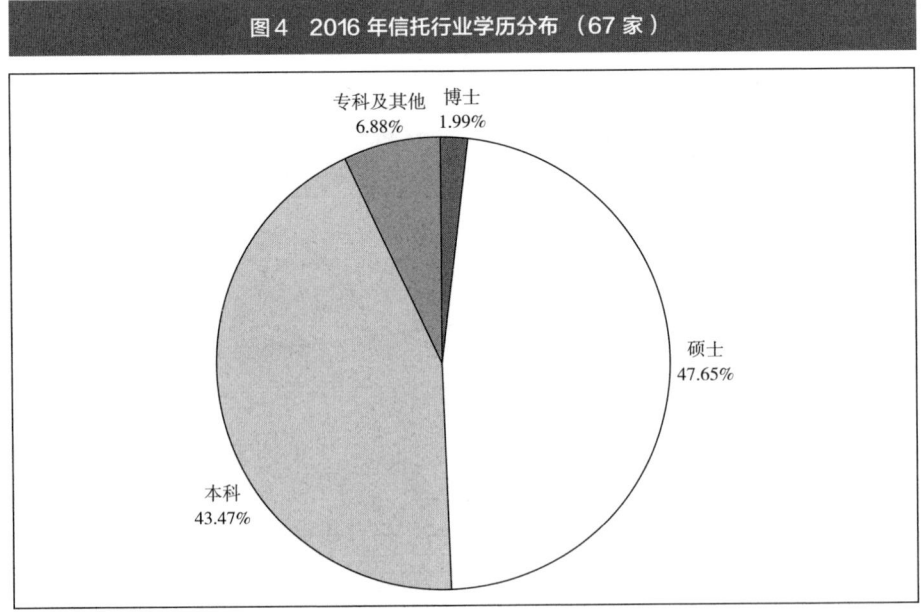

图4　2016 年信托行业学历分布（67 家）

资料来源：据各信托公司年报数据整理。

为43.47%；拥有专科及其他学历的共1241人，占比为6.88%。硕士及以上学历人员达到信托行业从业人数的近一半。

2013~2016年信托行业人员学历分布变化如图5所示，硕士及以上人员至2016年已达到信托行业近一半的人数，根据行业的发展，硕士及以上人员所占比例还将有所增长。

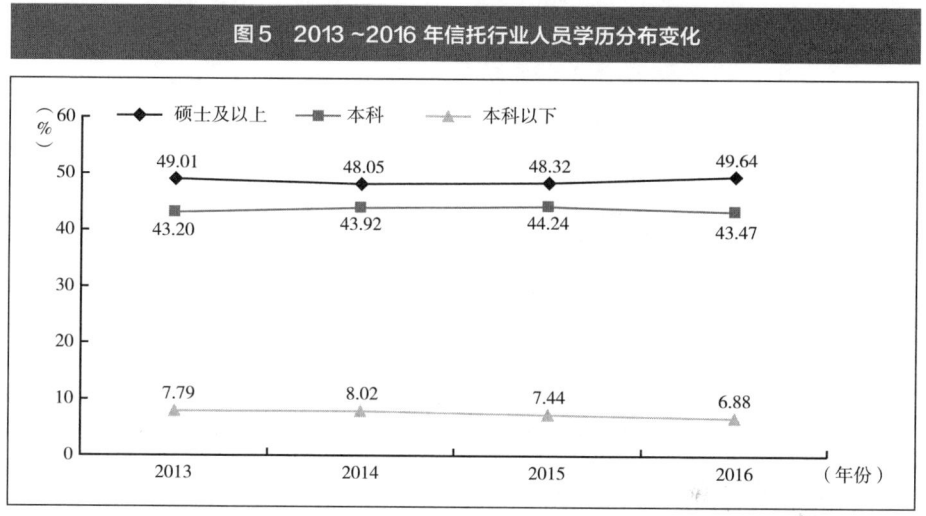

图5 2013~2016年信托行业人员学历分布变化

资料来源：据各信托公司年报数据整理。

高学历人群往往具备更全面的专业知识和更强的学习能力，与信托行业对人才的需求吻合，高学历人员是信托行业主力军这已成为行业共识。

（三）岗位结构分析

2016年，披露员工岗位分布的信托公司共59家，人数共16603人，占信托行业从业总人数的90.27%，基本可以反映整个行业岗位结构分布情况。

如图6所示，高级管理人员（含董事会、监事会、经营管理层人员）共574人，占3.46%；信托业务人员8867人，占53.41%；其他人员6578人，占39.61%；自营业务人员共584人，占3.52%。

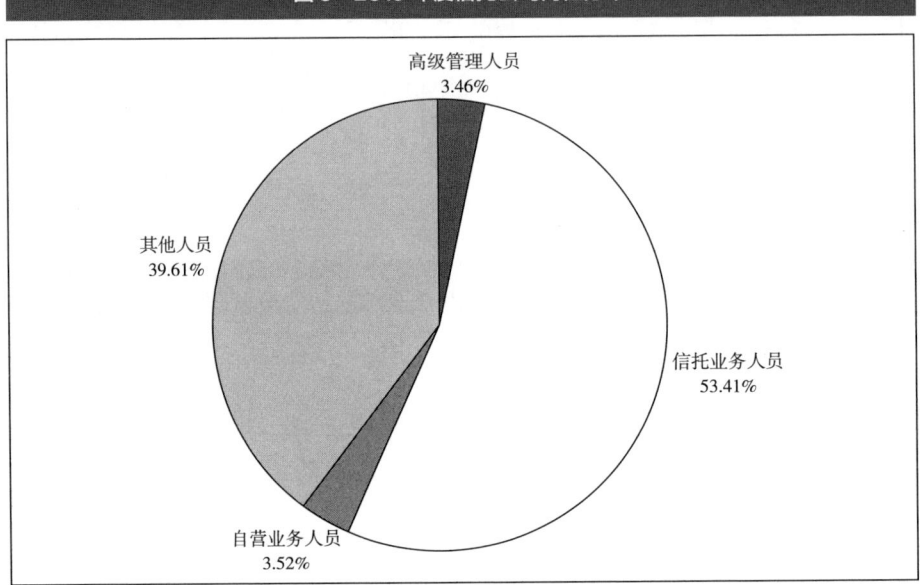

图6　2016年度信托公司岗位分布

资料来源：据各信托公司年报数据整理。

2013~2016年信托公司岗位人员占比变化如图7所示，2013年以来，信托业务人员比例保持在50%以上，是信托公司的核心人员。信托行业进一步回归主营业务，自营业务人员占比随之逐年下降。

图7　2013~2016年信托公司岗位人员占比情况

资料来源：据各信托公司年报数据整理。

其他人员包括中后台职能部门人员和自主营销部门人员，随着业务管理的精细化水平提高，人们对信托公司风险管理、自主营销和产品研发水平有了进一步的要求，各信托公司加大其他人员招聘力度，该部分人员至2016年已达到40%。

信托业务人员始终是信托行业的主力军。随着主动管理业务的增加，业务类型的多元化趋势，需要更多的中后台人员支撑。

（四）机构设置分析

为适应信托行业"八大业务"转型，各信托公司在过去信托业务部门设置的基础上进一步探索机构设置。

从2016年68家信托公司年报披露的组织架构来看，至少有48家信托公司在机构设置方面体现信托业务创新方向。山西信托组织架构基本与"八大业务"类型一致，爱建信托、建信信托、民生信托、平安信托、上海信托、云南信托等多家信托公司建立投资银行部、证券信托业务部、股权投资业务部、资产证券化业务部。2017年初，中建投信托、外贸信托、安信信托等被选定为行业"八大业务"分类试点单位。

信托公司已开始探索适应行业转型的机构设置。可以预见2017年该方面转型将更为明显，同时对公司内部管理、人才储备、风控水平提出更高的要求，信托公司将更为注重股权业务、资产证券化业务等业务方向的专业人才储备。

三、信托行业2016年度人员投入和业务产出

信托行业属于人力密集型行业，业务发展各个环节都需要人员投入，2016年各信托公司更加注重人均产能的发展，人均产能重点从人均收入和

人均利润中体现,由于信托业务为主营业务,本报告将主要从信托人员人均产能展开分析。

(一)营业收入和净利润指标

营业收入、净利润指标前10位信托公司营收能力和人均产能较强。

如表4所示,从营业收入指标来看,2016年度68家信托公司平均营业收入16亿元,人均营业收入587万元。平安信托、中信信托、中融信托营业收入均超过50亿元,排名前3位,与2015年排名一致;安信信托、重庆信托营业收入超过40亿元;行业营业收入排名前10位的信托公司的营业收入均远超过行业平均值。有7家信托公司人均营业收入超过了1000万元,其中重庆信托、安信信托、江苏信托人均营业收入排名前3位。

表4 2016年排名前10位营业收入、人均产能

单位:万元

序号	信托公司	2016年营业收入	信托公司	2016年人均营业收入	信托公司	2016年净利润	信托公司	2016年人均净利润
1	平安信托	603050.72	重庆信托	3007.47	平安信托	379710.10	重庆信托	2591.22
2	中信信托	564899.53	安信信托	2496.51	重庆信托	365361.71	安信信托	1444.74
3	中融信托	552299.80	江苏信托	1739.47	中信信托	304164.52	江苏信托	1444.55
4	安信信托	524266.59	中江信托	1434.81	安信信托	303394.74	华信信托	849.91
5	重庆信托	424052.72	中铁信托	1320.03	中融信托	236471.54	粤财信托	765.67
6	中江信托	361571.39	华信信托	1222.51	华润信托	193883.53	中江信托	763.73
7	华能信托	280592.46	中信信托	1092.65	中江信托	192458.74	中铁信托	697.91
8	四川信托	279205.68	粤财信托	950.20	华能信托	172875.92	中海信托	623.80
9	中铁信托	278526.38	华能信托	899.33	华信信托	160632.55	华润信托	621.42
10	上海信托	256395.26	百瑞信托	850.71	上海信托	150563.78	中信信托	588.33
行业平均值		158928.56		646.00		90944.15		385.22

资料来源:据各信托公司年报数据整理。

从净利润指标来看，营业收入与人均营业收入较高的信托公司净利润也相应排名靠前，重庆信托、安信信托、江苏信托人均净利润最高。

（二）信托业务收入指标

随着信托业务回归信托公司主营业务，反映信托业务收入的手续费及佣金收入（以下称信托收入）体现信托公司主营业务的实力。2016年信托行业人均信托收入为427.58万元，较2015年的393.10万元增长8.77%。如表5所示，营业收入排名前5位的信托公司同时也是信托收入排名靠前的公司，这些公司主营业务实力较强。人均信托收入较高的10家信托公司有7家信托收入排名前10，在不考虑人员结构的情况下，这些公司主营业务人均指标较高。

表5 2016年排名前10位信托收入、人均信托收入和信托人员人均产能

单位：万元

排名	公司	信托收入	公司	人均信托收入	公司	信托人员人均信托收入
1	安信信托	439342.31	安信信托	2092.11	安信信托	3691.95
2	中信信托	427175.76	重庆信托	1825.76	西藏信托	2038.60
3	中融信托	376429.00	中铁信托	989.86	江苏信托	1846.27
4	平安信托	338244.85	中信信托	826.26	英大信托	1268.54
5	重庆信托	257431.52	华能信托	755.90	爱建信托	1156.12
6	华能信托	235840.08	江苏信托	722.45	华能信托	1128.42
7	上海信托	212762.64	西藏信托	695.52	四川信托	1101.12
8	中航信托	212711.69	中航信托	650.49	百瑞信托	1080.12
9	中铁信托	208860.00	百瑞信托	610.02	中航信托	1058.27
10	四川信托	189393.05	上海信托	604.44	中信信托	1034.32
行业平均值		107731.00		427.58		781.66

资料来源：据各信托公司年报数据整理。

信托人员人均产能更能体现主营业务板块的收入实力，2016年度安信信托表现亮眼，信托收入、人均信托收入和信托人员人均信托收入均排名行业第一。

人均产能从人均收入和人均净利润中体现，信托人员人均产能体现主营业务收入实力，未来将继续关注信托公司不同收入来源和人均产能情况。

信托公司长期股权投资
及混业经营分析

葛 枫

一、长期股权投资及收益分析

从信托公司2016年年报披露的信息可以看到,不少信托公司对其他金融机构进行了长期股权投资,如平安信托控股了平安证券与平安大华基金等,中诚信托参股了国都证券与嘉实基金等,此外至少还有华宝、华润等10家信托公司控股了证券、基金或期货公司。从长期股权投资规模来看,2016年华润信托的固有资产长期股权投资高达111.65亿元,连续两年超过百亿元,且位列全行业之首。重庆信托和江苏信托排名紧随其后,2016年的长期股权投资规模分别达到了73.75亿元和64.90亿元,相比2015年均有稳步增长(见表1)。

表1 2016年长期股权投资规模排名前十及后十的信托公司

单位:亿元

前十	信托公司	长期股权投资	后十(非零值)	信托公司	长期股权投资
1	华润信托	111.65	1	交银信托	0.09
2	重庆信托	73.75	2	紫金信托	0.15
3	江苏信托	64.90	3	北方信托	0.19
4	平安信托	58.78	4	中粮信托	0.25
5	建信信托	45.92	5	爱建信托	0.28
6	山东信托	44.81	6	中建投信托	0.29
7	中诚信托	37.22	7	西藏信托	0.35
8	国元信托	32.47	8	华宸信托	0.46
9	中海信托	25.78	9	杭工商信托	0.50
10	中融信托	21.01	10	东莞信托	0.62
—	前10平均	51.63	—	后10平均	0.32
—	45家平均	15.62	—	68家平均	10.34

资料来源:各信托公司2016年年报、中建投信托研究中心。

如表1所示,在2016年长期股权投资规模排名前十的信托公司中,除了上述提到排名前三的公司外,其余七家信托公司也都超过了20亿元,这十家信托公司的平均长期股权投资规模达到了51.63亿元。2016年，有23家信托公司的长期股权投资规模为0，其余45家的均值为15.62亿元，其中排名后十位的公司平均长期股权投资规模则仅为0.32亿元。考察行业内部的均衡性，2016年排名前十信托公司的长期股权投资规模平均水平，是后十名的161倍，而2015年仅为113倍，粗略计算，行业的两极分化程度在这一年中加深了约40%。

对于长期股权投资在行业内部的分化趋势，可以从动态的增长和增长率角度进一步发现规律。2016年长期股权投资规模增长最多的是建信信托和山东信托，分别为20.03亿元和17.19亿元；增长幅度最大的是昆仑信托和长安信托，分别实现了超过270%的增长；平均来看，增长幅度最大的十家信托公司，平均实现长期股权投资增长5.92亿元，增长幅度为56.32%。对应地，2016年长期股权投资收缩最多的是中江信托和中融信托，分别减少14.07亿元和9.03亿元，其中中江信托于报告期内完成了其所持有国盛证券全部股权的出售；收缩幅度最大的是中江信托和湖南信托，两家都完成了各自长期股权投资的全部退出，此外交银信托和北方信托的长期股权投资规模也大幅减少；平均来看，收缩幅度最大的十家信托公司，平均减少长期股权投资4.66亿元，同比收缩54.55%。从全行业范围来看，长期股权投资绝对值的变化是增长了0.48亿元，同比增长4.91%。因此可见，不论是从绝对值规模的分布，还是从增长的变化及幅度，都可以明显发现长期股权投资在行业内部的分化，而这分化的趋势，一方面是由于信托公司间资本金水平的差异；另一方面也与股东对信托公司的定位以及信托公司本身的发展战略紧密相关。

从长期股权投资的收益角度来看，2016年披露投资收益情况的60家信托公司，共实现146亿元的股权投资收益，平均每家2.43亿元，与2015年相比略有下降，但与2014年相比仍有超过85%的上涨。在公司层面，股权投资收益最大的是中江信托和平安信托，分别获得了26.13亿元和25.28亿元的回报，其中中江信托的股权投资收益更多的是来自投资退出的回报，而非所投资企业的利润分配。在这60家公司中，长期股权投资收益共占投资收益合计的52.81%，为占比最大部分。不仅如此，长期股权投资收益对信托公司固有业务收入的贡献也是最大，上述60家信托公司长期股权投资收益合计占据了相应固有业务收入40.54%的比重。可见，长期股权投资收益不论是对信托公司的投资收益项目，还是对总体的固有业务收入部分，都有着重要的影响力。

2012~2016年，信托公司的平均长期股权投资收益规模持续增加，在所有披露长期股权投资收益数据的信托公司中，信托公司平均长期股权投资收益从2012年的7541万元，大幅上升至2016年的2.43亿元，四年间增长222.12%。与此同时，长期股权投资收益占固有业务收入的平均比重，也从2012年的24.52%，持续上升至2016年的40.54%（见图1）。可见，不论是规模，还是占比，长期股权投资收益对信托公司固有业务收入增长的贡献正逐步提升。在当前整个信托业务展业环境持续不明朗、固有业务收入从高增长恢复为正常增长的背景下，长期股权投资收益对信托公司固有业务收入甚至营业收入增长的贡献将越发重要。

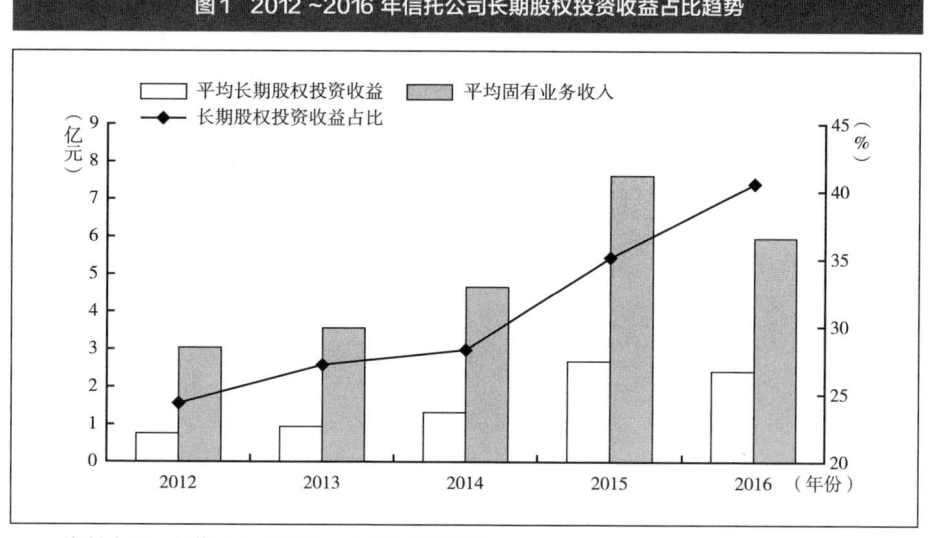

图1 2012~2016年信托公司长期股权投资收益占比趋势

资料来源：各信托公司年报、中建投信托研究中心。

二、专业子公司设立情况分析

信托公司股权投资于银行、证券、基金及保险等金融企业，除了可以在展业的过程中获得一定的业务协同便利与机遇外，获得更多的支持仍体现在提取股权投资收益方面。长期股权投资的另一个主要表现形式是对专业子公司的投资，其业务开展与信托母公司的联动性则强得多。

信托专业子公司是指信托公司在相关细分业务领域布局的，专门开展特定业务的全资或具有主导权的子公司。根据信托公司2016年年报中披露的信息，统计整理了19家信托公司的39家专业子公司（见附表），涵盖了信托公司处于绝对控股地位的所有专业子公司、部分重要的二级子公司[①]，以及部分持股虽未达到50%，但其业务经营对信托母公司发挥了重要作用的子公司，如百瑞信托的郑州百瑞创新资本创业投资，中诚信托的中诚国际资本，中信信托的中信信诚资产管理等。

从统计情况来看，有多家信托公司在2016年获得了专业子公司，如华能贵诚信托和华融信托分别在注册地之外的广东设了PE投资子公司贵诚汇鑫股权投资和华融发展投资，山西信托通过受让股权将山西卓融投资纳为控股子公司，等等。相应地，也有信托公司失去了专业子公司，如平安信托因集团的股权转让，丧失了对平安财富管理、上海平浦投资等子公司的控制权，新华信托也于报告期内出售转让了其专业子公司新华创新资本投资的全部股权。

信托公司设立专业子公司，更多的是出于促进信托母公司业务拓展和业务协同的目的。从作用方面看，设立专业子公司可为信托母公司隔离风

[①] 中融信托以中融鼎新为股权投资平台和子公司持股平台，设立了众多二级专业子公司，本文根据规模和重要性原则（如中融信托官网专栏介绍的子公司）将部分专业子公司纳入统计范围。

险、减轻资本金压力、获取更灵活的监管环境，同时为信托公司开展股权投资、资产证券化、家族信托等创新类业务提供更合适的载体。更重要的是，专业子公司可以在细分领域对信托母公司实现长处发扬、短板补足的效果。例如，通过设立 PE 类子公司规避相关制度限制，大力发展股权投资业务，提升信托公司主动管理能力；通过在异地设立专业子公司，突破信托公司受制于属地管理的地域限制，在风险充分管控的前提下更好展业。

1. PE 子公司有助于打破股权投资展业限制

一直以来，证券监管部门拒绝存在信托计划持股企业的 IPO 申请，信托公司固有资金直接投资实业也同样受限。在自身参与 PE 直投业务受到限制的情况下，通过设立子公司进行 PE 直投是信托公司的重要选择。2011 年起，银监会明确规定信托公司可通过设立 PE 子公司开展股权投资业务；到了 2014 年，"99 号文"更是指出大力发展真正的股权投资，支持符合条件的信托公司设立直接投资专业子公司。可见，通过设立 PE 子公司开展 PE 业务不仅是信托公司适应市场变化、把握市场机遇的重要选择之一，也是其促进业务转型升级的迫切需求，更是监管层着重引导发展的重要方向。信托公司大力开展 PE 业务，有利于培养和提高主动管理能力，符合监管部门对于信托公司走资产管理型金融机构的要求。同时，PE 业务既符合信托行业的功能定位，又能体现信托制度优势。

从信托公司专业子公司的类型来看，主要可以分为 PE、创投、产业、财富和境外五类子公司。其中前三类子公司并没有严格的区分界限，广义而言均可纳入 PE 类子公司范畴。根据各信托公司 2016 年年报，汇总了 19 家信托公司设立的 39 家专业子公司。其中 PE 子公司数量最多，比重为 67%，若算上创投和产业子公司，比重更将升至 85%。并且这 19 家信托公司中，每家至少都设立了一家 PE 类的子公司。

参与 PE 类业务一直被视为信托公司提升主动管理能力，促进转型发展的重要方向之一。近年来，随着 IPO 注册制改革的推进，Pre-IPO 投资市场迅速升温，为 PE 业务提供了更广阔的市场空间和更便捷的退出机制。2016 年年报显示，信托公司规模较大的 PE 子公司有平安信托的平安创新资本，中融信托的中融鼎新，以及中信信托的中信聚信等。平安创新资本对于平安信托来说，在性质上更像是一家 SPV，专注后期的资本运作，而在前期负责开拓私募股权项目的则由平安信托下设直接投资部完成。从南玻 A 到许继电器，再到上海家化，平安信托一系列的投资行为均是借道平安创新资本进行的。目前平安创新资本已成为平安信托乃至平安集团主要的另类投资平台，也是中国本土最大的股权投资平台之一。中融鼎新则已成长为中融信托主要的子公司持股平台，旗下中融长河资本、中融国际资本管理等分别负责房地产并购、境外资产管理等业务，中融丝路、中融汇兴等均为资产管理子公司，皆获得私募投资基金管理人资格。中信聚信投资设立的 PE 公司聚信海荣，则已取得人民币境外直接投资、人民币境外贷款业务资格，成为国内首家可从事人民币国际投贷业务的信托公司，信托公司的境外直投业务正多方位展开。

2. 注册地的选择有助于打破地域展业限制

由于《信托法》明确规定，信托公司不得在注册地之外的异地设立分支机构，因此位于非一线城市地区，尤其是中西部地区的信托公司，在注册地以外地区的展业受到了较大的限制。在此背景下，信托专业子公司的设立将有助于在一定程度上破解这一难题。未来，非一线城市的信托公司可以依托设立于北京、上海或深圳等市场与政策前沿的专业子公司，扎根深入与全面发展，享受当地优惠政策福利，吸纳创新与高素质人才，助力信托公司业务转型升级，在有效拓宽信托业务展业空间的同时，为固有业务创造更有利的外部合作条件，同时积极开拓国际化业务。

信托专业子公司的注册地城市选择，既反映了信托母公司与专业子公司业务开展的区域偏好，同时又是资源、市场、政策与人才各方面综合导向的结果。在汇总统计的 39 家信托专业子公司中，有 17 家注册地与信托母公司相同，注册地在北京、上海、深圳三个国内一线城市的也有 17 家，注册于境外的则有4家。其中，在17家注册地与信托母公司相同的专业子公司中，又有11家处于国内一线城市。因此可以看到，总计共有28家、占比达72%的信托专业子公司选择在国内一线城市注册并扎根发展（见图2）。

大部分信托专业子公司选择国内一线城市，除了因为一线城市具有业务与销售市场广阔、金融同业和工商企业集聚、创新和人才资源供给充分等优势外，不可忽视的是北京、上海与深圳拥有与其他城市远不能匹敌的政策优势。北京作为全国的金融监管中心、金融与产业政策的发布中心，位于北京可以第一时间掌握并传达监管与政策信息动态。深圳与上海则是更明确的政策实施前沿地带，深圳拥有中国香港作为国际金融中心的辐射带动效应，同时深圳前海深港合作区作为"特区中的特区"，国务院"支持前海在金融改革创新方面先行先试，建设我国金融业对外开放试验示范窗口"，深圳前海在金融创新领域具有巨大的政策优势。上海是全国金融中心，并且正全力打造成为国际金融中心，同时中国（上海）自由贸易区的建设更扩大了上海的金融政策优势，包括以资本项目可兑换和金融服务业开放为目标的一系列金融创新制度将为信托专业子公司发展创造更直接的便利。

图2 信托公司与专业子公司注册地的地区分布

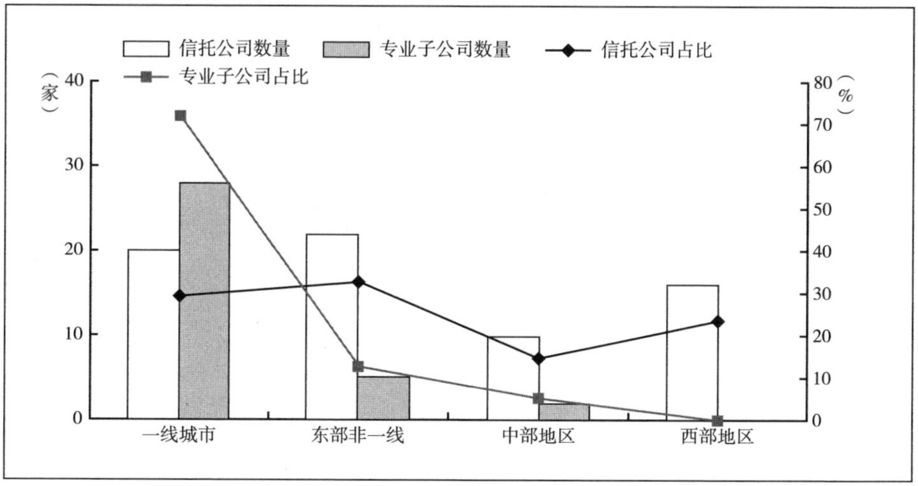

资料来源：各信托公司2015年年报、中建投信托研究中心。

此外，信托专业子公司注册地高度集中于北京、上海与深圳这三个一线城市，这与信托母公司的注册地分布情况紧密相关。自2010年信托公司重新换发金融牌照后，由于历史与地方监管因素，全国68家信托公司遍布于全国各省份，目前注册地位于北京、上海和深圳三个一线城市的有20家，占比为29.41%，其中还包括了中泰信托、英大信托等从外地迁入的信托公司；如图2所示，注册地在东部非一线城市其他地区的，一共有22家，占比为32.35%；注册地在中部地区的有10家，占比14.71%；注册地在西部地区的则有16家，占比为23.53%，高于中部地区。可见信托公司的注册地分布极为分散，与专业子公司相比形成了鲜明的反差。因此，专业子公司在对注册地的重新选择，可以为信托公司在受到属地监管限制时，顺利地在异地展业，拓展公司的发展空间。

三、混业经营与业务协同分析

信托公司作为我国金融混业经营的先行者，不论是对金融企业的长期股权投资，还是对专业子公司的设立或投资，除获取投资收益、增加利润之外，更多地仍是出于实现业务创新、销售加强等业务协同层面的目的。信托公司的长期股权投资覆盖了商业银行、证券公司、基金公司、保险公司、期货公司等各个金融子行业，同时信托专业子公司也涉及了股权投资、财富管理等多个领域，信托公司与这些行业或领域之间的业务合作和经营协同存在较大的空间。

1. 信托公司与商业银行的合作经营协同情况

长期以来，银信合作是信托公司与其他金融子行业合作的主要形式。信托和银行同属于银监监管体系管辖，因此相较其他金融机构两者关系更为密切，银信合作也存在多种途径和模式。与早些年不同，随着银行存贷比与MPA考核的改革、银行业去杠杆去通道进程的加快，因此银信通道合作对于信托公司，尤其是对非银行系信托公司而言，前景已比较有限。相反，目前信托与银行的合作则以银行理财资金配置业务为主，即银行理财资金通过认购信托公司发行的集合资金信托计划优先级受益权实现资金的对接。同样在信托资金端，信托与银行的合作还存在于代销代付领域，即信托公司通过银行渠道为信托计划募集资金。此外，资产证券化、家族信托等创新业务，也都是信托公司与银行合作的重要领域。

从投资收益情况来看，2016年信托行业对商业银行的长期股权投资共获得21.88亿元的收益，与2015年基本持平，但与2014年相比已有回落趋势。可见，在过去的几年里，长期股权投资于商业银行确实为信托公司带来了不菲的投资收益，但从趋势来看，银行对信托投资收益的贡献度已呈下降趋势。这其中的原因，主要在于银信合作受到的监管正越来越严，从2014年的"99号文"、"127号文"，到2016年的"58号文"，信托与银行的合作面临着更为严格的监管和规范。

虽然监管限制较多，但银行理财资金仍是信托重要的对接方，银行销售渠道也是信托重要的营销途径。因此，从信托公司与商业银行业务合作的角度考虑，信托公司持有商业银行部分股权不仅可以获取可观投资收益，还可以促进信托公司业务的多维度合作与快速发展。

2. 信托公司与证券公司的合作经营协同情况

从投资收益情况来看，2016年信托公司对证券公司的股权投资共获得了17.92亿元的收益，与2015年的48.35亿元相比，出现了较大的缩水，但与2014年的20.94亿元相比又回撤较小。很显然，信托公司对证券公司股权投资收益的大起大落，与证券市场的波动紧密相关。

信托公司与证券公司的合作，也是信托混业经营与业务协同的重要形式。证信合作的模式主要以证券投资类信托业务为主，具体可以分为阳光私募和结构化证券投资信托两种类型。在阳光私募中，信托更多地仅充当了通道的角色，但过去几年由于券商资管和基金子公司的竞争，信托公司的竞争力并不突出；在结构化证券投资信托中，信托主要以普通投资者的身份提供优先级资金,相比阳光私募更能体现信托的资金优势。随着2015年股市震荡和清杠杆后,伞形结构化信托已销声匿迹,目前监管也仅允许合规的单一结构化证券投资信托对股市进行配资。此外,证券类信托业务还包括股权质押信托、定增信托、打新信托、新三板信托等。除证券投资类信托以外,信托公司与证券公司的合作还存在于信托PE业务与券商投行业务对接、资产证券化、信托代销等多方面。

从信托公司与证券公司业务合作的角度考虑,证券类信托对信托公司的业务构成举足轻重,但从发展趋势来看,缺乏投研能力的信托公司正逐渐沦为资金通道,这需要信托公司加强警惕。从目前信托公司对证券公司的持股情况来看,信托公司所持有的股权大多是由历史因素获得,且证券公司的资本体量较大,信托公司新增对证券公司持股,尤其是控股的难度较大。

3. 信托公司与基金公司的合作经营协同情况

从投资收益情况来看,2016年信托公司对基金公司的股权投资共获得25.94亿元收益,与过去两年相比有着持续的、稳定的增长。从业务协同角度来看,信托公司与公募基金管理公司的合作呈现更多样化的趋势,不仅可与基金母公司协同展业,还可与基金子公司展开业务合作。

在基金母公司层面,信托公司可充分利用基金公司的渠道优势。信托公司的直销能力长期以来一直较为薄弱,拓展基金公司的代销渠道将对信托产品销售有一定益处。基金公司机构渠道建设完善,并且信托产品与基金产品又具有一定差异性,存在错位展业空间,因此信托公司可借用基金公司渠道拓展机构客户资源。在基金子公司层面,两者业务融合的模式更为丰富。例如,基金子公司可通过成立FOT资管产品对接集合信托计划,由此实现将集合信托的大份额通过基金子公司资管计划进行拆分销售。由于信托和基金分属不同的监管系统,存在一定监管套利空间,一些受到监管限制不能通过信托发行的业务可绕道基金子公司。

从信托公司与基金公司合作的角度考虑,信托公司持股基金公司不仅是固有资本的财务投资行为,更是实现业务协同优势互补的战略合作布局。

4. 信托公司与保险公司的合作经营协同情况

从投资收益来看,信托公司对保险公司的股权投资并不能说成功,因为从2014年到2016年,行业范围内一直是亏损的,其中2016年的收益是-0.02亿元,亏损已出现比较明显的收窄。信托公司投资保险公司的收益不佳,主要是因为信托公司投资的都是一些中小险企,这也侧面映射出信托公司对于保险牌照的看重和对信保合作的期待。

目前来看,信托公司与保险公司之间相互交叉持股的趋势愈加明显,无论是信托公司,还是保险公司,它们均对彼此之间未来的合作抱有较大期望,尤其是信托公司近年来在银信合作和证信合作中已经逐渐弱化为单一类信托或证券类信托中的通道角色,更是急迫希望开拓新的合作空间。2012年保监会《关于保险资金投资有关金融产品的通知》发布后,保险资金得以投资集合信托计划,截至2014年底,共计超过187亿元的保险资金通过受让信托受益权或者认购集合信托计划的方式与重庆信托展开合作。对于保险公司而言,也希望在投资标的稀缺、资产管理产品收益不高的背景下找到收益较高、期限合适、风险可控的固定收益产品。此外,保险公司也可以为信托公司提供成熟的销售渠道,可有效降低信托公司的募集成本。在产品创新上,信保合作更是大有可为,在信托投资需求与保险保障需求相结合的基础上,信托公司已经研究开发了诸如保险金信托、生存金信托和企业年金信托等创新信托产品。2014年,中信信托、山东信托的保险金信托相继落地;2015年12月,中信信托又联合信诚人寿推出了国内第一例生存金信托。

从促进信保合作、并占据信保合作主导地位的角度考虑,股权投资保险公司也是信托公司业务转型的重要方向之一。

5. 信托公司与期货公司的合作经营协同情况

除以上几类金融企业外,信托公司与期货公司也存在一定的合作空间。银监会已于 2011 年发布《信托公司参与股指期货交易业务指引》，明确信托产品可以参与股指期货投资，但信托公司集合信托业务只能参与以套期保值和套利为目的股指期货交易，并对集合信托产品买入或卖出股指期货的套保资金比例加以限制，这使得证券信托产品的现货头寸不能通过股指期货完全对冲风险。2012 年，中国金融期货交易所出台《套期保值与套利交易管理办法》，指出证券信托产品可以同时申请套保和套利交易编码，但在股指期货投机、商品期货交易领域信托公司还不能参与。总体上信托公司允许对期货市场的参与程度仍不高。信托和期货的结合推动了期货私募的"阳光化"，信托公司为"阳光化"的专业期货投资机构提供通道，让普通投资者借助专业期货投资团队进入市场，其中期货公司提供投研交易和产品评价等服务。

信托公司开展股指期货业务必须获得股指期货业务交易资格，截至 2017 年第一季度，已经至少有包括华润信托、华宝信托、外贸信托等在内的 14 家信托公司获准进入股指期货市场。

6. 信托公司与租赁公司的合作经营协同情况

信托公司与租赁公司的合作模式主要有三类，分别是成立融资租赁集合信托、租赁资产收益权受让集合信托及租赁资产证券化。首先，融资租赁集合信托，是借助租赁公司的项目资源、专业管理经验，信托公司发行融资租赁集合信托计划，在资金运用上由信托公司将资金贷给租赁公司用于购买设备，租赁给承租人使用并收取租金，以达到投资者获取稳定信托收益的目的。早在 2002 年，外贸信托在医疗设备领域就设立了第一个融资租赁信托产品，此后多家信托公司也发行了其他融资租赁信托计划。其次，租赁资产收益权受让集合信托，即租赁公司将一个或多个租赁项目未来的租金收入形成租赁资产的收益权进行转让，信托公司通过发行租赁资产收益权受让集合信托计划，以信托资金受让该租赁资产的收益权，信托期满后，由租赁公司溢价回购租赁资产收的益权，获取信托收益。最后，租赁资产证券化，即以租赁公司在未来产生可预测的、稳定现金流的租赁资产收益权为基础资产,以信托公司为 SPV,通过设立集合信托计划的形式进行募集资金。随着资产证券化业务的推广,信托公司正在相对具有优势的私募资产证券化领域积极拓展租赁资产证券化业务,目前中海信托、苏州信托、中建投信托等多家信托公司已落地了租赁资产证券化业务。

7. 信托公司与 PE 机构的合作经营协同情况

在过去,由于信托计划持股 IPO 企业被监管所限,股权投资类信托计划 IPO 退出存在制度障碍;同时信托公司通过固有资金直接投资实业企业也存在诸多问题,并且股权投资上限也不得超过其上年末净资产的 20.0%。因此长期以来,信托公司采取与 PE/VC 机构合作成立信托型或契约型私募基金,PE/VC 机构分别作为投资顾问和普通合伙人(GP),股权投资基金的投资、管理及相关运作均以 PE/VC 机构为主导。

现在,信托公司已普遍成立 PE 子公司,同时将股权投资业务下放至 PE 子公司层面完成,因此目前信托公司与 PE 机构的合作经营已一定程度上转变为信托母公司与 PE 子公司之间的业务协同经营。由 PE 子公司而非信托母公司作为投资管理机构,不仅可以起到风险隔离的作用,而且可以获得较多的税收优惠、获得其他 PE 机构享有的特殊待遇,并且获得 PE 投资主流的实体结构;另外,利用 PE 子公司而非第三方 PE 机构作为投资管理机构,在成本、管理、风控以及主动管理能力的培养上具有明显的优势。PE 子公司的设立,可以有效打破信托公司股权投资的展业限制,也将有效拓展信托公司的股权投资业务,显著提升主动管理能力、促进信托转型发展。根据信托公司 2016 年年报,已有至少有 19 家信托公司设立了 33 家 PE 类的子公司。

8. 信托公司与销售公司的合作经营协同情况

过去,第三方理财机构代理销售信托产品,曾发生过大量违规推介行为,也一定程度上损害了信托公司的声誉,因此"99 号文"规定,第三方理财机构不得直接或间接代理销售信托产品。在过去一段时间内,一方面,信托公司除了培育和提升直销能力外,只能通过与金融机构合作代销产品;另一方面,过去信托公司被限制设立分支机构,但现阶段已可通过设立专业子公司形式成立销售子公司,因此目前信托公司与销售公司的合作经营,主要体现在与销售子公司的协同上。

销售子公司是信托公司在销售及财富管理环节进行精细化和专业化经营的新途径,对打破信托公司在销售领域展业的限制具有重要意义。销售子公司的形式主要有两类,一类是理财式平台,一般是以某信托公司原财富事业部为基础,通过整体公司化转制而形成的专业理财和投资管理公司,如中融信托的新湖财富[①]、新华信托所投资的新华财富等。这些销售子公司成立了全国性的理财营销团队,以实体销售为主、网络介绍为辅。另一类销售子公司则更倾向于通过信托互联网化转型,建立互联网金融服务平台提升客户体验和销售效率,如平安信托成立的平安财富宝[②],中融信托设立的中融金服等。平安财富宝为不同客户提供差异化投资产品;中融金服在销售理财计划的同时,还为投资者提供了增信产品,其本质是一种信托受益权的流转,提升了信托产品的流动性,同时也将促进信托产品的销售。

附表 信托公司主要专业子公司信息汇总						
信托公司	专业子公司名称(简称)	子公司类型	注册资本	股份(%)	注册地	注册地类型
北京信托	北京国投汇成创业投资	创投	6000	100	北京	1
百瑞信托	郑州百瑞创新资本创业投资	创投	20000	48	郑州	1
国联信托	无锡国联资本管理	PE	3000	100	无锡	1
杭工商信托	浙江蓝桂资产管理	PE	3000	100	杭州	1
华能信托	贵诚汇鑫股权投资	PE	20000	100	珠海	4
华融信托	华融发展投资	PE	20000	100	深圳	2
华润信托	深圳红树林创业投资	创投	10000	100	深圳	1
建信信托	建信(北京)投资基金	PE	3000	100	北京	2
	建信财富(北京)股权投资基金	PE	2400	100	北京	2

---

① 新湖财富现目前与中融信托已无股权关系,等仍属于中融信托的股东中植集团旗下。
② 平安财富宝已更名为平安财富理财管理,并已划归至平安集团其他板块。

续表

信托公司	专业子公司名称（简称）	子公司类型	注册资本	股份（%）	注册地	注册地类型
交银信托	交银国信资产管理	PE	40000	100	上海	2
昆仑信托	北京昆仑创元投资管理	PE	10000	51	北京	2
平安信托	深圳市平安创新资本投资	PE	400000	100	深圳	1
	平安财智投资管理	PE	60000	56	深圳	1
	平安磐海资本	PE	100000	56	深圳	1
山西信托	山西卓融投资	PE	20000	98	太原	1
上海信托	上信资产管理	PE	10000	100	上海	1
	浦耀信晔投资管理	PE/二级	10000	100	上海	1
	上信赢通财富管理	财富	5000	100	上海	1
苏州信托	苏州市苏信创业投资	创投	10000	100	苏州	1
	苏州苏信创新资产管理	PE/二级	5000	100	苏州	1
兴业信托	兴业国信资产管理	PE	30000	100	上海	2
中诚信托	中诚资本管理（北京）	PE	10000	100	北京	1
	中诚国际资本	境外	港14667万	49	香港	3
	深圳前海中诚股权投资基金	PE/二级	2000	49	深圳	2
中粮信托	中粮农业产业基金	产业	5000	50.2	北京	1
中融信托	北京中融鼎新投资管理	PE	150000	100	北京	2
	中融（北京）资产管理	PE	30000	51	深圳	2
	中融国际控股	境外	美4400万	100	英属维京群岛	3
	中融国际资本管理	境外	港9451万	100	香港	3
	上海隆山投资管理	PE/二级	30000	100	上海	2
	中融长河资本投资管理	产业/二级	10000	100	上海	2
	深圳中融融易通互联网金融	财富/二级	10000	80	深圳	2
	中融汇兴资产管理	产业/二级	5000	80	北京	2
	中融国富投资管理	PE/二级	10000	100	深圳	2
	中融大有资本投资管理	PE/二级	10000	80	上海	2
	深圳中融丝路资产管理	PE/二级	5000	80	深圳	2
中信信托	中信聚信（北京）资本管理	PE	40000	100	北京	1
	中信信诚资产管理	PE	5000	45	上海	2
	中信信惠国际资本	境外	港7775万	100	香港	3

注：注册地类型中，1表示专业子公司的注册地与信托公司相同；2表示国内一线城市；3表示境外；4表示其他。

资料来源：各信托公司2015年年报、中建投信托研究中心。

第二部分
业务研究

财政失衡背景下的中国信托业发展 ／119

货币边际收紧背景下的房地产行业整合新局面 ／133

地产基金及信托公司参与模式探讨 ／147

股票投资信托的发展模式与路径探索 ／175

信托公司搭建 FOF 基金实例研究 ／197

立足消费升级开展信托业务 ／223

财政失衡背景下的
中国信托业发展

葛 枫

一、财政失衡的产生与发展

中央－地方财政体制的发展历程，可以说是中央对地方治理不断试错的过程，不仅体现了中央与地方围绕权力利益的不断博弈和妥协，更是反映了中央与地方对财税收入与公共支出之间结构失衡的被动适应与动态选择。1978年改革开放之后，中央政府逐步向下放权，实现了从统收统支的财政高度集中制向分成和财政包干制的过渡，一定程度上缓解了原有财政体制过度集中的弊病。但是，中央的这次简单放权并没有从根本上解决地方政府的激励问题，体制外资金急剧攀升，中央预算内财政收入占国家财政收入的比重、国家财政收入占GDP的比重持续下滑。在这样的背景下，分税制改革自1994年起推广实施。

分税制财政体制主要包括分权、分税及分管三方面的内容。"分权"确定了中央与地方的事权范围，并以此划分财政支出的范围；"分税"确定了中央与地方的税收范围，将税种划分为中央税、地方税和共享税；"分管"则体现为分设中央和地方两套税务机构。在"分权"的背景下，地方政府更多地承担了地方公共物品供给（政府投资）的责任，财政支出的压力同时也更多地由地方政府承受。整体来看，地方财政支出占全国财政支出的比重自分税制改革后不断增加，目前已达85%的水平。在"分税"的背景下，地方政府开征税种、决定税率的权力被显著限制，重新强化了中央对全国税收的控制，削弱了地方政府的财政收支与分配自主权。整体来看，地方财政收入占全国财政收入的比重从分税制改革推行前的78%骤降至推行后的44%，随后也基本维持在50%的水平。

由此可见，分税制改革的推进，虽然一定程度上缓解了地方激励的问题，但分税制的财政体制同时也赋予了中央与地方在事权和税权上的不对称属性，客观上导致了中央与地方财政收支结构的失衡。在分税制改革财政收入初次分配比例急剧变化的背景下，地方财政收支的缺口不断拉大。2015年地方政府本级的财政收入为6.88万亿元，财政支出为13.46万亿元，财政缺口近7万亿元。这一矛盾在经济较发达、获得中央援助或转移支付较少的地区会更加突出。

中央财政再分配是分税制改革的另一项重要内容，即以中央援助或转移支付的形式对落后地区提供财政支持。从全国整体层面来看，地方财政支出中接近一半来自中央的税收返还和转移支付，2015年这一比例是41%，2016年则是50%。但这仅仅是整体的情况，从财政再分配的分配结构来看，反而可能会加剧一些地方财政结构的失衡。一般而言，除去民族和其他政治因素，获得中央援助的水平是由该省的人均GDP决定的，而非当地的GDP或GDP增速，因而容易造成一定的"财政再分配真空带"。例如，辽宁经济增速近年来最慢，似乎应该得到更多的中央援助，但是辽宁省重工业根基深厚加上人口少，导致人均GDP较高，因此获得的中央补助也同样处于最低水平行列；相反，重庆的经济增长率全国最高，但因为它人口稠密，拉低了人均GDP，导致它得到的中央补助水平远高于辽宁。可见，再分配的不合理，不仅不能实现再分配资源的福利最大化，而且还会进一步加剧地方的财政失衡。

中央-地方的财政结构失衡本质上主要体现为，地方政府承担了财政支出的大部分责任，但又缺乏相应的财税收入进行支撑，因而财政收支赤字的缺口反映了财政结构失衡的程度。相应地，中央政府的财政顺差，将主要作为对地方的援助或转移支付重新流回地方，但是按照公平性的原则，中央对地方的援助将更多地偏向GDP和税收总量较低的地区，而不是财政缺口较大、GDP或税收增速较慢的地区，因而中央援助也并不能有效缓解地方财政失衡的状况。

二、财政失衡与信托业发展机遇

中央-地方财政结构的失衡,直接导致了地方财政压力的不断加大。面对巨大的财政压力,对外融资是地方政府最直接且最简单的选择。由于中国现行的预算法并不允许地方政府直接举债或对项目提供担保,因而地方政府一般利用融资平台进行融资,即通过将土地、国企股权等资产注入地方政府融资平台,并以平台的名义进行对外融资,支持当地基础设施建设。进一步地,当财政压力转化为债务压力之后,地方政府更多地受到激励去寻求预算外的财政收入进行财政补血,逐步地确立了"土地财政"的发展模式。

不论是以地方融资平台融资,还是以"土地财政"补充财政缺口,地方政府的这些选择,都为信托行业的发展创造了直接或间接的机遇。信托业在2000年前后确立了信托业务的主营业务地位,发展开始步入正轨。到了2010年,信托行业已经先后完成六次清理整顿,并且"一法三规"的实施为信托行业的发展进一步提供了制度保障,信托行业发展从此进入快车道。在信托行业的发展尤其是2010年以后快速发展的过程中,大部分信托公司都或多或少地受益于财政失衡所创造的市场机会。地方政府通过地方融资平台融资的模式,为信托公司的市政平台类业务提供了大量展业需求;地方政府的"土地财政",则激活了土地市场,加快了房地产开发投资,进而间接为信托公司的房地产类业务培育了展业环境。

(一)市政平台类信托的历史机遇

2008年全球金融危机爆发之后,各种积极财政政策的推出和实施,刺激了基础设施建设领域投融资需求的大幅增加,而地方政府则主要借助融资平台公司进行筹资。同时,在相关部委指导意见的支持下,地方政府进一步加快融资平台的设立，强化国资公司、城投公司及开发投资公司等融资平台的功能，平台公司数量快速增加，仅在经济危机爆发前后即2008年上半年至2009年末的一年半时间内，全国范围内的融资平台数量就从3000家左右猛增至8000余家。

另外，金融危机之后宽松的货币政策，也为金融机构向地方政府融资平台提供融资、支持基础设施建设创造了适宜的外部环境。面对规模巨大，同时又拥有政府信用支持或隐性担保的融资需求，大部分金融机构都将其列为优质需求，平台的举债融资规模迅速膨胀。以银行信贷为例，全国范围融资平台的贷款余额从2008年上半年的1.7万亿元，激增至2009年末的7.4万亿元。信托行业当时虽然处于重新规范发展的起步阶段，但大部分公司面对机遇快速进行调整，顺势搭上了这辆飞速奔驰的快车，抓住了这一轮市场良机。

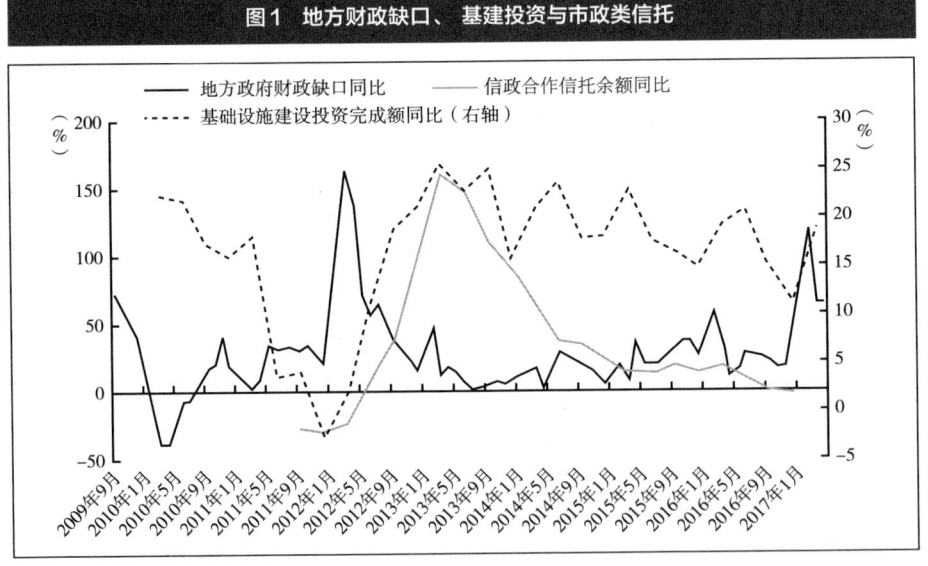

图1 地方财政缺口、基建投资与市政类信托

资料来源：Wind资讯；中国信托业协会；中建投信托研究中心。

由图1可以看到，随着金融危机爆发后财政政策的持续扩张，地方政府的财政缺口加速扩大，同比增速于2012年3月达到了160%的超高水平，随后增速虽有回落，但缺口仍在持续拉大。积极财政政策的背景下，财政缺口快速拉大，并迅速反映在财政支出尤其是基础设施建设投资支出的快速增加上，基础设施建设投资完成额的同比增速从2012年初开始快速反弹，并在2013年达到增速顶点（25.6%）。在这个过程中，信托公司通过为地方市政类平台提供融资，充分参与到了基础设施建设的历史性行情中。同样由图1可以看到，信政合作信托余额与基础设施建设投资完成额两者的同比增速保持了较高水平的趋同性，在2013年3月实现了160%的飞速发展。此后市政类信托业务虽然依旧维持了较高的发展速度，但与高点相比增速已出现了明显的下滑，一是由于"四万亿"效应逐渐消退，地方财政缺口逐步缩小，基础设施建设投资和融资需求均出现较快的回落；二是由于中央逐渐加强了对地方债务的控制，地方政府通过市政平台进行非标融资的限制已明显加强。

市政类信托此轮的发展机遇，之所以被称为"历史机遇"，既是因为它是在中国市场经济转型的特定历史时期中被挖掘出来的机遇，更因为它也将逐渐成为过去的历史。2014年，"43号文"的出台，进一步规范了地方融资平台公司的融资行为，明确剥离融资平台的政府融资职能，将地方政府债务的融资渠道仅限于政府债券、PPP和规范的或有债务，新增债务与政府债务的割离使融资平台公司的传统融资渠道受阻，信政合作也因此明显趋冷，信政合作信托余额同比增速在2013年之后已经出现快速回落。

（二）房地产类信托的周期性发展

面对财政结构失衡背景下巨大的财政压力，地方政府的确可以借助融资平台从金融市场获得债务支持，但是长此以往，随着巨大规模且高额成本的债务陆续到期，还款问题逐渐显现，地方政府的财政压力又逐渐演变成了债务压力。因此，除了外部融资之外，地方政府有更大的动力从体制内挖掘收入来源，而其中最直接且有效率的方式正是通过出让土地等方式开拓预算外收入,"土地财政"由此也成了地方政府的重要财政支柱。

除了地方本级的财政收入和中央对地方税收返还及转移支付,政府性基金收入则是地方政府预算外的重要可支配收入来源。在地方政府性基金收入中,以国有土地使用权出让金为首的四项收入占绝对比重,构成了所谓的"土地财政收入"。以2015年数据为例,当年地方政府的可支配收入共16.35万元,其中地方政府性基金收入约3.96万亿元,而土地财政收入约3.25万亿元,对政府性基金收入占比达82%,对地方政府可支配收入占比约20%。可见,土地财政收入已经成为地方政府重要的财政补充。

由此,地方政府的债务压力进一步又转化成了"土地财政"的动力。地方政府通过控制土地供应的节奏和速度,激活土地市场、联动商品房市场,在房地产行业的周期性发展过程中为房地产信托创造了展业机遇。

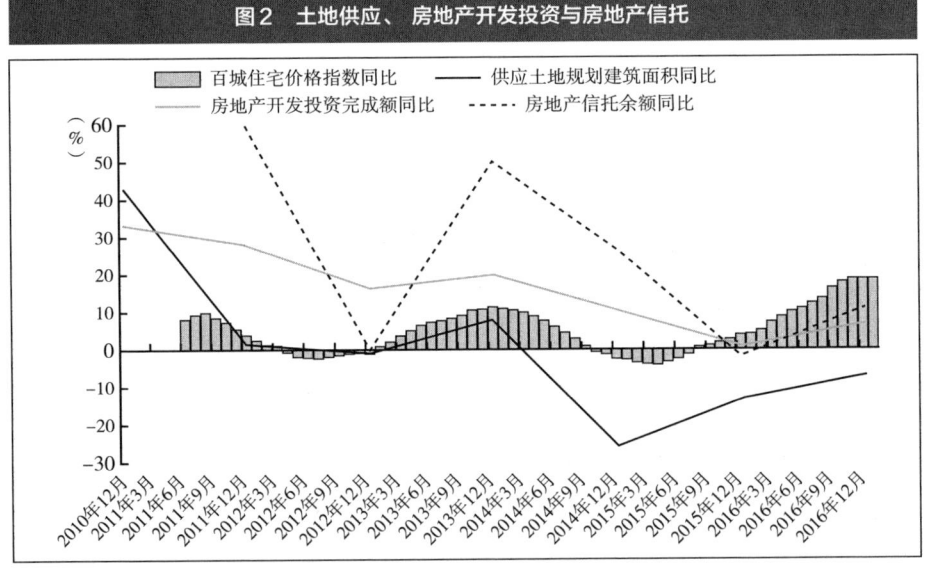

图2 土地供应、房地产开发投资与房地产信托

资料来源:Wind资讯、中国信托业协会、中建投信托研究中心。

近年来,虽然土地供应速度在整体上呈现较快的下滑趋势,但以小周期来看,地方政府对土地的供应速度与同时期住宅价格指数的变化高度协同相关。2010~2011年,全国房价在金融危机过后出现较快的反弹回升,此时全国土地供应同比速度也达到了43%的顶峰，但随着房价增速的回落，土地供给出现了灵敏而快速地收缩；在接下来的两个房地产周期中，地方政府均在房价回升的过程中缓慢增加土地供给，而当房价出现增长放缓或回落时，则快速收紧土地供应。由此，地方政府通过加强对土地供应速度和节奏的把控，实现土地出让收入最大化的意图可见一斑。地方政府对土地供给速度的调控，自然也将体现在房地产开发投资和融资的需求上，其中房地产类信托是房地产开发商进行开发投资的重要融资渠道。从房地产信托余额的同比增速情况来透视房地产类信托业务的开展情况，不难看到，信托的参与程度基本与楼市价格、土地供给及房地产开发投资的变动趋势保持一致。当楼市价格出现周期性上涨时，会激励政府适度增加土地供给，同时带动房企加大开发投资，此时房企对融资的需求大幅上升，对资金成本的敏感度也明显下降，相应地，信托将获得周期性的展业机遇。

房地产类信托非常显著的周期性发展，其实背后也蕴藏着较大的消极因素。从图2中数据的走势来看，不论是加速还是放缓，房地产信托余额同比的变动幅度均明显大于房地产开发投资完成额同比，这意味着房地产信托的发展高度依赖于房地产开发投资的行情，但房地产开发投资对信托融资渠道的依赖程度则并没有那么高。不难理解，近年来房企不断拓宽融资渠道，不论是境内发债、海外发债，还是发行资产证券化产品，均大幅压缩了融资成本，因而对信托贷款等较高成本融资的需求也明显缩小，这可以在本轮房地产较热的行情中房地产类信托余额较慢增长的走势中获得印证。未来，房地产信托仍将继续获得周期性地发展行情，但行情的成色则有待观察。

三、均衡回归与信托业转型发展

分税制财税体制背景下的中央－地方财政结构失衡，是社会主义市场经济发展过程中长期探索形成的结果，有历史必然性，也有历史局限性，但从更长期的角度来看，中央－地方财政失衡的局面终会走向终结。

在财政事权方面，国务院于2016年8月印发了《关于推进中央与地方财政事权和支出责任划分改革的指导意见》，这令相对滞后的中央与地方权责划分改革得以加速推进，一定程度上缓解了地方与中央在事权分工上的不平衡。在财政税权方面，增值税改革已于2016年5月在全国推广实施，过渡期内地方将与中央平分增值税收入，这也可能会适当地缓解地方与中央在税权分配上的不平衡。结合事权和税权两方面，中央－地方财政结构回归均衡的积极因素已开始增多，未来这一趋势也将逐渐显现。在财政均衡回归的大背景下，信托业过去已经适应的成长环境随之逐渐变化，信托行业的转型发展也将迫在眉睫。

对于财政结构的均衡回归，除了以上由中央主导的政策改革推动外，地方政府也可以通过主观调控发挥一定的积极效应。在中央严查地方违规举债、严控地方债务规模的背景下，面对巨大的财政缺口，地方政府主动缓解财政失衡局面的动力逐渐增强，不论是通过调整事权、压缩财政支出减少财政支出，还是通过改变土地财政策略、开征房产税增加财政收入，都将相对应地对市政和房地产这信托行业的两大传统展业领域的转型发展产生深刻影响。

（一）市政领域的信托转型

从近几年来政信合作类信托的发行情况来看，发行规模占比已不断走低，市政平台交易对手的级别向区县级集中、地域向中西部集中的趋势也越发明显。从长远发展角度来看，市政领域传统政信合作类信托的发展前景也确实不令人看好，市政领域的业务转型已是行业发展的重要课题之一。

市政类信托业务的兴起，机会源于中央－地方财政结构的失衡；信托在市政领域业务的转型，则同样受到失衡结构动态调整及均衡回归过程的影响。基础设施建设投资一直是地方政府财政支出的重要内容之一，但在财政失衡和中央调控的双重压力下，地方政府通过市政平台举债融资的限制越来越多，市政基础设施建设领域的投融资模式逐渐改变，中央希望通过鼓励PPP和产业基金等形式引导更多的社会资本直接参与建设的意图已经比较明显，相应地，地方政府的财政支出压力也将有所减弱。

PPP是市政类信托的主要转型方向，但目前来看仍未形成成熟的赢利逻辑和参与模式。财政部发布数据显示，截至2016年底，PPP综合信息平台入库项目共11260个，总投资人民币13.5万亿元，签约进入执行阶段的项目有1351个，总投资2.2万亿元，而其中由信托主导参与的项目则寥寥无几。信托参与PPP的阻碍，主要来自期限匹配困难和预期收益偏低两大方面，归根结底就是信托原本私募资金的优势很难从政信类信托成功嫁接至PPP业务中，同时又很难以交易安排人的身份找到合适的对接资金。

理论上来看，信托公司还是可以从以下三个方面寻找PPP业务的切入点。第一，立足通道再超越通道，即为银行等机构提供资金通道投向PPP项目，并逐步从中寻找和确立自身的竞争优势。从《商业银行理财业务监督管理办法（征求意见稿）》来看，商业银行理财资金只能通过特定目的信托直接或间接投资非标债权资产，并且券商或基金子公司的通道业务已被证监会严格限制，因而信托计划为银行资金提供通道投资PPP项目仍有一定的发展空间。第二，多角度多层次以"投贷联动"的形式参与PPP业务，并逐步争取项目的主导地位。多角度是指信托公司既可以为公共资本方（地方政府或市政平台公司）提供项目融资，也可以与社会资本方（项目工程方、运营方等）组成联合体合作投资，还可以直接对项目公司提供贷款或进行股权投资；多层次是指信托公司既可以债性配资为主，也可以"股+债"的形式进行投资，当然还可以对一些信用高、期限短的项目进行真实股权投资。第三，抢占PPP资产证券化先机，以证券化加速PPP业务推进。前述信托参与PPP的两大阻碍，若通过资产证券化方式，则可以有效规避或缓解。2017年2月，上交所、深交所及中国基金业协会同时发文支持PPP项目资产证券化，并为此开设"绿色通道"，项目审批速度大幅加快，来自监管层的支持大大提升了PPP资产证券化的吸引力。信托可在PPP资产证券化过程中以信托受益权的形式将PPP底层基础资产转化为上层基础资产，最终打造成可信用分层、可期限分割、流动性多样且可上市交易的证券化产品，为对接市场资金降低了难度。

（二）房地产领域的信托转型

在房地产行业的周期性行情下，对房地产传统信托业务的发展前景仍可以保持谨慎乐观的态度，周期性的展业机会仍会持续，但周期性行情对信托的刺激强度已经有所减弱。

房地产信托的兴起同样与财政结构失衡的背景有着密切关系，它的发展间接受益于地方政府土地财政引发的阶段性市场行情。虽然土地财政目前仍是地方政府应对财政缺口问题的重要手段，但是长远来看，这一模式并不可持续，未来地方政府对土地财政策略的调整必不可免。当地方政府放开对土地市场的控制，土地供给的充分增加可以明显改善商品房低库存城市流通市场的供求矛盾，进而缓解房价过快上涨的趋势并且逐步恢复到正常供需环境下的价值水平。房价的长期稳定可以有效矫正市场预期，也会减缓产业资本、金融资本以及国内外其他短期流动性的注入速度。当然，房地产市场对资金需求的减弱，也会对传统的信托业务造成明显冲击，未来信托贷款或者股债结合形式的传统房地产信托模式展业空间将逐步收窄。

对于地方政府，土地财政的操作空间势必不断缩小，而房地产税的全面开征则有希望对冲土地财政收入的削减从而来弥补财政缺口，未来房地产市场的机遇将更快地从增量市场转向存量市场，信托在房地产领域的转型也是如此。在房地产存量市场中，如REITs和CMBS这样的新型房地产投融资工具将更加具备运用的市场环境和条件,而信托公司无论是参与REITs类业务还是CMBS类业务,又都具有一定的比较优势。首先,信托是境内发展REITs和CMBS更合适的载体。相比其他特定目的载体,信托拥有天然的风险隔离功能,并且信托"一法三规"的法律框架相对完备,在制度和法律角度而言更具优势。其次,信托对REITs和CMBS的私募发行更具经验优势。由于整体租售比偏低以及双重征税成本较高等问题长期存在,REITs公募发行仍然很难在收益率方面产生吸引力,而私募形式以较高的流动性溢价提升产品收益率不失为一个理想选项;CMBS也同样,目前公募发行的限制逐渐增多且利率高企,私募发行反而是更优的选择。对于信托公司而言,长期以来大多将私募投行作为主要发展方向之一,不论是行业基因还是发展经验,其相对优势正是集中在私募产品的发行上。最后,信托与房企开发商有更深厚的合作底蕴。长期以来,信托一直是房企重要的融资渠道之一,除了传统的债权、股权及股加债等模式外,地产投资基金、特定资产收益权投资等也是信托与房企合作的新兴形式。虽然近两年来大型房企在交易所上市、定增和发债融资的规模不断加大,但交易所或券商对于房企而言更多的只是一个服务提供者,而非信托对于房企之间的合作伙伴。信托公司对房企融资的审批,不仅会关注融资主体的信用,而且还会追踪到具体的用款项目和抵押项目,因此往往可以深层地了解房企的融资需求,并且有能力提供个性化的融资服务和资产管理服务。

货币边际收紧背景下的房地产行业整合新局面

郭慧子　应汇康

从 2016 年第四季度起，房地产行业遭遇两大政策夹击：分外严格的楼市调控和逐步收紧的货币政策。根据历次地产周期的经验，往往调控政策先行以降低市场热度，最终让市场走向拐点的仍是货币政策的收紧。尽管当前一些地区市场的火爆反应和政策之间尚存一定程度的背离，但地产行业迎来新一轮整合周期的态势已经逐步明朗。2017 年伊始，经济稳增长、金融防风险和地产挤泡沫的政策方针越发坚定，金融去杠杆措施不断加码，不仅货币政策稳步边际收紧，以银行为首的金融机构更迎来史上最严监管风暴。

一、稳健中性成为货币政策的新常态

（一）货币持续宽松引发杠杆激增、风险累积

2008 年金融危机后，世界各主要经济体采取了大规模的货币宽松政策以对抗金融危机带来的负面影响。美联储一度下调基准利率至 0～0.25%，欧日央行更是开创了史无前例的负利率时代。除了利率下调，欧美央行相继实施量化宽松政策。金融危机后数年间，美联储通过几轮量化宽松政策，购买各类债券和抵押贷款支持证券（MBS），资产负债表规模急剧膨胀，从危机前的不到 1 万亿美元扩张到如今的 4.5 万亿美元。

中国在金融危机后持续实施宽松货币政策，M2 余额从 2008 年底的 47.5 万亿元增加至 2017 年 4 月的 159.6 万亿元，连续超过了日本、欧洲和美国等经济体，目前相当于美国和欧洲的两倍、日本的三倍。然而，尽管货币政策持续宽松，GDP 增速从 2010 年开始持续放缓。多数流动性未能进入效率更高的民营部门和新兴产业，反而加剧了资源错配、产能过剩和资产泡沫等结构性问题。在宽松的货币政策下，中国整体杠杆率水平一路

飙升。据中国社会科学院统计，中国全社会杠杆率从2008年的170%迅速升至2015年的249%。其中，实体经济部门债务状况恶化最为严重，杠杆率从98%上升至148%。有别于经济高速增长时期企业在利润驱动下主动加杠杆，在经济增速持续放缓时，企业加杠杆的行为常常是被动的，其实际目的就是借新还旧。高企的杠杆没有给实体部门带来利润的增长，实现可持续经营，反而在多轮债务融资的循环下，高负债给企业造成严重的偿债压力和信用风险，而企业也只能依靠继续扩大融资来维持经营。

除了步步高升的实体杠杆，宽松的货币环境使部分社会资本在金融体系内部运行环节过多甚至闭环空转，增加金融体系内杠杆，导致资金"脱实向虚"。2012年以前，金融体系与实体部门的杠杆增速基本同步，但2012年以后，金融体系杠杆增速显著高于实体部门。尽管平均杠杆水平可控，但机构间杠杆分化。非银机构杠杆率普遍高于银行，中小型商业银行杠杆增速明显快于大行。据海通证券债券研究团队统计，去年第4季度的银行间市场的杠杆率为106%左右，但其中城商行农商行杠杆率达120%～130%，交易所市场杠杆约为125%。2014年末以来，在货币宽松时代稳定的利率期限结构预期下，银行表内资产负债期限错配程度已逐步上升至历史高位。商业银行中普遍使用同业存单、同业理财等工具，通过加大短期负债和长期资产配置拉大期限错配缺口的策略赚取利差，加大跨期杠杆以实现期限套利。金融机构以期限套利为目的的跨期杠杆在过去的低利率环境下迅速提升，成为金融体系中的潜在风险。

过量的流动性也催生出系列资产泡沫。从2015年股灾、2016年上半年大宗商品暴涨暴跌、下半年债市剧烈调整，到地产泡沫至今的日益膨胀，金融市场风险在宽松的货币环境下不断筑高。因此在中央政治局会议和经济工作会议上，稳增长和防风险被提到了至关重要的位置，而防风险的必要条件之一就是稳定货币水平，减少过量流动性造成资金空转和杠杆累积对经济稳增长造成冲击。换言之，金融体系去杠杆是有效引导社会资金流向实体经济的前提和先行条件。

（二）央行通过公开市场操作收紧货币

自利率市场化改革推进，利率管控放开以来，中国央行的货币政策工具逐步从数量型工具向价格型工具过渡。同时，传统的基准利率重要性有所下降，央行更注重利用公开市场操作打造"利率走廊"引导利率方向和管理市场预期，此轮货币收紧的进程便是从公开市场开始的。

2016年8月开始，央行重启14天逆回购拉长短期资金期限以抬高资金成本，开启货币政策边际收紧的通道，着手将货币政策方针向稳健中性引导，资金的平均成本自2016年下半年已然开始上升。自中央经济工作会议明确提出货币政策稳健中性后，央行利用公开市场操作收紧银根回笼资金。在货币投放量方面，2017年第一季度央行货币净投放量较上季度减少429.19%，较2016年同期减少427.73%。在市场利率方面，央行更是在2月3日和3月16日两次上调逆回购、常备借贷便利（SLF）、中期借贷便利（MLF）等公开市场操作工具的利率。第一季度末周小川在博鳌亚洲论坛的公开讲话进一步强化了货币政策转向的信号，使货币收紧的预期管理更为充分。目前为止，尽管存贷款基准利率没变，央行上调主要期限的公开市场利率，正是货币政策边际收紧和引导中国逐步进入实质加息通道的重要手段。

公开市场操作是一种既有针对性又不失政策弹性的政策工具。首先，公开市场操作比调节基准利率更能直接引导金融体系降杠杆。金融去杠杆是引导社会资金流向实体经济的前提，中央经济会议中提到的降杠杆路径也表明首先应该进行金融体系降低杠杆率，再通过资金的流动性和成本变化逐步传递到企业部门，引导实体经济去杠杆。以提升存贷款基准利率为典型特征的传统加息手段跳过金融体系的内部循环而直接作用于实体经济，无法精准地拆解金融体系内的杠杆。如图1所示，上调公开市场操作工具利率可以通过提高金融机构短期负债成本，在稳定长期资金利率的基础上挤压金融体系以期限套利为目的的杠杆，迫使银行主动降低跨期杠杆，降低金融体系内风险。

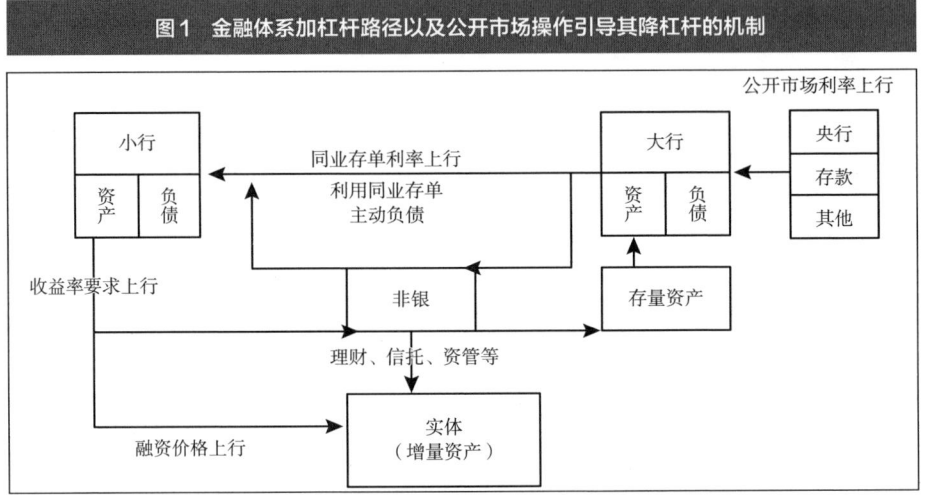

图1 金融体系加杠杆路径以及公开市场操作引导其降杠杆的机制

其次，与传统加息相比，公开市场操作在管理市场预期方面的含义更明确，对实体经济资金成本的引导作用相对间接温和。直接提升存贷款基准利率的信号效应过于强烈，潜在负面影响范围过大，尤其容易刺激已经高度膨胀的地产泡沫和刚刚企稳的实体经济，而公开市场操作的弹性较大，兼具微调和试探功能，其预期引导作用可以避免资金成本实质升高时市场过度反应引发波动。

二、地产行业在紧缩货币周期下面临重新整合

（一）地产调控政策趋严

货币政策和调控政策共同影响了近些年中国的地产行业（见图2），几乎每次针对地产行业过热的调控手段都是以对购房需求端和土地供给端的

行政干预开始，并收紧信贷规模、融资渠道和资金价格的货币政策升级调控。2016年下半年起，政府推出了一系列组合政策同时推进地产调控和金融体系去杠杆，针对二者的政策相互传导亦相互影响。对于地产行业来说，旨在短期内降低市场热度的限购限贷政策尽管不断升级，但部分城市新开楼盘的实际蓄客、认筹和预售情况依然火爆，热度不亚于调控前之盛况。其原因是调控政策一方面提高了需求端购房门槛，控制供给端的量与价；同时却也扭曲了市场价格，导致多地出现一、二手房价倒挂，刺激部分投资套利需求的集中释放。因此，尽管在销售许可从严发放的作用下，热点城市的商品房销售数据确实出现了回落，房价涨势亦得到抑制，但由于融资环境尚未大幅收紧，房地产投资意愿仍然高涨，第一季度房地产开发投资同比增长9.1%，创下2015年以来的新高，而房屋新开工面积亦同比增长11.6%，高于去年3.5个百分点。地产公司扩大投资的行为一方面是由于销售余热下，多数企业具有充裕的资金实力；另一方面则是由于行业集中度不断提升，地产公司面临不进则退的压力和动力。两相叠加下，仅靠行政调控遏制地产投资的过快增加便显得心有余而力不足。2017年4月6日，住建部发布的80号文《关于加强近期住房及用地供应管理和调控有关工作的通知》将行政调控从需求端延伸至供给端，从地方政策提高到

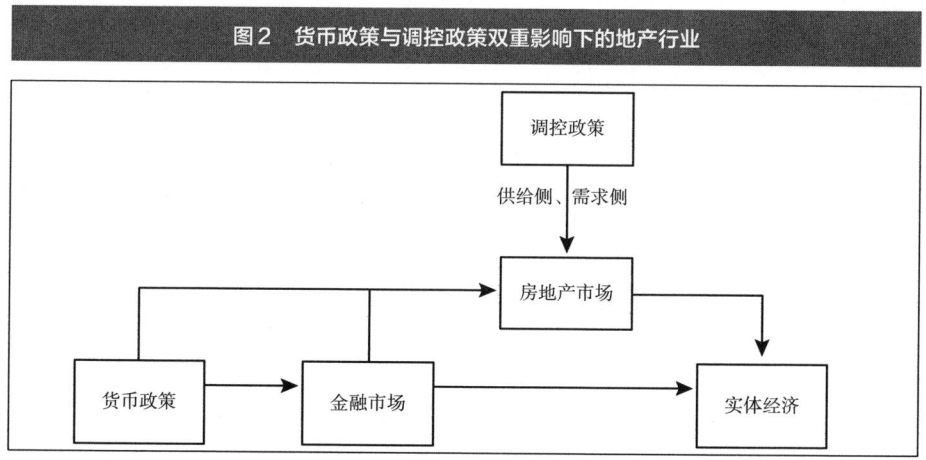

图2　货币政策与调控政策双重影响下的地产行业

中央统筹，为调控思路提供了一个不同以往的、更切中要害的长效机制。但其政策的作用时间也更长、推行力度更难，短期内预期引导作用大于实质性冲击。

（二）货币收紧背景下开发商杠杆易升难降

回顾历次调控，最终撼动地产行业走向和格局的往往是资金端的收紧。地产行业资金密集且高度依赖杠杆，因而短期内对货币政策收紧的敏感度远高于实体经济。过去几年，金融体系加杠杆过程派生出的过量流动性大幅推升以地产为代表的资产价格，在筑高金融体系自身风险的同时也为地产市场的过度繁荣添了一把火。在货币宽松的背景下，政府为鼓励地产行业去库存而全面放开了房企融资通道，由于资金通畅且成本低廉，地产行业在过去两年的平均杠杆率迅速攀升。行业中风格激进的地产公司抢占先机，排名得以迅速提升。例如，闽系房企近年来通过高杠杆策略布局全国，据统计仅2016年全国高价土地中就有超过20%被闽系房企获得，2016年中国房地产50强名单中闽系军团也独占14席。2016年下半年以来，央行通过提升公开市场操作利率直接增加银行负债的边际成本，同时收紧流动性，引导银行挤压期限套利，主动降低跨期杠杆。金融体系内的去杠杆行为将带来资金总量的减少和资金价格的上升，货币环境的改变将使高杠杆地产公司的债务压力显著增加。由于货币政策趋紧，房地产企业资金成本提高、资金周转的能力被削弱，其高杠杆、快周转的经营模式越来越难以为继，激进的经营风格和高企的杠杆率使房地产企业在紧缩的货币政策下更显脆弱。

出于对中国开发用地长期稀缺性的认知，和对地价长期上涨的信心，开发商在发展中往往倾向于采用增加负债以囤积土地储备的策略。这一特征在处于高速扩张期的企业中尤为突出。而在近年利率走低的大环境下，尤其2014年开启地产公司债发行通道以来，部分地产公司利用低成本资金扩大投资规模的步伐显著加快。这使他们在面临中国房地产市场增速放缓和政府收紧面向房地产开发商融资渠道时，显得尤为脆弱。而这些地产公司往往面临杠杆易升难降的问题，原因有以下四点。

第一，地产行业调整的阶段往往是行业格局重塑阶段，在并购重组的作用下，地产公司不进则退。因而希冀扩大市场份额的龙头企业更有通过并购做大规模的动力。对于中型企业而言，在资金环境恶化的时候，金融机构往往更倾向于慎重挑选交易对手，致使排名水平直接与融资的可获得性相关，为了防止日后在融资竞争中处于劣势地位，这些企业更倾向于借机扩大规模，争取排名上升。

第二，为了偿还既有债务，尤其是公司债一类的硬性兑付债务，地产公司往往倾向于借新还旧。而利率一旦进入上行通道，地产公司面对不断提升的资金成本，在融资上会倾向于尽早、足量和跨期融资。这往往会进一步提升企业的负债水平。

第三，若地产公司决心降杠杆，偿付旧有债务并克制新增融资，需要将销售回款用于偿付债务。一方面，对于一些债务水平过高的公司而言，当年的销售回款在扣除必要成本后并不足以偿还其债务；另一方面，利用销售回款填补债务缺口的行为将使其报表恶化，这对上市公司而言尤为严峻。

第四，国有企业在融资方面享有天然的资源和政策倾斜，同时也具有资本利用效率低的特点，因而高杠杆率的地产企业中相当一部分是国有企业。这些企业往往具有更为雄厚的股东背景，忧患意识比民营企业更弱，降杠杆的迫切性不足。

（三）货币政策或致地产行业变局

资金价格的增高会对地产公司的负债情况和杠杆水平产生极大影响，房地产企业将面临更严峻的经营环境。以2016年度销售排名前30的27家上市地产公司为例对主流地产公司作一个情景分析。如表1所示，与A股、港股的上市公司平均水平相比，尽管销售优异的地产商的净利润是行业平均的4倍，但他们对杠杆的运用也更为激进，其带息负债是行业平均水平的4.5倍，以净资产权益比计算的杠杆率[①]高出全行业水平29.37个百分点。假设公司均延续2016年的经营水平不变，若融资成本平均上升50个百分点，则新增负债平均占利润水平的17.99%，其中9家公司的新增负债将侵蚀掉公司超过10%的利润；而若融资成本平均上升100个百分点，新增负债将平均侵蚀掉利润的35.98%，其中20家都将损失其利润的10%，7家将损失其利润的20%。而两家公司由于去年的杠杆率相对较高而利润偏低，当资金成本上升100个百分点时，其新增负债将侵蚀掉其当年全部利润。

表1 资金成本上升对销售前30地产企业中上市公司经营业绩的影响

上市公司名称	净利润	带息负债	资产负债率(%)	净负债权益比(%)	融资成本上浮50bp		融资成本上浮100bp	
					还款压力增加	占净利润比重(%)	还款压力增加	占净利润比重(%)
中国恒大	50.91	5350.70	85.75	174.85	26.75	52.55	53.51	105.10
万科A	210.23	1288.64	80.54	30.54	6.44	3.06	12.89	6.13
碧桂园	115.17	1361.97	86.20	63.16	6.81	5.91	13.62	11.83
绿地香港	11.13	175.23	82.03	135.39	0.88	7.88	1.75	15.75
保利置业	0.72	427.81	77.90	112.09	2.14	296.15	4.28	592.29
海外发展	331.15	1502.83	60.19	4.77	7.51	2.27	15.03	4.54
融创中国	24.78	1128.44	87.92	171.58	5.64	22.77	11.28	45.53
华夏幸福	64.92	691.54	84.78	67.92	3.46	5.33	6.92	10.65
绿城中国	19.17	478.34	76.84	63.97	2.39	12.48	4.78	24.95
华润置地	174.44	713.38	67.41	23.77	3.57	2.04	7.13	4.09
金地集团	63.00	366.34	65.43	29.14	1.83	2.91	3.66	5.81
龙湖地产	91.53	578.72	66.59	54.07	2.89	3.16	5.79	6.32
招商蛇口	95.81	599.47	68.96	18.48	3.00	3.13	5.99	6.26

---

① 鉴于房地产企业的负债中存在因售楼而产生的预收账款，相比总负债与资产负债率指标，我们用房企的带息负债与净负债权益比反映其杠杆使用情况。

续表

上市公司名称	净利润*	带息负债	资产负债率（%）	净负债权益比（%）	融资成本上浮50bp		融资成本上浮100bp	
					还款压力增加	占净利润比重（%）	还款压力增加	占净利润比重（%）
新城控股	30.19	219.55	84.14	63.57	1.10	3.64	2.20	7.27
世茂地产	51.72	673.37	66.32	54.39	3.37	6.51	6.73	13.02
首开股份	19.01	786.76	79.91	142.45	3.93	20.69	7.87	41.38
旭辉控股	28.08	293.91	80.47	52.44	1.47	5.23	2.94	10.47
富力地产	67.56	1208.52	79.31	204.00	6.04	8.94	12.09	17.89
雅居乐	22.84	439.96	66.48	71.48	2.20	9.63	4.40	19.27
远洋集团	38.12	438.10	67.39	50.19	2.19	5.75	4.38	11.49
荣盛发展	41.48	509.18	82.70	131.70	2.55	6.14	5.09	12.28
阳光城	12.30	674.90	84.29	270.46	3.37	27.43	6.75	54.87
中国金茂	25.36	479.25	66.60	53.71	2.40	9.45	4.79	18.90
中国铁建	140.00	1584.16	80.42	27.49	7.92	5.66	15.84	11.32
融信中国	12.92	394.17	76.66	120.80	1.97	15.25	3.94	30.50
首创置业	20.32	543.82	76.88	137.22	2.72	13.83	5.44	26.76
金科股份	13.95	441.87	79.38	119.51	2.21	15.83	4.42	31.67
平均值	65.81	864.85	76.35	90.71				
上市公司**	16.43	188.35	56.15	61.34				

注：* 货币单位均为亿元人民币，下同。
** A股与港股地产板块上市公司平均值。
资料来源：Wind、中建投信托研究中心。

表2 资金成本上升对杠杆率大于2的上市公司经营业绩的影响

上市公司名称	净利润	带息负债	资产负债率（%）	净负债权益比（%）	融资成本上浮50bp		融资成本上浮100bp	
					还款压力增加	占净利润比重（%）	还款压力增加	占净利润比重（%）
北大资源	-2.49	225.11	96.16	1206.60	1.13	-45.20	2.25	-90.40
*ST松江	-4.55	94.47	89.89	563.45	0.47	-10.38	0.94	-20.76
云南城投	2.44	412.74	89.22	534.23	2.06	84.53	4.13	169.06
京投发展	2.90	147.46	87.94	344.19	0.74	25.38	1.47	50.77
佳兆业	-6.12	875.37	86.10	332.88	4.38	-71.47	8.75	-142.95
鲁商置业	0.92	117.92	94.01	327.17	0.59	63.83	1.18	127.66
天房发展	-3.77	216.05	84.76	314.85	1.08	-28.67	2.16	-57.34
信达地产	8.81	373.99	85.69	312.25	1.87	21.23	3.74	42.45
东湖高新	1.46	88.90	89.27	311.60	0.44	30.52	0.89	61.05

续表

上市公司名称	净利润	带息负债	资产负债率（%）	净负债权益比（%）	融资成本上浮50bp		融资成本上浮100bp	
					还款压力增加	占净利润比重（%）	还款压力增加	占净利润比重（%）
恒盛地产	−40.21	277.95	84.19	310.61	1.39	−3.46	2.78	−6.91
泰禾集团	17.07	753.26	82.40	307.26	3.77	22.06	7.53	44.12
绿地控股	72.07	2850.29	89.43	293.86	14.25	19.77	28.50	39.55
阳光100	1.95	267.52	85.53	290.10	1.34	68.45	2.68	136.90
嘉凯城	3.99	134.21	88.69	282.39	0.67	16.83	1.34	33.65
泛海控股	31.09	1002.56	85.17	273.97	5.01	16.12	10.03	32.25
阳光城	12.30	674.90	84.29	270.46	3.37	27.43	6.75	54.87
太阳世纪	−4.90	11.65	87.26	260.34	0.06	−1.19	0.12	−2.38
新华联	5.24	244.61	84.41	259.99	1.22	23.35	2.45	46.69
广宇发展	3.45	91.20	82.14	256.72	0.46	13.21	0.91	26.41
上海证大	−9.26	81.30	84.59	256.12	0.41	−4.39	0.81	−8.78
天地源	2.30	97.31	84.86	247.17	0.49	21.12	0.97	42.25
南华资产	−2.62	4.94	75.53	223.72	0.02	−0.94	0.05	−1.89
五洲国际	1.01	106.15	82.32	215.16	0.53	52.78	1.06	105.55
富力地产	67.56	1208.52	79.31	204.00	6.04	8.94	12.09	17.89
平均值	6.69	431.60	85.97	341.63				

资料来源：Wind、中建投信托研究中心。

更进一步，选取上市地产公司中杠杆水平超过200%的24家公司，这其中除去7家去年净利润已然为负的公司，以其余10家为考察对象。若平均融资成本上升50个百分点，则新增的债务负担将平均带来41%的利润损失，而如果平均融资成本上升100个百分点，新增债务将平均侵蚀掉利润的81%，其中四家公司的当年利润将全部被抵销。这些地产公司所面临的压力可见一斑。

虽然以往历次调控后都会带来行业整合，其结果往往是大鱼吃小鱼，行业聚集度进一步提升。但在这一轮调控和货币政策收紧下，高杠杆运营的地产企业在2017年同样面临巨大压力，如果这些企业不采取措施，主动降低杠杆率，未来地产行业面临的将不仅是弱肉强食的行业整合，还可能看到一些杠杆高筑的大企业出现跌倒的困境。

三、地产信托面临转型

地产信托传统上作为地产企业的重要融资工具之一，通常面临比银行信贷和债券融资更为宽松的监管环境。因而部分地产信托成为政策收紧时期地产企业绕道监管的融资工具之一，使地产信托曾在历史上的地产调控中逆势壮大，也曾在地产行业的剧烈整合中频发风险事件。因此，对于地产信托而言，调控阶段正是机遇与风险的爆发期。2016年"930"调控以来，地产公司融资渠道大幅收窄，地产信托似乎再次看到发展的契机。但不同于以往，当前决策层的金融防风险导向越发坚定，强监管背景下的地产信托亟须开创新的展业思路和业务方向。

以往信托公司在展业过程中，普遍看重交易对手的规模和排名，并大多倾向于选择热点城市项目作为标的资产。而正如上文所分析的，此次调控政策叠加货币收紧将不仅仅促使大鱼吃小鱼式的整合，更将考验地产公司的财务稳健度和抗风险能力。随着市场周期的变化，地产行业将从"勇者为王"变为"稳者为王"。因此，地产信托在展业中一方面应加大对地产公司杠杆率、债务结构以及风险抵御能力的考察；另一方面也需要对城市间的政策分化与市场走向形成自己的判断。除了完善风险控制，避免资金继续筑高泡沫风险外，更要利用与地产行业多年的紧密合作经验，增强自身专业能力，从地产公司的融资服务商转型为全面金融合作伙伴，从地产公司的交易对手转型为地产行业变局的参与者。在地产公司谋求转型过程中寻求展业机会，积极参与行业整合中的收购和并购，主动在盘活存量资产的资产证券化等业务中发挥作用。尽管市场变动格外剧烈，监管环境分外严格，但即将到来的地产行业整合不仅为地产信托带来大量的业务机会，更是倒逼地产信托脱离粗放式发展，实现升级转型的宝贵契机。

地产基金及信托公司参与模式探讨

李合怡　陈　梓

一、地产基金发展背景

近年来,地产基金成为金融机构与地产公司拓宽发展渠道的新领域。尽管自2006年起,我国在地产基金领域便已有多种尝试,但其发展历经曲折,直至近六年才开始迅猛发展。尤其是2016年"930"调控以来,限购、限价、限贷等政策调控背景下房地产企业资金链紧张,传统的融资通道被一一封堵,地产基金遂成为地产公司拓宽融资渠道的突破口之一。而此次调控只是一剂地产基金发展的催化剂,其根本原因是地产行业进入了新的发展阶段。从高速增量发展向增速放缓、存量为主的市场环境转变,致使地产公司从以间接融资、债权融资为主,依靠滚动开发实现高速增长,逐步转向直接融资、合作开发等发展模式。其中尤以商业地产的转变诉求最为迫切,部分或整体物业持有的特性,使其对直接融资和证券化的需求更为强烈。

在这一背景下,地产企业在私募地产基金以及"轻资产"经营模式方面的尝试和探索不断涌现,商业地产领域的大宗交易及并购重组也成为资本进出的主旋律。外部环境的巨大变化倒逼各类金融市场的参与者加速转型升级。

这一改变不仅影响着地产公司的发展模式,也深刻影响着信托公司的展业模式,房地产行业长期以来是信托资金的重要投资领域,主要采取债权信托方式参与。2010年后,根据银监会《关于信托公司房地产信托业务风险提示的通知》的要求,向房地产企业发放信托贷款需要满足"四三二"的监管要求,但股权投资可以适度规避此类要求,因此催生出了最早期的地产股权信托业务,从而促使"股+债"的结构成为当时比较主流的业务模式。近年来,随着地产行业监管趋严,交易对手的融资需求逐渐多样化,信托公司在产品设计方面也逐步向专业化、精细化、定制化转变,摸索出"信托+投资基金"的创新业务结构,并已成为现阶段最主要的地产股权信托展业模式。

如表1所示,根据用益信托网的统计数据可以看出,近两年地产股权信托的发行数量出现较大幅度的回落,但项目规模不降反升,单个产品的平均规模超过5亿元。与此同时,项目平均期限也相应拉长,但与市场中常见的长达3~5年股权投资类项目仍存在一定差距。

表1 2015~2016年地产股权信托发行情况

	2015年	2016年
项目数量(个)	167	93
项目规模(亿元)	372.73	469.55
平均规模(亿元)	2.23	5.05
平均期限(年)	1.63	1.86

资料来源:用益信托网,中建投信托研究中心。

二、我国地产基金的发展概况

(一)国内地产基金的发展历程

20世纪80年代,PE的概念被引入中国,当时将其称为"风险投资基金"或"创业投资基金",我国最初的PE以政府为主导,创立的目的是扶持高科技企业的发展。1995年,我国通过了设立境外中国产业投资基金管理办法,明确鼓励国外的风险投资公司对我国进行风险投资,一些海外的投资基金开始涌入中国。房地产PE作为地产金融的一大创新,在国外发展已经相对成熟,而在我国才刚刚起步,随着改革开放以来的经济发展,房地产行业得以迅速崛起,机构投资者增加,民间资本也日趋雄厚,这些都为我国PE与房地产行业的结合创造了有利条件。

2006年，房地产行业共有31个PE投资案例，占到传统行业投资案例总数的42.4%，投资金额达0.37亿美元，占传统行业总投资金额的46.6%。2007年整个年度呈现活跃的状态，相比2006年稳中有升。

2008年由于受到金融危机波及，中国房地产行业不可避免地受到了巨大冲击，海外大型机构投资者管理资产均受到不同程度的损失，从而导致在股权投资领域的资产配比有所下降，中国PE募资总额大幅紧缩，可投资于中国大陆地区的新房地产PE的数量及规模也均大幅下降。

2009年上半年，房地产行业仍处于发展低谷期，房价持续下滑，2009年第二季度，仅有1起针对中国房地产企业的私募股权投资案例发生，涉及投资金额为2928.26万美元，不论是交易数量还是交易金额均处于历史最低点。从2008年底至2009年底仅有一只规模为4亿美元的私募房地产基金完成募集。

2010年，随着"限购令""新国八条"等楼市调控政策的出台，房地产行业进入密集的政策调控期，由此为开端，我国房地产行业的融资渠道多元化已成为直接关系行业能否持续、稳定发展的关键因素，以银行信贷为主，单纯依靠银行信贷的模式急需进行调整，这也为PE创造了非常有利的进入时机。2010年，国内市场涌现20多只房地产PE，资金规模达500多亿元，包括主权基金在内的海外资金与国内房企合作开发项目的案例大量出现①。随着宏观调控的持续进行以及房地产市场发展的逐渐成熟，房地产企业与PE合作的需求明显上升。同时，国家和地方政府开始关注对PE的相关制度建设。2010年，国务院批准公布了国家发改委的《关于2010年深化经济体制改革重点工作意见》，明确提出要加快股权投资基金制度建设。天津、上海、北京等地方政府也陆续发布了一些政策文件和规

---

① 2010年9月，美国私募股权基金黑石联手香港鹰君，共同开发大连高端酒店和住宅项目；11月，荷兰GTC在中国成都凯丹广场落成运营；同年12月中旬，中远集团将所持远洋地产的股权全部出售给香港南丰集团和汇丰旗下的外资基金；12月底，嘉里置业、丰益国际、香格里拉（中国）公司等3家境外企业联手组建合资公司，在东北部分城市从事房地产开发等综合业务。

定，允许设立股权投资基金和成立基金管理企业，并且给予一定的税收和政策优惠[1]。

发展至2014年底，中国人民币房地产基金市场拥有167家专业的基金管理机构，507只房地产私募基金，总管理资金规模超过4500亿元人民币。此后，市场没有较权威的关于房地产基金的规模统计，但中国指数研究院评选的房地产基金综合实力十强，大多数资产管理规模也不过才100多亿元。当前我国房地产基金行业管理资产规模，或仍比不上黑石房地产基金一家公司的资产管理规模（约1000亿美元）。

2015年以来，包括PE在内的各类房地产投资基金在中国非常活跃，其中成熟物业收购和共同开发房地产项目是房地产投资基金的主要运作模式，近年来随着监管的不断变化，房地产基金投资逐渐从债权型向股权型转化，这也为房地产PE提供了广阔的发展前景。

2016年全年，新增地产基金641只，承诺募集总规模超过6000亿元人民币，地产基金已经成为中国私募股权市场中重要的资产类别。

（二）国内地产基金发展现状

人民币房地产基金出现至今，呈百花争鸣之势，运营模式也各有不同。行业发展之初，难免受到质疑，其发展方向亦显得扑朔迷离，地产基金在中国要像在美国一样获得主流地位，尚有漫长而险阻的道路，但不能否定的是，地产基金在过去的六年中保持了快速发展态势，并呈现出以下特征。

1. 总体规模相对较小，但增长速度快

根据清科研究中心的统计，截至2016年12月，人民币地产基金市场已

---

[1] 如《天津市促进股权投资基金业发展办法》规定了在天津市注册并经备案的基金管理机构和股权投资基金可以享受一系列的优惠政策，包括营业税、企业所得税、企业自购办公用房的补贴、企业高管的个人所得税奖励等。

有超过1200只基金实体,总管理资金规模超过一万亿元。如图1所示,2016年全年募集基金数量为641只,承诺募集总规模超过6000亿元人民币,地产基金已经成为中国私募股权市场中重要的资产类别。但同时我们也看到,行业内存在分化不均和资源分配不平衡,以及基金从业人员的高流动性等问题。随着国内对私募投资基金的理解和市场运用达到一个新的阶段,通过基金的形式开展投资已经成为一种广泛接受的资金归集和投资手段。表2统计了2016年中国房地产基金综合实力十强的情况,与2015年相比,所有名次均发生了变化,国内地产基金行业格局目前仍处于频繁的变动中。

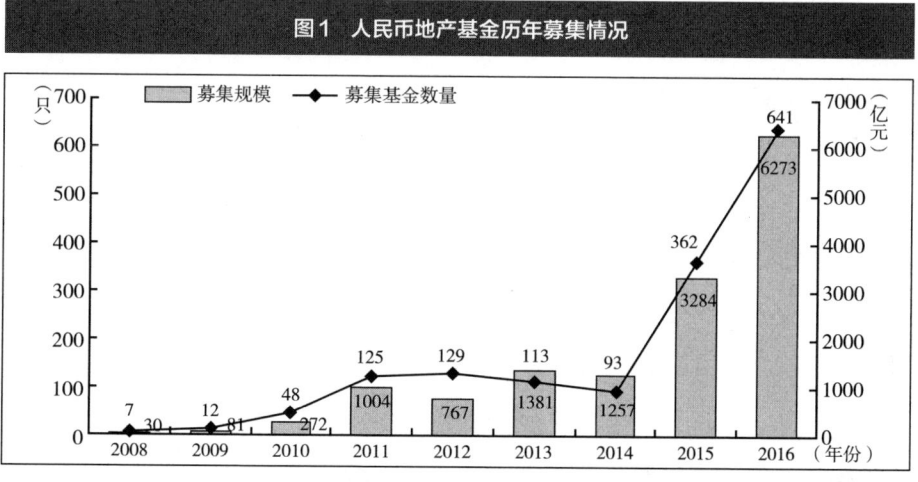

图1 人民币地产基金历年募集情况

表2 2016年中国房地产基金综合实力十强

排名	房地产基金	排名	房地产基金
1	光大安石投资	6	上海建银精瑞资产管理有限公司
2	信保(天津)股权投资基金管理有限公司	7	天津高和股权投资基金管理有限公司
3	信业股权投资管理有限公司	8	鼎晖宇泰地产投资管理(天津)有限公司
4	稳盛(天津)投资管理有限公司	9	上海瑞威资产管理股份有限公司
5	长富汇银投资基金管理(北京)有限公司	10	弘睿(北京)投资管理有限公司

资料来源:中国指数研究院。

2. 融资方式分为债权型基金和权益型基金，权益型基金成为主流

债权型基金在地产基金的早期发展过程中主要扮演着金融中介的角色，在银行贷款不能覆盖的阶段，债权型基金补位介入。在房企拿地前期、调控政策紧缩周期，房企通过银行贷款筹资受限，债权型基金的错位竞争优势凸显。这一地产基金模式在 2010 年实现了爆发性的增长（2010 年人民币新成立房地产基金 48 只，是 2009 年的 5 倍），但在随后的六年，利率市场化进程不断深化，债权类的基金由于融资成本远远高于市场利率而几乎绝迹。

与债权型基金不同，权益型基金主要通过获得股权，参与项目运营。具体又可以分为经营型房地产基金和开发型房地产基金，目前权益型基金已成为地产基金的主流模式。

（1）经营型房地产基金主要采用"持有+出租"的模式，通过租金收入和资产增值赢利，退出方式主要包括资产转让或资产证券化，这与下文信托公司在类资产证券化模式方面的实践如出一辙。

（2）开发型房地产基金以股权形式介入项目公司，与开发商共担项目风险与收益。但由于逆向选择的问题①，国内的开发类房地产基金多以夹层投资为主，以股东回购的退出案例居多。但在 2017 年初，基金业协会发布《私募资产管理计划备案管理规范第 4 号》后，开发型地产基金的备案、募集和退出都受到严峻的考验。

3. 基金背景类型多样，机会众多而投资审慎

在管理机构格局中，除了传统的独立品牌、金融机构相关、地产商相关、外资机构之外，与政府相关的地产基金管理机构开始大量出现，并引入了城市更新、城镇化建设、基础设施开发、PPP 等吸纳资金量更大的地产基金投资主题。

---

① 主要原因在于：A. 房企不愿分享优质项目的收益，而次优项目因风险较高，地产基金不愿通过股权方式介入；B. 大多数基金管理人员不具备房地产管理能力；C. 国内地产基金的存续期较短，附有回购权的夹层融资能够保障资金的稳定回笼。

根据各自募集资金的属性和基金管理团队的优势与特长不同，有的采取财务投资为主，有的采取项目投资为主，各类基金的管理团队均以地产和金融背景的人才为主。相对而言，开发企业主导型和投行及金融机构附属型的基金规模较大，融资和项目的优势明显，而独立的专业运作型的基金人才优势明显，管理精锐，部分基金的收益相当可观。但面临着不成熟的投资人群体和繁多复杂的投资机会，多数基金公司审慎前行，经验和管理能力制约着其规模的进一步扩张。如表3所示，地产基金按投资策略分类，主要有三种类别。

表3 地产基金按投资策略分类

按投资策略分类	投资阶段	风险偏好
开发型基金（机会基金）	主要投资开发领域，于开发期进入，招商期退出	比较适用资金能够承受较高风险，且有较高期望回报的投资
价值提升型基金（增值基金）	既投资持有收租物业同时也进行新的投资，一般于招商期进入，稳定期退出	比较适用要求中等收益、中等风险的资金类型的投资
核心基金（资产运营型基金）	主要投资持有具有稳定租金收益的物业，以Reits为主，也有私募形式，投资于商业地产稳定期	比较适用资金要求风险低、回报相对稳定的投资

资料来源：中建投信托研究中心。

4. 部分基金已完成一个基金周期，行业整体业绩尚未显现

从地产基金元年发展至今，部分基金已完成一个基金周期，与2014年20%的高收益不同，2016年较多的地产基金收益水平进入10%以下区间，市场的预期收益也随之降低。整体而言，有超过50%的地产基金其收益率已降至15%以下。目前市场主流的开发型基金追求内部回报率IRR在15%～20%，而增值型基金IRR的追求在12%～15%，而以REITs为主的运营型基金IRR约在6%。

高收益类地产基金在市场所占比例降低，对于投资人而言也是重新调整收益预期、重构资产配置的过程。在此过程中，地产基金也在逐渐由个人投资人市场转向机构投资人市场开展募集。此外，从管理人格局来看，独立品牌、外资机构、地产商相关等市场化的基金管理人，在市场中的相对比重有所倒退，部分管理机构甚至出现了较为严重的兑付危机或清盘事件。

（三）国内商业地产基金运作特点

从投资主题方面来看，2016年地产基金投资住宅地产的比例由40%降至30%左右，并保持相对平稳，住宅和综合体合计约占市场总量的50%。与此同时，商业地产基金的规模伴随着市场的扩大一直保持稳步增长，除了传统的写字楼、商场之外，一些主题地产如物流、养老等类别的投资也正在兴起，目前商业地产基金约占总体市场的20%，而商业地产因其部分或整体持有的特性，对直接融资和证券化的需求更为强烈。国内商业地产基金的运作主要呈现以下特点。

1. 投资周期

近年来，中国商业地产的大宗交易呈现比较大的波动周期，信贷政策直接影响大宗交易规模。另外，由于资产价格上涨，无法满足机构租金年回报率预期，2016年上半年成交大幅下降。伴随着住宅价格的一路高涨，商业地产的价格也出现了上涨，卖方销售预期大幅增加，导致整售物业价格与散售物业趋同，机构观望情绪加重。

2. 交易标的

2010年以前，中国商业地产开发的产品里面比例最高的是办公楼，与其相当的是综合性物业、混合型物业以及大量的大批发市场、建材市场等。2015年后，市场发生巨大变化，办公楼一枝独秀，零售量占所有产品的四分之一，混合物业和大型专业市场占比极小。背后的核心逻辑有三点：第一，收益率。在目前中国市场上，办公楼收益率依然是最高。第二，管理难度。办公楼管理难度比零售物业低很多，由此导致资本追随写字楼方面的投资运营。第三，中国近几年第三产业发展迅猛，办公需求增大，同时其又可兼具投资与自用双重作用。

3. 交易主体

目前在中国商业地产大宗交易市场上,开发商占比不超过30%,保险公司、私募基金等各类金融机构占64%,已经成为中国商业地产大宗交易的主要角色。2010年底,中国保监会印发关于《保险资金投资不动产暂行办法》的通知,2011年险资即通过各种渠道进入房地产领域。2012年下半年,保监会出台《关于保险资金投资股权和不动产有关问题的通知》,进一步放宽了险资购买不动产的限制,因此2013年出现了大宗地产交易高峰。保险资金进入商业地产领域,有利于目前被明显低估的商业地产项目体现其应有价值,提升物业品质。同时,引导更多开发商从事优质商业地产项目的开发。

投资主体位列第三的是私募基金,在2010年,中国的私募基金不到300亿元人民币,6年内增加了20倍。金融机构作为商业地产交易市场上的主要参与者,主要契合了商业地产的两个特点。第一,资金需求量大,一个10万平方米的综合体,至少需要15亿元以上投资;第二,投资周期长,商业地产持有期一般在8~12年,资金沉淀量大,需要相应的退出渠道。基于以上两个特点,商业地产的金融功能明显,只有特大型开发商和金融机构有这样的能力,中小型开发商在这个市场上已经基本出局。此外,由于近年国内经济持续向好,且金融环境相对宽松,内资投资机构兴起,逐步成为主要的收购方。但随着融资环境的收紧,这一趋势或将发生改变。

4. 目标市场

与开发商不同,投资机构对于上海的信心远高于其他城市,这源于城市能级的稀缺度以及良好的发展期望。一线城市投资中,北京与上海亦存在明显差距,主要是因为上海是中国的金融中心,开放度更高。广州和成都有一定关注度,每年均有商业地产大宗交易发生。除广州和成都外,其他城市基本无交易发生,持有者很难通过整售进行退出。

总体来看,影响中国商业物业大宗交易市场的主要因素是:政策(房地产及金融政策)、供求矛盾、不同区域经济发展水平和市场化程度。同时，由于中国经济发展水平的提高和产业结构的调整，交易主体和目标资产在不同时期有不同变化，这是更需要关注的发展趋势。

三、地产基金的组织形式

（一）公司制地产私募基金

公司制房地产私募基金是指以公司形式存在的投资基金，其本质是一家投资公司，是我国私募市场上目前运用较多的一种基金组织形式。公司制房地产私募基金的设立既要遵守《公司法》关于有限责任公司或股份有限公司的设立规则，又要遵守《创业投资企业管理暂行办法》第9条规定的设立条件，包括：

（1）已在工商行政管理部门办理注册登记的公司及企业。

（2）经营范围符合本办法第12条规定。

（3）实收资本不低于3000万元人民币，或者首期实收资本不低于1000万元人民币且全体投资者承诺在注册后的5年内补足不低于3000万元人民币实收资本。

（4）投资者不得超过200人。其中，以有限责任公司形式设立创业投资企业的，投资者人数不得超过50人。单个投资者对创业投资企业的投资不得低于100万元人民币。所有投资者应当以货币形式出资。

（5）由至少3名具备2年以上创业投资或相关业务经验的高级管理人员承担投资管理责任。

（二）契约制房地产私募基金

契约制房地产私募基金是指不具有实体、以契约为基础和载体的集合资金形式。契约制房地产私募基金是通过由发起人、投资人、管理人、托管人等相关各方签署一系列契约,并根据这些契约来维系运作的一个集合资金。契约制房地产私募基金分承诺式契约制房地产私募基金和信托式契约制房地产私募基金两种形式。其中,承诺式契约制房地产私募基金是指由基金投资人向基金管理人承诺出资金额,然后先期到账部分资金,剩余资金根据项目进度逐步到位的基金组织形式。承诺式契约制房地产私募基金的重要表现形式是委托理财,其简单易行的运作方式深受我国民间资本的青睐,实践中许多民间资本都通过承诺制契约制房地产私募基金的方式参与房地产项目开发和运作。信托式契约制房地产私募基金是由基金管理机构和信托公司合作设立,通过发起设立信托受益份额募集资金并进行投资运作的集合投资工具。信托公司负责信托财产保管清算和风险隔离,基金管理机构负责信托财产的管理运用和变现退出。信托式契约制房地产私募基金是我国房地产私募基金"阳光化"的主要形式,但受制于我国《信托法》及相关法律法规的规定,直至今日信托式契约制房地产私募基金仍然不是我国房地产私募基金的主流模式。

(三)有限合伙制房地产私募基金

有限合伙制房地产私募基金是指投资人(有限合伙人)与管理人(普通合伙人)签订合伙协议,共同出资建立有限合伙关系,并将所有合伙资产交由管理人管理运作,投资人只在其出资范围内对合伙企业债务承担有限责任,而管理人对合伙债务承担无限责任的基金组织形式。有限合伙制房地产私募基金是国际私募基金普遍采用的一种组织形式,其在我国的法律依据是2006年8月27日修订的《合伙企业法》。根据该法第61条规定"有限合伙企业由二个以上五十个以下合伙人设立;但是,法律另有规定的除外。有限合伙企业至少应当有一个普通合伙人。"相信随着我国私募基金的发展、房地产投资市场的完善、相关法律法规的健全以及专家理财观念的成熟，有限合伙制房地产私募基金将会成为我国未来房地产私募基金组织形式的发展方向。图2为有限合伙制的房地产私募基金交易结构。

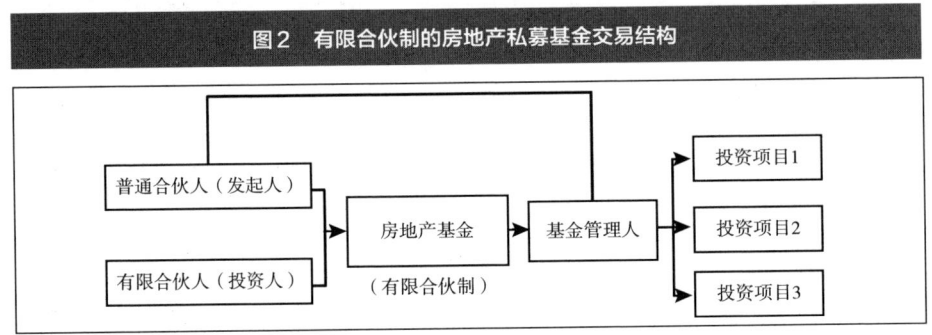

图2　有限合伙制的房地产私募基金交易结构

资料来源：中建投信托研究中心。

组织形式：国际上私募房地产基金多为有限合伙制。普通合伙人由基金管理人充当，而投资人成为有限合伙人。有限合伙人出资，委托基金管理人负责投资业务，自身不参与投资决策。

普通合伙人：普通合伙人对基金的募资、投资、管理及退出全权负责，并在规定的时间定期向有限合伙人汇报基金运作情况。通常只有在普通合伙人完成了当前基金的投资后才会进行新一期基金的募集。普通合伙人的份额通常占基金总额的3%~10%。

有限合伙人：有限合伙人向基金提供资金，基金的规模设有门槛，且每只基金的有限合伙人数量有限。社保、基金会、机构投资人和高净收入个人都是常见的有限合伙人。

有限周期：私募房地产基金的周期一般在3~10年不等。这个周期促使基金管理人平衡投资、管理和退出等各环节的节奏，让投资人对投资回报有所预期。

杠杆化：杠杆融资在私募房地产基金中非常普遍，它使基金增强了购买力，从而扩大了未来的回报潜力。但当市场低迷，房地产项目表现不佳时，杠杆同样会给基金带来偿还风险。

管理费：有限合伙人一般要向普通合伙人支付占基金规模的1%～2%的管理费。管理费将被用于基金的日常开销和行政费用。

分成机制：激励基金管理人实现业绩最大化的工具是分成机制。一般基金管理人可以从投资回报中获得20%左右的分成。其中回报可以是最终利润，也可以是超出投资人要求的回报部分。分成机制将基金管理人和投资人的利益进一步统一。

四、信托参与地产投资模式的初探索

信托公司以股权方式参与房地产投资模式经历了三个阶段的探索，形成了逐步提高管理能力、加强项目参与深度的三种地产股权信托模式，在当前监管趋紧、业务双方均面临转型发展之际，地产基金模式已成为主要探索方向，值得深入挖掘。

（一）简单的"股+债"模式（或者全股模式）

早期地产股权信托的产生主要为满足交易对手的需要。通过"股+债"的模式，在适度规避监管要求的同时，优化地产公司资产负债表，并减轻流动性压力。

该类模式的主要结构为：信托计划直接认购项目公司少量股权（一般在30%以下），之后再发放股东借款。表面上是股权投资，实际上是双方通过抽屉协议写明仅持有股份、分享收益，但实质并不参与管理的债权融资。同时，须在协议中注明在特定时间内，项目公司的股东或第三方公司须无条件按约定价格或条件转让或回购信托计划持有的项目公司股权。信托计划的最终收益来源于项目公司归还的利息，以及股权回购时产生的溢价（若有）"股+债"模式地产股权信托结构如图3所示。

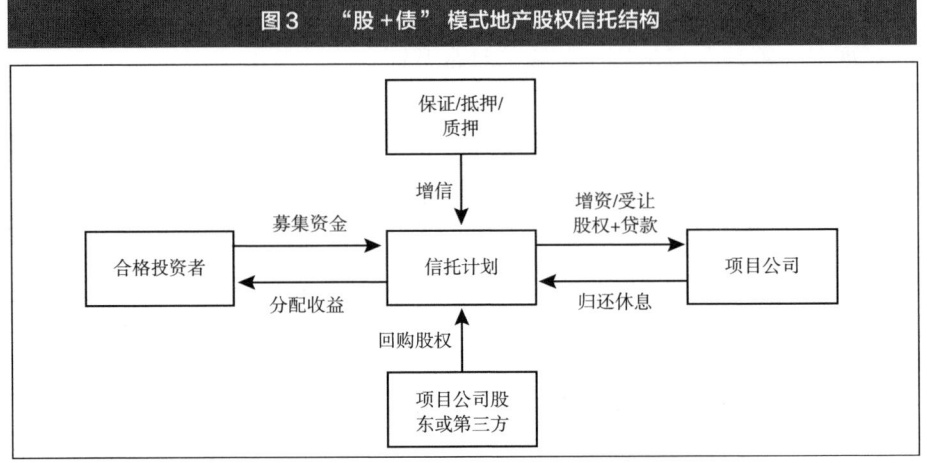

图3 "股+债"模式地产股权信托结构

资料来源：中建投信托研究中心。

近两年，政府出台一系列抑制房价过快上涨的稳定政策，其中不乏针对房地产企业融资渠道的收紧。受此影响，以规避监管要求、变相利用信托资金拿地或补充流动资金的"股+债"模式受到了严格监管，信托计划若非持有真实股权，在发行前银监报备阶段则极有可能被叫停。在此背景下，对真实股权的投资需求产生，出现了第二种地产股权信托模式。

（二）认购股权投资基金LP份额（信托+合伙基金）

除了监管倒逼外，随着地产行业融资成本不断下降，信托行业转型发展持续加剧，一些信托公司转变经营思路，谋求提升主动管理能力，并希望在所投的地产项目中参与利润分红，从而通过股权投资的模式，部分参与项目公司及标的项目的真实管理。

该类模式的主要结构为：信托计划认购合伙基金的LP份额，最终投向标的项目的开发建设。信托计划可以分享标的项目投资带来的浮动收益，但由于信托公司缺乏地产开发、公司管理的实操经验，因此仍以财务投资为主，不介入合伙基金的合伙事务的执行。在项目管理层面，信托公司通过参与基金合伙人会议（重大事项决策机制）、直接任命项目公司董事的方式，参与相关重大事项的决策管理，GP 由交易对手地产公司关联方私募基金管理人担任。

根据信托计划入股的合伙基金结构，可以再分为平层基金和结构化基金两类。两者主要的差别体现在是否存在权责利益不相同的 LP 投资方。

1. 平层基金

如图 4 所示，平层基金模式地产股权信托结构为：信托计划作为 LP，与其他投资方一起，共同认购合伙基金的份额，所有 LP 投资方之间权利义务完全相同，合伙基金的 GP 通常由交易对手关联方私募管理人担任。

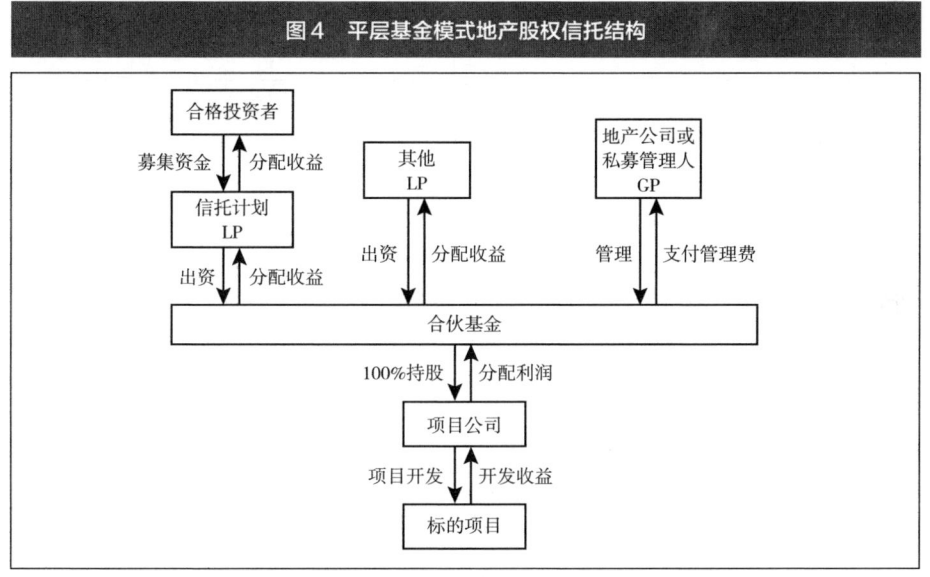

图 4 平层基金模式地产股权信托结构

资料来源：中建投信托研究中心。

平层基金的收益分配也较为简单，合伙基金以项目开发后获得的利润为限，根据各 LP 认购基金份额对其分配基础收益和超额收益。

2. 结构化基金

如图 5 所示，结构化基金模式地产股权信托结构为：信托计划作为 LP，与其他投资方一起，共同认购合伙基金的份额。各投资方之间可能有优先级和劣后级，在收益分配顺序上存在一定差异。合伙基金再作为 LP，与其他的合伙基金或投资人一起，认购下一层合伙基金或有限责任公司的份额，最终可能经过多层嵌套后投向项目公司及标的项目。

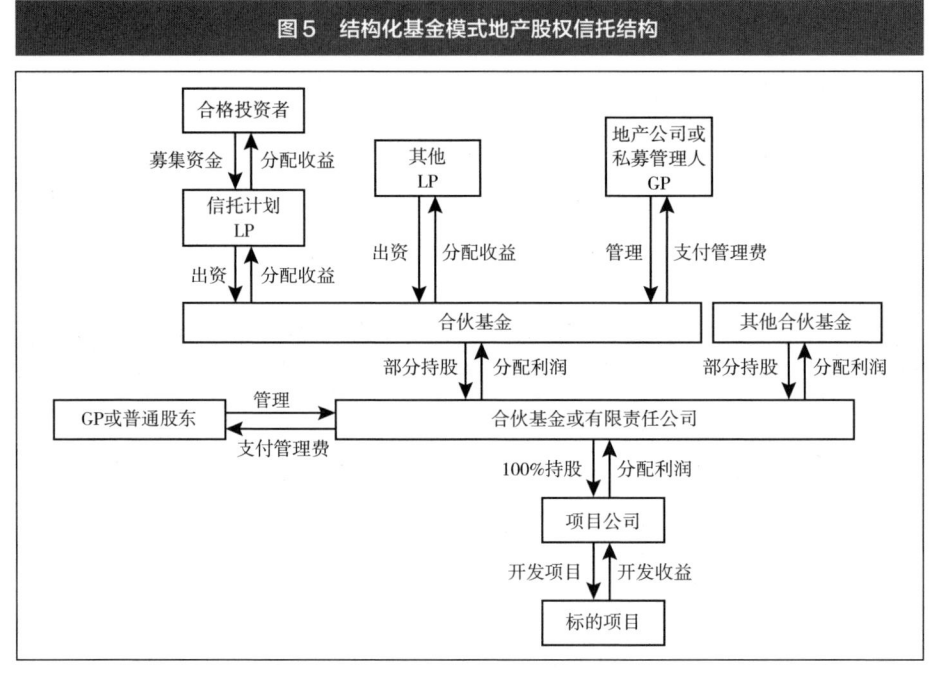

图5　结构化基金模式地产股权信托结构

资料来源：中建投信托研究中心。

结构化基金的收益分配相对复杂些，考虑到优先劣后，以及多层嵌套的结构安排，各 LP 分配到的收益可能存在较大的差异。信托计划在大多数结构化基金中扮演"LP 的 LP"角色，且仅为优先级 LP。信托计划的风险暴露一般仅略高于债务投资人，基础收益基本可以保证，但分配到的超额收益比重较低。

（三）担任股权投资基金 GP（信托 + 合伙基金）

随着对地产类项目介入程度的不断加深，一些信托公司在积累了较为丰富的地产项目开发管理经验后，已不满足于 LP 投资人的身份，开始谋求作为 GP 真正参与到标的项目的管理中。其中，一些信托公司试水与地产公司或其关联方私募管理人合资成立 GP 公司，直接对项目的设计、建造、财务、销售等状况进行监督管理。"GP + LP"的结构设计，不仅能够更深层次地介入公司管理层，保障 LP 的利益，还可以通过收取管理费的形式，增加信托公司收入。

该类模式的主要结构与模式二基本一致，差别在于由信托公司与地产公司或私募管理人合资成立基金 GP，参与基金的日常管理。目前比较常见的模式为由信托公司的专业子公司作为 GP 的联合出资方，先搭建起业务框架，未来再通过发行信托产品的方式提供投资资金（见图6）。

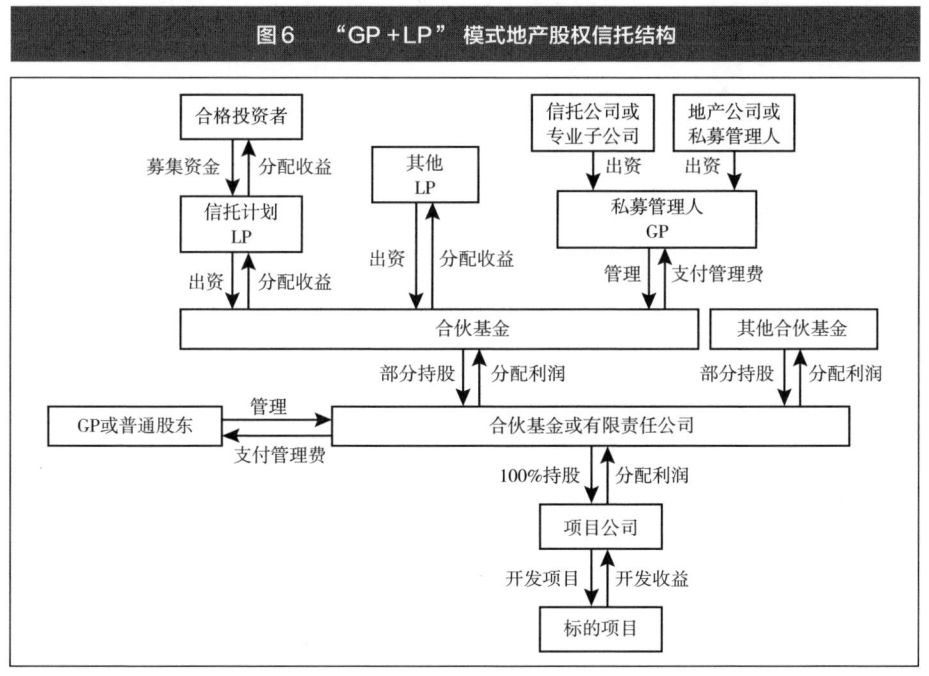

图6 "GP + LP"模式地产股权信托结构

资料来源：中建投信托研究中心。

该模式较前两类复杂程度更高管控难度更大，2013 年上海信托通过与万科合作，试水"GP + LP"的业务模式。上海信托与万科分别出资1250

万元共同成立一家公司，并由该公司作为 GP 方设立合伙基金，上海信托和万科共同负责对基金的日常管理。同时，上海信托成立"上信·万科房地产股权投资集合资金信托计划"，期限 5 年，规模为 27.875 亿元，认购合伙基金的 LP 份额。合伙基金投资的标的项目为上海市张江高科园区内的综合性物业，包括 73% 的住宅类和 27% 的非住宅物业。由于该项目区位较好，且万科当时拿地成本较低，整体而言风险较小，有一定的赢利预期。上海信托在风险可控、赢利可期的前提下积累了宝贵的管控经验。

但之后几年此类模式并未广泛应用，主要原因在于信托公司的 GP 管控经验较为欠缺、管控动力明显不足。虽然与地产公司的股权合作已久，但在前几类股权投资模式中，信托公司仅代表信托计划，在合伙基金中扮演"LP 的 LP"角色，承担的风险略高于银行资金。若信托公司同时出资设立合伙基金的 GP，则需承担合伙基金投资的主要管控职责，对更擅长债权投资的信托公司而言，不仅经验和能力上均无优势，还将面临更大的风险。

（四）信托参与地产投资的退出路径

任何一个信托项目，其收益的顺利分配都要以成功退出作为前提条件。地产股权信托项目与债权信托项目在收益来源、退出路径上存在明显的不同，因此两者对项目风险的关注和评估也存在显著的差异。

传统的地产债权信托项目融资期限较短，项目到期时间往往在标的项目实际销售回款之后，因此到期时融资方的还本付息通常与标的项目的销售情况没有直接关系。该类项目的退出方式主要为项目公司股东直接还本付息或第三方资金接盘，违约事件发生时，还可以通过处置抵押的土地或在建工程实现退出。因此在该类项目前期风险评估中需要重点关注交易对手及其股东等保证人的信用风险。

与其相比，地产股权信托项目的退出路径较为多样，主要包括股权转让、销售清算、REITs 上市等。针对每一类退出方式，前期风险评估时的重点关注点也不尽相同。通过转让股权的方式退出，其转让价格一般为项目到期时的市场公允价值，因此对于资金投入时的前期估值是否合理是信托计划风险评估的主要关注点；通过项目销售、基金清算的方式退出，标的项目全程的开发建设、销售回款等都是影响信托计划收益及正常退出的重要因素。一般信托计划介入时，对其退出方式的约定并不会唯一，因此以上估值风险、项目风险、延期退出风险等都需要在前期评估时重点关注。

五、信托公司参与地产基金的模式探讨

信托和基金是金融投资的两种生态，风险偏好和投资模式存在区别，但两者之间不存在明显冲突和矛盾，可以形成互补。其互补的沃土既有信托 20 万亿元资产规模的基础和多年来作为金融创新生力军的沉淀，也有信托和其他金融子行业之间越发紧密的合作关系和依然广阔的合作空间，还有信托独特的风险隔离、权益重构等制度优势。对于房地产企业而言，在经济"去杠杆化"的趋势下，房企也在加速践行轻资产转型，这些都为信托公司参与地产基金提供了更多的机会。

信托公司通过积极探索多元化地参与地产基金的模式，可以增强与地产企业之间的信任、促进双方在房地产投资、股权投资等领域的长期深度合作，适应市场形势和双方业务转型发展的需要。

（一）资管平台模式

在资管平台模式下，信托公司以信托计划与地产企业共同出资设立一家合资公司，后续由合资公司设立子公司，作为基金管理公司进行地产基金运营。通过搭建产融结合的资管平台，建立新型客户关系，获取持续优质的客户资源。目前行业内如中航信托与中冶，建信信托与中铁，中交和中冶，百

瑞信托与中电投，华澳信托与东方园林，五矿信托与青海国投等均已通过合资设立资产管理公司，开展深度合作，具体资管平台模式如图7所示。

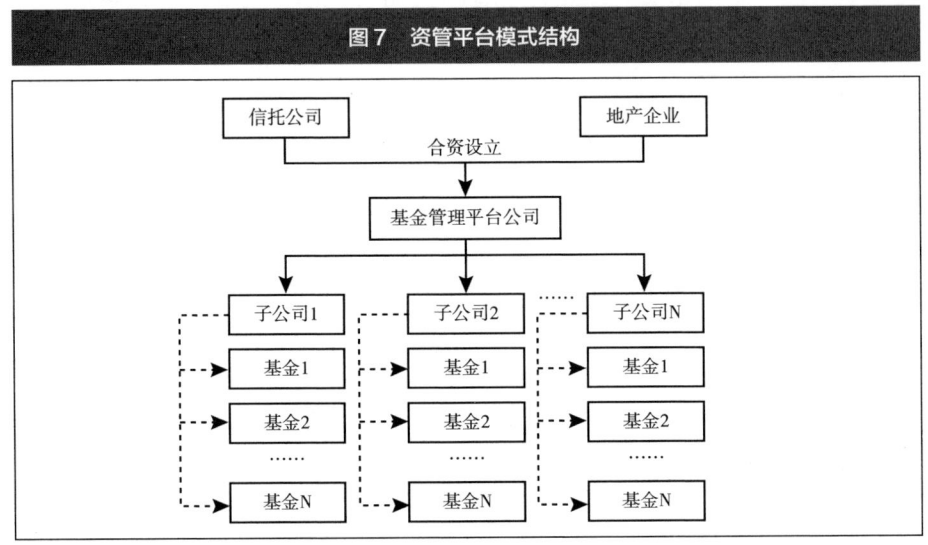

图7 资管平台模式结构

资料来源：中建投信托研究中心。

（二）商业地产基金模式

增值型商业地产基金模式起源于美国，长期来看，城市发展模式和房企赢利模式将从"产销模式"向"资管模式"转变，从"买地造房卖房"向"资产整合优化运营"转变，增值型商业地产基金与地产企业轻资产转型和管理输出的战略目标相契合。

商业地产因为其前期投入较大，后期回款不确定性较大，所以权益类投资的优势更为凸显。如图8所示，在商业地产基金模式下，地产企业与信托公司组成基金GP，由集合资金信托计划担任优先LP、地产企业作为劣后LP，投资于股权投资基金的有限合伙企业。该基金再以股权投资和股东贷款形式投资于项目公司。基金的债权和股权随项目的进度逐年退出。

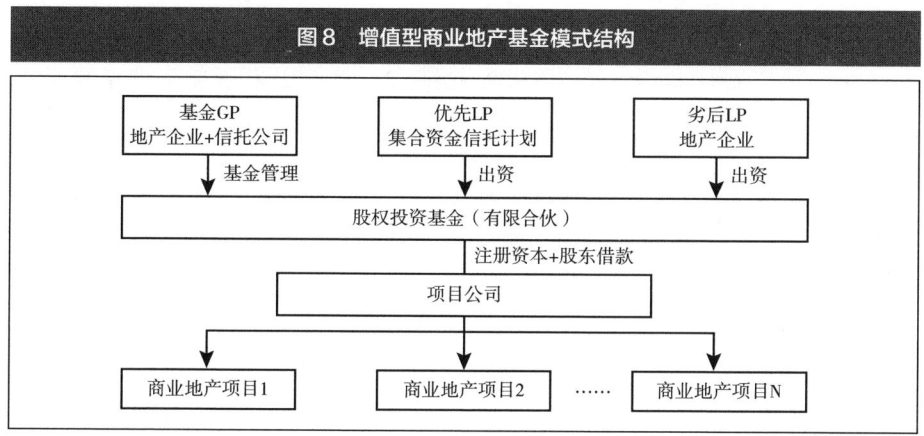

图8 增值型商业地产基金模式结构

资料来源：中建投信托研究中心。

（三）类资产证券化模式

与严格意义的资产证券化相区别，类资产证券化是指借助信托、私募基金等载体，将商业地产或者商业地产经营收益进行打包并份额化销售，从而实现融资的一种模式（见图9）。

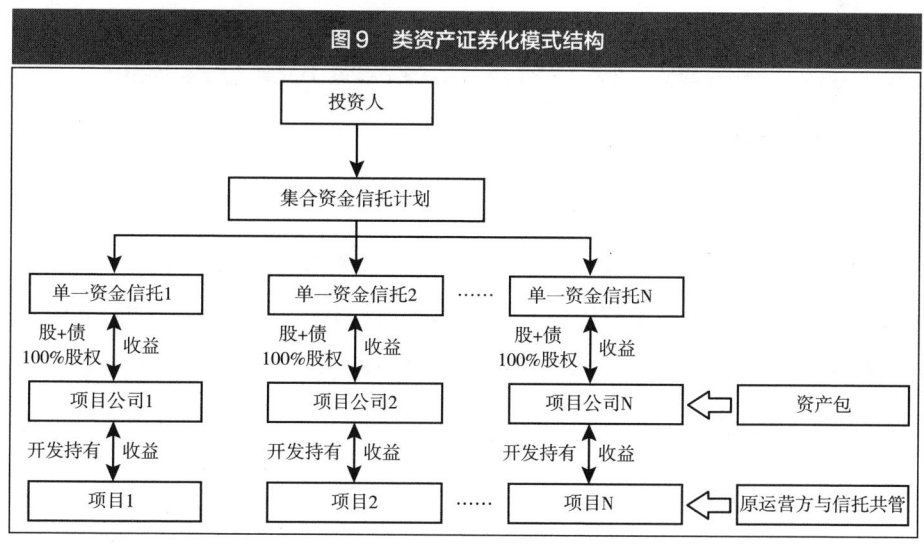

图9 类资产证券化模式结构

资料来源：中建投信托研究中心。

信托产品中的财产受益型信托，可以视为一种类资产证券化产品。如果这种信托产品与券商 ABS 或 ABN 相结合，就可以发展成为严格意义上的资产证券化产品。例如，2008 年华侨城地产与中信信托投资有限公司、中国工商银行深圳分行共同发行的"华侨城租赁收益权直接融资项目"。华侨城地产通过以其深圳本部的部分收益型物业，包括商铺、写字楼、厂房和国际公寓等物业的未来 5 年租金收益委托中信信托发行财产信托产品，托管银行和监管银行均为中国工商银行股份有限公司深圳市分行。这是国内首例以房地产租赁收益权作为信托标的进行融资的项目。但在类资产证券化模式下，由于产品仍为私募发行，对于退出期或者退出时点的流动性安排尤为关键。

此外，目前还有一些商业地产的销售模式也借鉴了类资产证券化的模式，比如龙湖的"金苹果计划"。龙湖将旗下不同区域、不同业态的资产进行组合，购买者可以自由选择现有销售型的商铺、写字楼及分时度假产品的任意组合。龙湖还将提供生活服务和资产管理两大系统，整合商业招商资源和物业租售资源，为购买商业物业的业主实现保值增值。

六、信托参与地产投资新模式的风险关注点及风险控制措施

除了与地产债权类信托项目同样需要关注的政策风险、市场风险及去化风险，以及债权类项目重点关注的信用风险外，股权投资类项目特有的估值风险、项目风险、延期退出风险等都是项目前期评估时需要重点讨论并分析的潜在风险点。[1]

---

[1] 对房地产债权类信托风险管理的分析可参见陈宇翔《论房地产信托风险管理体系及其控制措施》，《中国信托行业研究报告（2015）》，中国金融出版社，2015。

（一）估值风险

估值风险是指由于前期对项目估值，导致项目退出时转让价格低于预期，而使投资收益受到影响的风险。在早期"股+债"模式中，项目公司股权的到期转让价格在信托计划成立前便已约定好，一般为平价或包含一定溢价，所以前期估值情况不会影响信托计划的退出收益。但在真实股权投资项目中，到期时股权的转让价格须经第三方专业公司按市场公允价值进行评估，还需考虑退出时潜在受让方的议价能力，这就对信托公司在投前对项目的估值能力提出了极高的要求。

在信托计划直接认购地产私募基金的份额投资于地产项目的情况下，标的项目的估值往往发生在项目接洽前期，而信托方介入在中后期，因此只能被动接受项目的前期定价。信托公司内部审核时，对项目的估值也主要依赖于交易对手的尽职调查，以及律所、会所出具的尽调评估报告，但依旧需要对这些尽调材料进行分析核算、交叉校验，站在信托公司的角度对标的项目的真实情况进行深入了解，并根据公司的风险容忍度得出对项目的风险估值，再决定标的项目是否具有投资价值。

根据标的项目的来源及项目公司的业务范围，目前对地产项目公司的估值主要采用溢价法和 NAV 折现法，以下针对这两类估值方法中隐含的风险点进行分析。

1. 溢价法

溢价法多用于受让前期投资者转让股权的项目公司估值，溢价幅度往往也是双方议价博弈的结果。例如，A 公司原先持有 B 项目公司 20% 的股权三年，期间 B 公司完成了标的项目的土地平整工作。现出于自身收缩对外投资的需求，A 公司拟将持有的股权转让给信托计划，转让价格较两年前 A 公司入股价格溢价 20%。风险评估时若要考虑 20% 的溢价水平是否合理，可以综合投资基金层面 GP 征收浮动管理费的门槛收益率、保守情况下项目预期收益率、投资期间的机会成本等指标进行多方面的比较。

2. NAV 折现法

NAV 折现法，即净资产价值折现法，多用于同时开发多个项目的公司估值。具体估值过程为：在项目销售价格、开发去化速度和折现率水平给定的假设下，项目公司包括已售、待售和在建等所有储备项目的未来现金净流入（销售现金流入减去开发现金流出）的折现价值，再减去项目公司的净负债额，即为公司的净资产价值。虽然 NAV 折现法使用较为经常，但测算过程中建设进度、去化节奏、折现率等指标的选择都是风险评估中需要重点关注、反复琢磨的风险点，一般需要对交易对手提供的理想情况下的预测数据进行一定的处理。除此之外，由于 NAV 折现法中纳入计算的都是公司储备项目的价值，因此为了做大估值，项目公司会有不断吸收土地、扩充储备的动力，这或将导致公司对项目的疏于管理。这些问题在前期风险评估中也是需要密切关注的项目风险点。

（二）项目风险

项目风险主要指在标的项目的前期设计、开发建设等环节中可能出现的所有导致项目无法完工或无法按预期完工的风险。其中，若项目总开发建设成本超过预算引发了超支风险，则会造成信托计划收益出现降低；若项目进展较大幅度落后于原定计划引发了延期完工风险，则会造成项目完工时间晚于信托计划到期时间。

如果信托计划仅作为财务投资者，对预算制定、施工建设等专业领域无法介入，那么可以选择投向已基本完工或在开发末期的项目。但如果信托计划拥有一定的决策权，或者直接在地产基金中担任 GP 角色，那么对于较早期介入的项目，就需要信托公司对标的项目风险进行全流程多方面的实际管控。尤其针对海外地产投资项目，由于各国地产项目的开发施工流程存在差异，且信托公司无法频繁地前往标的项目所在地进行投后检查,因此更需要从第三方的材料中反复核对,以防出现项目推进与前期规划严重不符的情况。另外,一些海外国家对项目施工要求较高,对施工时间有明确规定,并要求尽可能避免施工时噪声、扬沙对环境的不利影响,因此海外项目的工期一般长于国内同类项目。受此影响,在对项目完工时间进行预测时,还需要充分考虑不同社会、政治因素对项目进度的影响。

例如,两年前某海外项目公司 D 在开发标的项目之初对其开发成本预算为 4 亿美元,两年后完成土地平整,D 公司需与总包商 E 签订项目主体工程合同,对预算中的大部分内容进行重新测算与评估,并由 E 公司在合同价内自负盈亏。若重新制定的预算规模发生较大幅度的增长,那么信托计划的收益水平便会发生一定程度的下降。之后在项目建设过程中,由于对周边居民的采光、用电造成干扰,同时发生了天然气泄漏事故,部分前期工程需要返工,造成了项目进度晚于预期。

针对以上风险,信托公司可以委托境外专业三方机构定期对项目施工进展、预算执行情况提供审计或评估报告,并要求 GP 管理人或者开发商对标的项目的竣工时间做出承诺,以及定期披露滚动预算和动态成本控制的相关信息,并在相关协议文本中设置相应的违约条款。

(三)延期退出风险

延期退出风险一般是指,虽然投资标的有明确的退出路径,但可能无法在信托计划到期前实现顺利退出,导致信托计划必须延期的风险。

造成地产股权信托计划延期退出最直接的原因是之前提到的标的项目延期完工风险,但即使项目按期完工,鉴于"信托+合伙基金"相对复杂的嵌套结构,信托计划也有可能在到期前无法顺利退出。

在一般"信托+合伙基金"的交易结构中,信托计划直接认购投资基金的 LP 份额,并最终投向标的项目,因此信托利益直接来源于投资基金的 LP 投资收益。投资基金对 LP 份额收益的分配顺序、分配形式、费率扣除等规定将直接影响信托计划的收益水平和退出时间。因此在项目前期设计时，就要充分考虑退出时可能因基金端和信托端存在的不匹配情况而造成的项目延期。尤其在海外项目的投资中，出于合理避税的需求，一般交易对手会在境外进行复杂的架构设计，这在无形中也延长了信托计划退出时的分配时间，也增加了信托计划的清算难度。

针对此类风险，在信托计划设立前，信托公司需要对项目全流程进行管控，并对项目退出时的评估方法、税收计算、分配顺序等具有清晰全面的认识，充分考虑和明确每一环节中各部门需承担、需履行的具体职责，制定出详细的操作手册，并在信托计划设立后根据项目的具体进展进行动态调整与更新，从而将结构复杂而导致信托计划延期退出的概率降到最低。

整体而言，信托公司由于长期开展类固收业务，展业思路、风控体系、人力配备等机制流程具有一定惯性，在股权投资方面缺乏项目和经验的积累，因此目前在地产股权投资中较多以财务投资人的角色介入。未来，信托公司若想实现从地产债权融资业务向股权投资业务的战略型转变，需要尽早布局并配备专业人才，根据股权投资特性打造组织流程与审批制度，在项目审核时转变风险关注点及风险管理方法，建立一套符合自身需求和切合业务实际的风险管理体系和风险评估标准。

股票投资信托的发展模式与路径探索

黄伟斌

证券投资信托是信托公司业务的主要资金运用方式之一，其发展与资本市场走势紧密相关。据中国信托业协会年度报告，截至2016年第四季度末，证券投资为资金信托的第三大配置领域，仅次于工商企业和金融机构。虽然随着2015年股票市场的异常波动，市场不断下行，证券投资信托的比例也从2015年第四季度的20.35%下降到2016年第四季度末的16.21%，但是我国金融市场在不断发展，其市场容量不断上升，面临转型的信托公司仍需要积极投入这一容量极大的市场，满足投资者多样化的资产配置需求。

证券投资类信托可分为股票投资信托、债券投资信托和证券组合投资信托等。按照通常的定义，债券投资信托则将大部分资金投资于各种债券，少部分信托资金用于票据贴现以及短期同业拆借，证券组合投资信托则较为灵活，其会根据委托人风险/收益的偏好，将债券、股票、基金等证券，通过个性化的组合配比运作，对信托财产进行管理，使其有效增值。股票投资信托是指将大部分信托资金投资于股票，少部分用于债券投资，票据贴现以及短期同业拆借等产品的信托计划，可分为二级市场股票投资类信托、定向增发投资类信托、新股申购投资类信托。

作为证券投资信托的重要组成部分，股票投资信托的占比并不高，但股票作为重要的资产类别，传统意义上在管理费率、管理规模等方面对信托公司都具有更为重要的意义。本文从股票投资信托的发展历史、现状，以及股票投资信托的模式、监管和问题等方面进行探讨，为信托公司发展股票投资信托提出了几点建议。

一、我国股票投资信托发展历史与现状

（一）我国股票投资信托的发展历程与特征

证券投资信托发展较晚，与股票市场的发展紧密相关。我国证券投资信托的发展始于2001年，其规模在信托行业的占比在2007年达到高峰，后来随着2008年金融危机后股票市场的持续低迷，其占比直到2014年后才又重新上升，虽然2015年股市出现异常波动，但其占比仍在稳定上升。

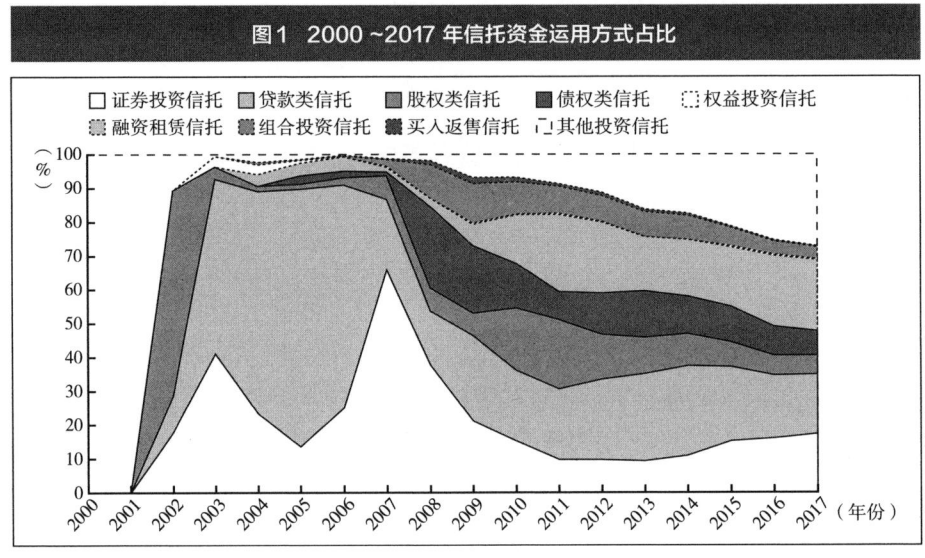

图1　2000~2017年信托资金运用方式占比

资料来源：WIND。

分阶段来看，2002~2005年证券投资信托发展十分缓慢，自2006年我国股市经历第一次大牛市后进入了一个较快的发展阶段，证券投资信托的规模从2006年的不到80亿元跃升至2007年的近500亿元，且保持高位运行；2008~2013年，证券投资信托稳步上升至1400多亿元，随着2015年牛市的来临，证券投资信托在2015年冲上3000亿元的规模，此后一直保持较高的增长速度，至2017年年中已增长至近5000亿元的规模。

在这一过程中，股票投资信托作为重要的资产类别，其规模的上升与股票市场表现的相关性更高，表明了财富效应对产品发展的巨大影响。从图2可以看出，每次股票市场面临大的机会的时候，股票投资信托规模都会有较大的上升，例如，2007年及2015年期间股票市场的火热促使证券投资信托规模的大幅上升。

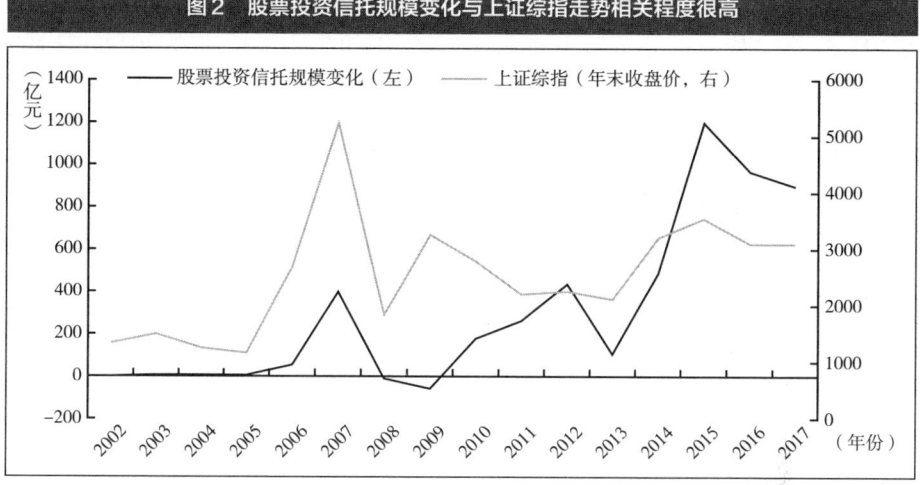

图2 股票投资信托规模变化与上证综指走势相关程度很高

资料来源：WIND。

同时，从图2也可以看出，2014年以来，股票投资信托规模的上升也提高了一个层级。得益于M2的扩充，我国货币市场出现了难得的宽松局面，证券投资信托规模变化进入了较高的阶段，仅2015年就上升1000多亿元，即使在股市异常波动后，2016年上升的规模也在900多亿元，2017年上半年就增加了近900亿元。随着股票市场的持续扩容及信托公司业务的持续转型，股票投资信托的发展有望进入一个持续高速增长的阶段，市场前景乐观。

（二）股票信托展业模式的历史沿革

1. 早期萌芽（2002~2007年）

在股票信托发展的早期，由于当时各地监管导向的不同，发展出了以下两种模式。

（1）上海模式即结构化模式。此种模式由私募基金出资认购劣后份额，普通投资者认购优先份额（获得固定收益和一小部分浮动收益），通常优先：劣后为2：1或者1：1，这样风险和收益主要由作为劣后的私募来承担。这类结构化产品肇始于2006~2007年的牛市，后来在2014年后的股市快速上涨过程中发挥到了极致。

（2）深圳模式即非结构化的管理型，此类模式以信托公司作为通道，由投资者认购私募基金创设的阳光私募信托产品，风险和收益主要由投资者来承担，而私募基金主要收取固定管理费和超额浮动报酬，由此证券信托产品奠定了第一代阳光私募的基础。

除此之外，当时的信托公司也发展出了多种特色模式，很多至今沿用。

（1）主动管理型信托。早在2000年初，公募基金发展刚起步，其时的投研能力并不突出，而信托界经过多年发展积累了很多经验丰富的投资人才，因此当时信托公司发行的股票型信托远比公募基金受投资者欢迎[1]。

（2）第一代FOF信托产品。当年公募基金作为新生事物，委托人对这类产品不甚了解，信托公司以此开发了第一代FOF产品，客户认购基金宝类证券信托，再由信托选择业内优质的公募基金进行投资。虽然FOF存在双重收费等瑕疵，但利用证券信托产品可投多家基金的便利性[2]，为投资者创造了新的理财产品，直到2016年年底，证监会才出台了公募FOF指引，表明了FOF股票信托的前瞻性。

（3）打新信托。2005~2007年处于A股第一轮牛市，新股发行异常火爆，打新信托应运而生，这是信托为满足投资者需求所创设的低风险投资产品，很好地填补了基金和银行理财的盲点。

---

[1] 如2003年的新闻《上国投援手富国基金？》，"1亿元对富国来说肯定是不少了，现在发行开放式基金经常受到冷遇，但信托计划异常火爆，因此不能排除是富国在借上国投助自己一臂之力""上国投完全有实力自己投资于证券市场，没有必要将资金委托给富国基金进行管理，这样还要交一笔基金管理费啊！"放在现在而言，大家很难相信会有信托公司投资强于基金公司的评价。

[2] 当时监管机构规定，公募基金不得投资于其他公募基金。

2. 阳光私募模式兴起（2008～2012年）

2006～2007年股市大涨，加之公募基金公司的投研实力大大增强，信托公司在主动管理方面的优势不再突出，逐步倾向扶持阳光私募的发展。而且2009年的小牛市，也有一批优秀的人才投身于私募基金，由于证券业依然没有给阳光私募管理人合法地位，所以信托继续作为产品发行的主体，为阳光私募界提供良好服务。此时结构化和管理型产品都得到了充分的发展：在结构化领域，原本是由普通投资者来认购优先份额，银行理财也逐步认识到优先份额与理财资金的匹配，逐步介入到优先资金的供给中；而在管理型领域，由于不断的宣传和良好的业绩，客户也逐步正视以证券类信托为载体的阳光私募。

同时，股票类信托法律地位的模糊也使其发展过程中深受政策的影响。例如，之前打新股的证券类信托在牛市中火爆发行，引起了监管机构的注意，以此为名暂停了证券信托的开户，使证券类信托的发展大大受阻。2009年7月，中国证券登记结算公司暂停信托公司新开设证券账户的消息在阳光私募圈引起了不小震动。而在此之前，资本市场刚经历了一波从1664到3478的反弹牛市，私募的良好表现以及对后续牛市的憧憬，阳光私募有很强的发行产品的需求，但信托因为无法开户而提供新的产品载体。一时间，证券类信托一户难求，信托公司将之前未销户的账户以及部分自营账户拿出来，待价而沽。

为了满足阳光私募的发展需求，产生了伞形信托，至于其后期的发展成为配资工具并非原意。通过设计伞形信托，将原本的账户作为母伞，下挂各期子信托，分期独立核算，多家阳光私募可以通过发行虚拟子账户，然后将指令集中到一个证券信托账户进行交易，由信托公司内部进行分仓分组合算，还可以将子信托的净值披露更新，可以说是相当应景的创新。

除此之外，股票信托从业人员在定向增发领域也研究出了新的策略。由于定向增发是向不超过十名特定客户发行股票，而证监会认为信托背后投资者较多，违背了十名特别客户的限制，所以在2007年出台的《上市公司非公开发行股票实施细则》第八条第三款规定："信托公司作为发行对象，只能以自有资金认购。"对此，信托公司摸索出以有限合伙的形式参与定向增发的模式，虽然在合规方面存在瑕疵，但为第一批参与定向增发的阳光私募提供了创新产品之路①。

综合来看，2008～2012年，股票投资类信托从主动管理逐步向扶持阳光私募以及满足杠杆型客户配资需求方面转变，而且这是在证监体系下无法满足私募产品创设以及场内配资方式缺失的背景下，为资本市场的发展提供了很好的补充。特别是伞形信托，作为监管体制下的创新产品，在相当大的程度上支持了阳光私募的发展。

3. 同业竞争加剧（2012年至今）

伴随着证监会在2012年放开信托开立证券账户，以及基金子公司、券商资管管制放松，通道业务竞争的加剧，股票类信托在阳光私募中的竞争力日趋下降，这主要表现在以下几个方面。

（1）结构化产品。这主要是因为费率的劣势明显，基金子公司、券商资管将原本1%或更高的通道费直接压到0.5%甚至更低，且受到的监管更少，在此背景下，伞形信托从原本解决账户有限的问题转而向快速成立标准化产品转变。

（2）通道类产品。这主要有三方面原因，一是基金子公司天生就没有刚性兑付的义务和理念，大量吸收通道业务，规模迅速膨胀；二是券商的契约型基金的低费率对信托公司的通道类产品产生了巨大冲击；三是信托计划在期货上的监管限制远比基金子公司和券商资管计划较为严格。

（3）定向增发。由于信托计划参与定向增发受到监管严格限制，早期其通过设立有限合伙形式参与定向增发，但当基金子公司和券商资管

---

① 后期公募基金专户和券商定向资产管理计划均可参与定增，可见该条规定是十分不合理的。

借助政策的红利直接投向于定向增发时，信托层面可以说是毫无优势，甚至需要借道基金子公司或基金公司专户参与定向增发，增加了手续和成本。

（4）股权质押业务。信托公司于 2010 年前后开展股权质押业务时，作为创新性产品，在市场上有垄断性地位，为客户提供了较好的高收益产品，可以取得不错的收益。但当券商开展场内质押之后，信托公司即处于较大的劣势。

（5）打新股业务，其实逻辑和定向增发类似，由于缺乏直接打新的资格，信托层面仅仅只是作为结构化的一环，最终的打新产品投向无非是公募基金、基金专户或者是券商资管，即使在现有的打新政策下，信托业也没有特别的优势。

（6）期指产品，2011 年银监会允许信托公司申请股指期货资格，是让对冲量化私募可以借助信托从事对冲基金业务，但对于股指期货交易依然有诸多限制，而且信托公司的交易系统与券商、基金子公司、期货公司相比有较大差距。

二、股票投资信托的展业路径与商业模式

（一）股票投资信托发展的主要模式

1. 管理型证券投资信托

管理型证券投资信托是证券投资信托业务最基本的形式，也是市场上最早出现的业务模式，它实质上是以区分是否对受益人进行风险承担的分层配置而区别于结构化证券投资信托的一种业务模式，该类型证券投资信托基本交易结构如图 3 所示。

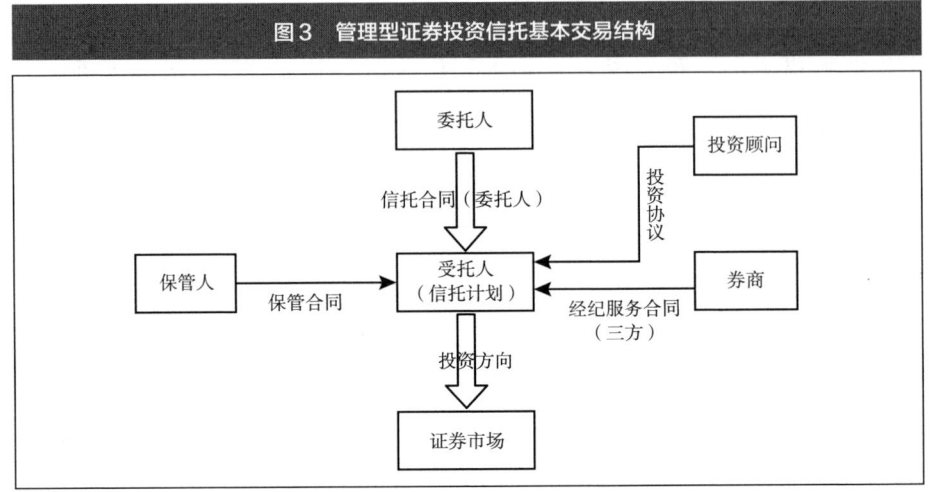

图3 管理型证券投资信托基本交易结构

管理型证券投资信托通常可分为主动管理型、投资顾问型以及因某些特定要求约束而派生出来的有限合伙型等业务类型。

主动管理型是指由受托人不聘请投资顾问，依靠信托公司自身证券投资团队自主进行投资决策的业务模式，这类业务由于受制于信托公司证券投研力量和能力，目前总体上规模较小。

投资顾问型主要是指由受托人审核所聘请的投资顾问提出的投资建议并决策的业务模式，主要依靠的是投资顾问的投研能力，投资顾问一般会以一定金额的自有资金跟投信托产品，共同承担风险。如上所述，投资顾问型模式主要基于私募阳光化产生，阳光私募证券投资信托是管理型的重要模式。

主动管理型、投资顾问型主要用于二级市场投资。对于股票一级市场投资、定向增发投资，由于证券监管部门不允许信托公司或信托计划直接进行投资，信托公司通常通过有限合伙模式或投资于基金产品、资管计划间接进行投资。在有限合伙模式中，信托计划一般投资有限合伙企业的 LP 份额，投资顾问投资有限合伙企业的 GP 份额承担有限合伙企业的管理职责，以有限合伙企业的名义参与投资。有限合伙模式从某种意义上可理解为投资顾问型的变形，但其交易结构、法律关系已经明显发生变化。

2. 结构化证券投资信托

区别于管理型证券投资信托，结构化证券投资信托业务在交易结构中涉及了优先委托人与劣后委托人对风险承担的分层配置安排，有效实现了对不同风险偏好、风险承担能力和投资收益要求的投资人需求互补的统筹管理，它是市场中普遍采用的一种业务模式，该类型的基本交易结构如图4所示。

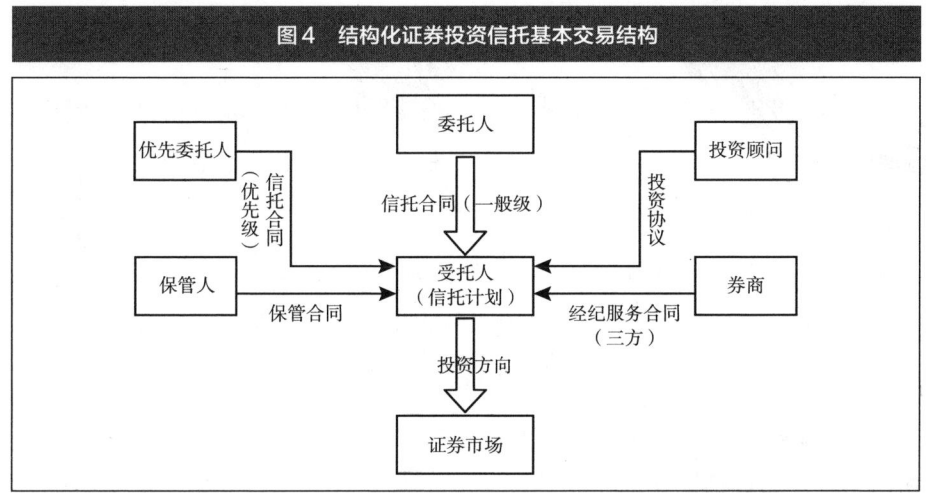

图4　结构化证券投资信托基本交易结构

（1）操作流程

信托公司发行证券投资信托计划，优先级和劣后级委托人按一定资金配比比例认购信托计划将资金交付给信托公司，信托公司以受托人身份审核投资顾问（通常情况下，劣后级受益人担任投资顾问）提出的投资建议并决策后，发出投资指令将信托资金投资于证券市场。

结构化证券投资信托的核心特点是，通过按照一定比例配置优先级和劣后级信托受益权，配合设置适当的预警和止损安排，实现以劣后级信托资金为优先级信托资金提供风险损失保障的功能；同时，以设置适当的分层收益分配机制实现优先级和劣后级信托受益权享有不同水平的收益。通常，优先受益人享有优先获得收益分配的权利，预警和止损安排基本保证了优先受益人的预期固定收益,其所承担的投资风险在劣后受益人之后,只有在极端市场情况下,优先受益人才会面临有限的投资风险;劣后受益人是投资风险的主要承担者,杠杆效应使劣后受益人在承受较高风险的同时有机会获得较高的投资收益。因此,优先受益人及其资金主要来源于商业银行,尤其是理财资金,劣后受益人则主要由私募投资管理机构或其他具有较强投资管理能力的投资者担任。

(2)衍生形式——伞形信托

2014~2015年的股市异常波动中,结构化信托与伞形结构相结合,蜕变成在统一的股东账户和信托账户下(一级母账户),通过设立二级虚拟子账户的方式,演化成为自然人大户、私募机构、集团财务公司等提供股市资金融资、配资的通道。

从图5可知,在母信托下的每一个子信托单元,其实就是一个结构化证券投资信托,其中每个子信托下的优先级投资者为资金融出方,主要用于对接银行理财资金池,劣后级投资者为资金融入方,即实际投资者(上述结构化证券投资信托业务模式中的股神老A或B、C、D)。整个业务模式中,母信托套有若干子信托单元,子信托单元下又套有若干优先级、劣后级投资者,交易结构犹如"伞形",故称"伞形信托"。其主要特点如下。

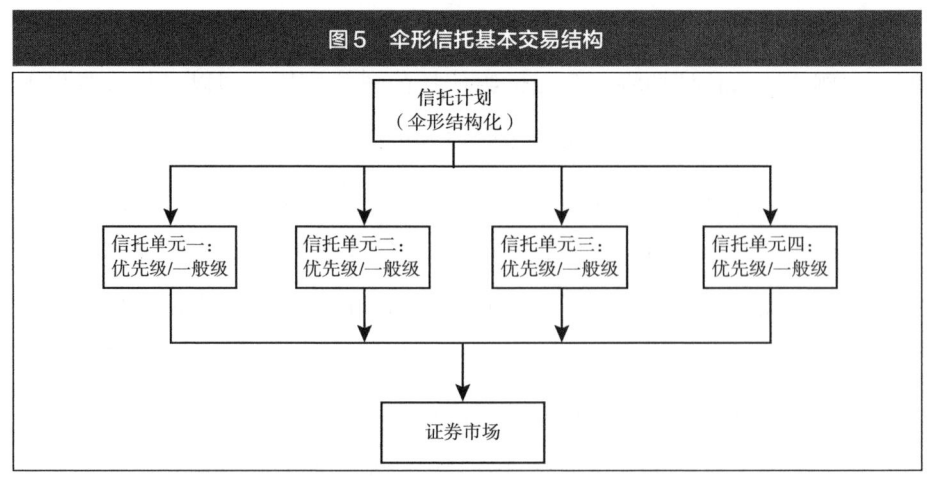

图5 伞形信托基本交易结构

一是设立过程十分便捷。由于伞形信托下设的各子信托无须单独开户，投资者实际加入伞形信托一般仅需要一天到两天。而单账户结构化信托、融资融券业务因单一账户模式，设立过程或开立账户往往需要耗时较长。

二是投资标的范围大大超过了融资融券业务。除主板、中小板和创业板个股，甚至有伞形信托可以参与两融账户无法触碰的ST板块，亦可以参与封闭式基金、债券等投资品种的交易。

三是杠杆率超过融资融券。融资融券普遍以1∶1为杠杆率，市场中较为常见的伞形信托杠杆比率是1∶2或1∶3。与此同时，伞形信托的优先级资金多为银行理财资金，配资成本也普遍低于融资融券8.6%的平均水平。

由于伞形信托后期蜕变为杠杆融资工具，被监管层认为是2015年上半年A股"疯牛"行情的催化剂，是引发泡沫的罪魁祸首，因此于2015年6月份开始逐步叫停了该业务。

（二）股票投资信托发展的必要性

1. 中国高净值客户股票配置需求强烈

第一，中国高净值人群财富持续增长。兴业银行与波士顿咨询公司（BCG）联合发布的《中国私人银行2016：逆势增长、全球配置》报告指出，在中国经济增速趋缓的背景下，高净值人群的财富增长仍将十分稳健，预计2020年中国高净值家庭的数量将增至388万户，可投资金融资产总额将占据中国整体个人财富的半壁江山。

第二，高净值人群有年龄下沉的趋势，40岁以下高净值人士逐渐增多。年轻的人群对资产配置需求的新特点也十分清晰，包括苛求优质资产和优质投资机会；风险意识加深、投资趋于多元化；主动寻求专业机构意见，且对机构的专业能力要求上升。1990年诺贝尔经济学奖得主哈里马科维茨（Harry Markowitz）曾提出分散投资的理论——一个分散的投资组合能够使回报最大化，加入一个风险系数相同但低相关性的资产，能够使投资组合整体风险下降。简言之，资产组合里面各个资产的相关性越低，对整体回报将越有利。

第三，信托公司对客户资产配置需求方面的满足不到位。面对客户旺盛的资产配置需求，相比私人银行、券商、基金公司，信托公司在跨资产类别上的金融服务能力方面仍然较弱，在服务高净值客户上做得远远不够，信托产品仍然以非标为主，产品形式偏向于固定收益，客户黏性较差，难以形成综合金融服务能力的有效提升，客户群体对信托公司的资产管理能力的信任度持续降低，这也是近年来信托资产管理业务迟迟发展不上去的主要原因。

第四，作为重要的资产类别之一，股票是居民资产配置的重要方向。根据2015年Bain中国私人财富报告和盛德资产研究部的统计，全球"富豪"资产配置最青睐股票、基金和债券，32%的私人财富投资股票，30%投资对冲基金和私募基金，17%投向债券，现金持有的占7%、投资房地产的有6%，投资大宗商品的占5%，其他3%。与全球"富豪"相比，中国高净值人群的配置顺序有较大差异，但其首选投资产品依然是股票，投资比例约为26%，其次是现金（14%）、银行理财（11%）、公募基金（11%）、房地产（10%）、海外资产10%、信托（10%）、债券（5%）、保险（3%）。

2. 信托公司转型升级需要股票投资信托

第一，原有信托公司的监管优势正在弱化。在前几年的金融创新大爆炸后，形成了一个新的大资管时代，这促使券商、基金子公司、保险公司等资管业务范围不断扩大，各金融机构纷纷开展类信托业务，信托公司的创新产品先发优势日益弱化，同质化竞争日益加剧。

第二，信托公司的业务正在面临调整。从行业属性上来看，信托业属于亲周期的行业，传统的融资类和通道类业务空间进一步萎缩，原有的"高增长、高利润"的商业模式不可持续。就目前来看，房地产属于高监管行业，在目前三会的协同监管条件下信托业试图去寻找房地产融资的套利空间已不可行；经济下行阶段部分工商企业面临经营困境，市政类业务面临较高的政策风险，信托公司需要更谨慎地与其开展业务合作；通道类业务正处于监管收紧过程中，监管要求和信托公司自身风控要求也不鼓励进一步做大通道规模。

第三，创新类信托培育和发展速度较慢。虽然信托公司在积极探索家族信托、消费信托和资产证券化等创新业务，但产品从研发到被市场验证、接受需要时间、人力和资金等成本的投入。业内人士普遍认为，就目前的情况来看，创新产品的培育速度远落后于传统业务的萎缩速度。

股票是境内外高净值客户投资的重要资产类别，而目前国内信托公司面临行业转型的压力，非标业务空间持续萎缩，传统的高收益产品逐渐消失，在容量十分巨大的股票市场等标品市场发力将是信托公司业务转型的重要方向之一，具有十分重要的战略地位。

（三）股票投资信托发展过程中存在主要问题

由于监管政策的不同，与基金公司、证券公司相比，信托公司要发展股票投资信托业务，相比经营同类业务的其他金融机构存在不少障碍和问题。

第一，信托公司的客户模式不适合股票投资信托的发展需求。由于单个计划有份额限制，即300万元人民币以下投资者不超过50个。但由于股票属于浮动收益类产品，能够将300万元人民币配置于单一策略的股票类型产品的客户会非常少，更有可能的商业场景是客户将股票投资信托作为资产配置的一个方向，因此即使股票投资信托标准化，由于投资者人数的限制，其规模也无法做大，但其单个产品的运营成本较高，不利于信托公司开展此类业务。

第二，目前我国分业监管模式下信托公司发展股票投资业务面临着较大的政策劣势。目前股票类型的证券投资信托业务经营主体多元化，基金管理公司、证券公司、保险资产管理公司、养老金管理公司等都可以经营证券投资信托业务。而且在我国，监管模式是机构监管而不是功能监管，以上机构分属不同监管机构监管，对同类业务监管标准不一，造成竞争起点的不公平和政策信息的不对等，如对定增产品的规定就对信托公司造成了相当大的不利。

第三，信托公司在衍生品使用上的限制较大，阻碍了股票投资策略的实施。我国股票市场的投资深度和广度正在逐渐加深和拓宽，金融工程技术正在逐步融入股票投资业务中，衍生品的使用也越来越广，正在成为主流资产管理公司的必备投资工具，衍生品对冲策略正成为越来越多股票投资管理机构赢取客户信任、满足客户多样性需求的重要策略。相比较券商、基金、期货公司等机构，信托公司对衍生品的使用限制仍然很高，在当前市场环境中，缺乏影响日益扩大的衍生品这一重要的投资工具，将无法发挥信托公司的投资管理优势，难以形成有别于其他投资管理人的核心竞争力。

第四，信托公司国际化水平较低，难以满足客户的全球资产配置需求。相比银行、证券公司、基金公司等金融机构近些年的大踏步国际化进程，信托公司的国际化水平仍然较低。目前信托公司国际化的方式为成立全资子公司或借助业务牌照优势（QDII、QDIE、RQFII、QFLP）等开拓国际业务。但是，信托公司的国际化仍然面临着一些难题，例如，在《信托行业法》和《信托关系法》错位的背景下，国内信托公司面临无主营业务的尴尬局面，国际化发展面临业务选择难题。此外，信托公司子公司的设立也面临较大政策障碍[1]，境外业务也面临着更严格的监管环境[2]，同时也面临着缺乏专业化人才、缺乏品牌知名度等问题。

---

[1] 2015年9月《信托公司条例（征求意见稿）》中提到"未经国务院银行业监督管理机构批准，信托公司不得设立分支机构。根据业务发展需要，信托公司可以申请在境内外设立专业子公司"，但在子公司的设立及管理上，监管部门并未出台进一步具体政策，因此目前信托公司子公司的设立和管理都还面临较大阻碍。

[2] 一方面，在监管法规上，信托公司国际化业务的相关法规只有银监会于2007年颁布的《信托公司受托境外理财业务管理暂行办法》（银监发〔2007〕27号）和《中国银监会办公厅关于调整信托公司受托境外理财业务境外投资范围的通知》（银监办发〔2007〕162号），信托公司开展国际化业务运作上并无专门的指导政策；证监会则在2007年先后出台了《合格境内机构投资者境外证券投资管理试行办法》（中国证监会令第46号）、《关于实施有关问题的通知》，建立了QDII业务的制度规则，2008年出台了《关于证券投资基金管理公司在香港设立机构的规定》，允许基金公司到中国香港设立机构从事资产管理类业务，2010年证监会进一步明确了证券公司办理定向资产管理业务、运用所管理的资金投资于境外证券市场如何参照执行46号文的适用意见。另一方面，在QDII业务的可投资范围和投资比例上，信托公司也面临高于金融同行的监管标准。

三、股票投资信托发展展望

在发展股票投资信托上，与公募基金面向中小投资者不同，信托公司应该紧盯国内高净值客户的需求，不求大而全，但求小而美，针对高净值客户目前股票投资需求的痛点，从传统的通道业务向主动管理转变，并从大类资产配置着手，帮助客户在资产类别、资产区域、市场风格、行业轮动、策略轮动等多方面提供有价值的观点，以主动管理能力赢得高净值客户的信任。

（一）发展股票投资信托的业务聚焦与监管需求

1. 业务聚焦

信托公司要发展股票投资信托业务，一定要扬长避短，采取差异化竞争策略，方能在有基金公司、证券公司、保险公司等众多参与者的市场中站稳脚跟、谋求发展。具体应聚焦的业务种类有三大类：一是以股票为重点，着重宏观资产类别配置的财富管理业务；二是以市场投资机会为导向，着重微观资产类别配置的体系特色的资产管理业务；三是着力拓展海外市场。

一是以股票为重要资产类别，为投资者进行资产配置的财富管理模式。财富管理模式，可以定义为受托人与投资管理人职能分离下的受托人业务。一方面，可以利用信托制度优势和市场跨越优势组合市场已有的投资管理力量，站在金融投资管理产业链的上端，组合优选投资管理人，代表最终端的财富所有者进行资产配置并监督投资管理人，形成以 FOF/MOM 为主要模式、股票作为重要资产类别的产品。这一类业务和基金管理公司、证券公司是错位竞争，是信托公司应当重点拓展的业务领域。另一方面，要设立丰富的产品线供投资者选择，当前投资者的投资诉求往往具备较强的特异性，例如，偏向于较高杠杆的结构化产品，或者偏向于特定交易风格的股票策略（如量化、价值投资、成长投资等），或者偏向于特定主题、特定行业的股票组合，这就要求信托公司能够提供丰富的股票产品，满足投资者的资产配置需求。

二是资产管理模式。主要包括投资管理的公募模式和投资管理的对冲基金模式。前者采取公募模式发行固定收益的数量化宏观衍生投资信托、FOF投资信托，以体现与目前市场各类主体的差异化优势；后者在机制、投资方向和投资策略上均不同于前者，可发挥有效边界上移的优势。跨越各个市场寻找机会套利与集中，这需要市场投资工具和融资制度的突破，也需要信托公司对专业人才的培养，随着股指期货期权、远期、互换等工具逐步推出以及信托公司的逐步转型，此类资产管理模式的条件正在慢慢成熟。

三是拓展服务客户海外股票市场配置。国际化业务作为近年来国内各家金融机构的发展重点，虽然信托公司有所落后，总体发展仍然较为缓慢，但当前发力仍然大有可为，各家机构的海外股票投研能力都在搭建过程中，对客户海外股票投资的服务有了雏形，信托公司完全可以在这方面实现对证券公司、基金公司的赶超，通过对区域资产配置能力的提升，提高客户的黏性，提升自身的综合金融服务能力。

2. 监管上循序渐进，推动信托公司股票投资信托的稳健发展

为推动信托公司在股票投资信托等标准化产品的稳健发展，监管政策也可循序渐进，实现资产管理业务上各类金融主体的统一监管，既可防止监管套利，亦可实现监管公平。

一是试点逐步放宽投资者限制。对可标准化、风控模型透彻、公司管理规范的信托计划逐步放宽到300万元人民币以下、50人限制，开始可以谨慎试点，甚至对上报计划进行审批。例如，可以通过建立信托产品信用评级体系，通过标准化的风险评级流程和风险指标体系，对信托产品给予标准化的评级。评级越高,对人数的限制越小,以支持集约经营,探索新的发展之路。

二是适时启动公募。如果说当时基于信托公司面临业务转型挑战、信用风险参差不齐的状况,以"一刀切"的监管政策控制风险,而在实质上把信托定位成了私募,也许有其历史和现实的必要;但是几年过去了,随着金融业和资本市场的迅猛发展和变革、信托行业的不断规范和成熟,如果监管政策一成不变或大大滞后于形势的发展,这就有待商榷了。可以有步骤、有选择地对信托公司或信托业务种类放开不合理的限制。如果不能启动公募,不仅该类业务的发展将会出现较大的阻碍,也是对信托这一法定的金融资源的极大浪费。

三是支持条件成熟的信托公司获取衍生产品交易资格。衍生证券是金融流程的产物,是信托产品创新的有力武器。信托公司若不能在这一领域开展业务,无疑将丧失竞争优势。衍生产品还是规避风险的工具,如果信托公司无法运用这一工具,在未来纷繁复杂的资本市场上将面临巨大的风险。信托公司股票投资信托业务应建立行业标准。

(二)股票投资信托发展的产品展望

在产品类别上,信托公司目前正在逐渐收缩传统通道类证券投资信托业务,股票投资信托产品呈现业务模式多元化的发展趋势,定向增发、新三板、FOF/MOM 等产品将迎来发展机遇期,股票投资信托业务也将从最基础的通道类模式向主动管理模式升级。

1. 通道类业务逐渐收缩,业务模式更为多元

从股票投资信托的产品结构来看,主要分为伞形信托、结构化信托和阳光私募通道类信托,伞形信托和结构化信托本质上是借钱给投资者放大杠杆投资,受 2015 年下半年以来清理场外配资的影响,伞形信托和部分结构化信托已基本停止;此外,伴随着中国证监会在 2012 年以来的政策放松,基金子公司和券商资管全面介入资本市场导致信托公司通道类业务竞争加剧,证券投资信托在价格和效率上都失去了优势,竞争力也日趋下降。总体来看,通道类证券投资信托将会逐渐收缩。

展望未来,大部分信托公司都将会加大对浮动收益类产品的投入,研发出更加多元化的产品线,努力挖掘新的业务增长点。随着中国多层次资本市场的迅速发展,特别是IPO常态化后,股票市场投资将面临非常大的转变,借鉴国际经验,机构投资将逐步成为主流。从2015年开始,大部分信托公司已经抓紧业务转型,强化主动管理风格,加强建设自身的投研团队,在定向增发、新三板等一级半、二级市场的投入显著增长。

2. 定向增发业务市场空间大,信托公司应加速布局此类业务

从中国整体经济形势来看,增量效应已不显著,未来更多的是微观经济主体的整合,提高生产效率,实现经济转型,特别是消费升级与高科技的发展,而这一切都需要资本市场的配合,股票市场将在产业整合和升级中发挥重要的作用。

在中国资本市场,定向增发是一个重要的股票融资工具,在经过前两年的突飞猛进的发展后,在监管层的打压下,2016年有所下降。但是作为一个重要的市场工具,定向增发始终是一个重要的资产类别,其是企业转型升级不可或缺的工具,也是股票市场发挥融资功能的重要渠道,长期抑制并不是长久之道。信托公司作为专业的金融机构,应该及时布局,利用其产业方面的优势,积极把握定增机会,进一步切入资本市场,为投资人创造利益。

3. FOF/MOM模式将成为证券投资信托业务转型的重要突破口

FOF/MOM(多管理人基金)是以阳光私募、公募基金、券商资管等产品为主要投资对象的组合基金。FOF/MOM基金管理人通过长期跟踪研究,将募集资金分散给多个投资风格稳定并取得超额回报的私募基金经理管理,而FOF/MOM基金管理人自身则通过动态的跟踪、监督来管理私募基金经理,及时调整资产配置方案,在更好地分散风险的基础上获得相对可观的回报。目前,已有信托公司开展 FOF/MOM 业务,主要是通过量化和调研相结合的方式对子基金管理人进行选择。

目前信托公司相较其他券商、保险等金融机构,投研能力相对薄弱,但未来提高主动管理能力是大势所趋,多管理人基金(FOF/MOM)将会是信托公司开展证券投资信托业务的重要突破口之一,信托公司开展 FOF/MOM 业务拥有独特的竞争优势。第一,信托公司可以借助自身与合作机构的渠道和平台,具备丰富的可供选择的产品和产品管理经验。第二,信托公司拥有较强的销售和资源整合能力,可以凭借其丰富的销售渠道进行信托计划的发行和推介。第三,信托公司借助 FOF/MOM 产品也可以降低投资者门槛,让更多普通的投资者通过 FOF/MOM 母基金的筛选间接持有更优质的投资项目,获得相对较高的收益。

4. 拓展海外资产配置能力

海外资产配置可以将跨区域、跨系统的资产组合到一起,比如 A 股与美股的相关性较低,放在一个组合里可以整体降低资产组合的风险。根据组合资产理论,天下没有"免费的午餐",但是把所有不同类型的资产放在一个组合里面,整体得到的收益和风险,是一个"免费的午餐"——缩小风险而放大收益。就股票市场而言,美国股票市场的总额为全球股票市值的 63%,日本为 10%,英国为 9%,中国内地和中国香港股票市场的总额仅为全球股票市值的 3%,因此国内高净值客户在海外股票市场拥有巨大的业务空间,信托公司应该把握中国进一步深化改革开放的时间,积极利用现有的跨境投融资渠道,启动参与国际股票市场的计划,为客户提供全方位的大类资产配置方式。基于现有的海外投资渠道,信托公司可以从港股通产品做起,例如,指数化的信托产品、特色化的海外公司组合产品(如海外中国科技类企业)等,逐步提升海外股票市场的投研能力,赢得客户的支持和信赖。

信托公司搭建FOF基金实例研究

林 凡 应汇康

据招商银行与贝恩公司联合发布的《2017 中国私人财富报告》，2016 年中国个人可投资资产 1000 万元人民币以上的高净值人群规模已超过 158 万人，全国个人总体持有的可投资资产规模达到 165 万亿元人民币，中国私人财富市场持续释放可观的增长潜力和巨大的市场价值。投资基金是高净值人群资产管理的重要方式之一，而投资者在甄选投资基金的过程中往往受限于自身专业水平，无法做出精准的投资决策，于是基金中的基金（FOF）便应市场的需求而诞生。FOF 是投资于基金组合的基金，从投资者的角度而言，FOF 依托专业的投研团队为投资者甄选基金，进一步分散投资者风险，更好地实现投资者资产保值增值的目的；从金融市场的角度而言，FOF 有效利用金融杠杆，加速金融资本流动，是金融市场发展到一定阶段的又一创新，对基金行业乃至金融行业的发展产生了深远的影响。

信托公司是私募基金最紧密的合作机构之一。信托公司通过与私募基金在投顾业务和通道业务中的紧密合作，在证券市场领域深耕多年，不仅积累了丰富的跨市场产品的管理经验和销售经验，也在证券类信托的平台上拥有了更多可供选择的私募基金，具备较强的资源整合能力，这使得信托公司在 FOF 基金的业务拓展上有着独特的优势。此外，FOF 基金的搭建无须基金管理者直接投资于股票、债券等标的资产，因而不需 FOF 管理者拥有类似证券公司和基金管理公司的强大的二级市场投研团队。因此，积极开拓 FOF 业务对于二级市场投研能力较弱的信托公司而言，可以说是扬长避短之举，是实现信托业务多元化转型的重要途径。

本文在回顾 FOF 基金发展、分析 FOF 优劣势的基础上，研究信托公司搭建 FOF 基金的量化方法，从理论到实践阐述 FOF 底层基金管理人的选择，FOF 底层基金的比较，以及如何通过基金组合来达到收益风险比最大化的构建策略。

一、FOF 基金简介

（一）FOF 基金的现状

FOF 起源于 20 世纪 70 年代的美国，其最初形式为投资于私募股权基金的基金组合。在欧美市场，FOF 目前已发展成为数量规模占比均较大的一类成熟理财产品。FOF 在中国的起步较晚，国内第一只有 FOF 特征的基金诞生于 2005 年，由招商证券发行，主要投资于公募基金。此后，各大银行、券商等也分别以 FOF 为名开始发行产品。与严格意义上的 FOF 不同，这一时期的"FOF"除了投资于其他公募基金外，还大量直接投资于二级市场证券。由于这些"FOF"真正投资于基金的比例较低，实质上与公募基金产品差异不大，因此投资收益与公募基金相比缺乏优势且收费更高，加上后来政府对私募基金从事 FOF 投资的资格放开以及对银行理财产品投资范围的限制，此类"FOF"规模很快便开始逐步缩减。

目前，我国市场上尚未出现真正意义上的公募 FOF。2014 年 7 月 7 日，证监会颁布了《公开募集证券投资基金运作管理办法》，从法规的角度正式提出了"公募 FOF"的概念，确立了公募 FOF 的法律地位。证监会于 2016 年 6 月 17 日对《公开募集证券投资基金运作指引第 2 号——基金中基金指引》公开征求意见，奠定了公募 FOF 未来发展的法律基础。

2014 年之前，我国的私募机构无法自己发行私募产品。私募 FOF 主要通过信托平台发行，故私募 FOF 的雏形为 TOT（信托中的信托）。2007 年，在牛市的催生下，我国私募基金开始进入第一次发展高潮，但 2008 年股市的暴跌让整个私募行业开始出现严重分化，这也为证券类私募基金 FOF 提供了发展的机会。2009 年，我国出现了第一只 TOT 产品。2013 年开始，随着我国股市步入牛市行情，私募基金的数量爆发式增长，证券类私募FOF也随之高速发展。政府对私募机构的扶持以及监管制度的进一步完善也为证券类私募FOF提供了发展的土壤。在此后不到3年的时间里，证券类私募基金FOF出现了爆发式增长，取得了3年4倍的巨大增速。

随着金融市场的迅速发展，私募FOF的资产配置对象逐渐丰富。作为市场上投资最灵活的金融机构，私募基金是私募FOF的重要投资对象，而私募基金的发展也带动了FOF基金的繁荣。私募基金具有优质的客户群体，其发行的产品差异化明显，能满足不同类型客户的需求。FOF能够通过集合专家理财，平衡基金资产配置，精选基金组合帮助投资者达到不同的投资目标。目前，越来越多的高净值客户通过FOF配置资产，实现资产的保值增值。

尽管国内证券类私募基金FOF经历了几年的扩张式发展，但FOF占私募基金的比例相对于国际成熟市场仍处于较低水平。截至2015年第三季度末，我国证券类私募基金FOF数量占私募基金的比例不到2%，而美国FOHF（对冲基金的基金）占对冲基金的比例早已超过20%。而我国证券类私募基金FOF的管理规模为400亿元人民币左右，占比不到0.3%，仍有巨大的发展潜力和前景。

纵观美国FOHF的发展史，追求稳定收益的机构投资者对FOHF的投资是带动FOHF基金发展的重要条件。美国个人投资者规模达到0.74万亿美元，海外个人投资者规模0.19万亿美元，合计占比13.9%。其余主要投资者为养老金、基金会、保险公司、主权财富基金、银行与证券公司等。而目前国内私募基金以及证券类私募基金FOF的投资者主要以高净值个人客户为主，主要通过银行、券商、三方等渠道销售，投资者呈现散户化、短期化的特点，资金流动性高，不利于FOF规模的持续扩大。但随着个人客户的财富快速增长和机构客户对证券类私募基金FOF需求加大，社保基金、企业年金等长期追求稳定收益资金的入市，越来越多的资金将汇聚到FOF基金行业，推动FOF基金在中国真正地兴起。

（二）FOF 基金的优劣势分析

1. FOF 的优势

（1）风险较低，收益较高

FOF 投资的基金都是由投资专家根据基金的历史业绩、基金当前持仓股票的潜力、基金经理的运作水平、基金公司的背景等进行综合考量，从"基金池"中选择业绩优良、增长潜力大的品种。经过了投资的二次优化和风险的二次分散，FOF 的投资回报率高于基金平均收益率，且风险也低于单只基金。通过基金组合，FOF 可以充分发挥资产配置的优势，保持较稳定的收益率，控制基金净值的回撤。换言之，FOF 基金比其他基金具有良好的抗跌和赢利能力。

（2）投资策略灵活

FOF 基金产品的投资思路灵活，不但可以投资开放式基金、封闭式基金、ETF 基金、LOF 基金以及货币型基金和债券型基金，而且将基金与股票、银行存款、新股认购等资产共同按比例投资。相比直接购买基金，FOF 基金买的是"一篮子基金"组合，避免了购买少量基金可能带来的投资风险或失误。并且 FOF 基金的投资范围广，投资策略和结构多样，可以构造成不同风险收益水平的产品来满足不同类型的投资者。

2. FOF 的劣势

（1）双重收费

根据 FOF 基金的设计架构，FOF 基金一般分为母基金和子基金两层结构，故 FOF 基金向投资者收取管理费就会出现双重收费的情况。投资者也需要认知，FOF 基金的管理费部分是支付给母基金管理人的，这样他们可以避免投资者因为投资单项基金而遭受较大风险，同时也能够帮助投资者选取更加优秀的标的，并适时做出投资建议。假如多付出千分之几的管理费能够选择更加优秀的基金，还是值得投资者为之付出的。

(2) 流动性较差

FOF 基金作为一种长期的资产管理方式，投资运作期通常不少于 1 年，这就会导致它的流动性相对较低。相对于开放式基金来说，缺少了赎回的有效机制。但是目前有较多的创新 FOF 基金产品，会在每个月设置固定的申赎日，但是需要提前好几天开始预约申赎，这能够有效地解决部分流动性问题。另外，虽然 FOF 基金产品的投资期较长，但是其在操作过程中通过动态管理，根据市场环境实时更新底层子基金的投资策略进行风险控制，可以有效实现投资者的资产保值与增值，这可以一定程度上弥补流动性差这个缺陷。

(3) 收益缺少爆发力

在市场行情运行良好的情况下，FOF 基金的收益率通常会低于股票型基金的收益。主要原因是 FOF 基金的投资标的是分投到几只基金上，在平抑波动、分散风险的情况下追求稳健的收益。因此，FOF 基金在分散风险的情况下，也会分散一部分的收益。比如在 2015 年上半年牛市的情况下，市场上 FOF 基金产品大部分跑输股票型基金。

（三）发展 FOF 基金的意义

FOF 是金融市场的一大重要创新，对基金行业产生了深远的影响，发展 FOF 基金对金融行业乃至整个国民经济都有着重大意义。

1. 丰富投资渠道

FOF 为投资者提供了新的投资渠道，对丰富我国金融市场上的投资工具有着重要的意义。FOF 的产生使得普通投资者不仅可以投资证券基金、股票、债券等投资性凭证和未上市公司的股权等需要持续关注的金融投资产品，还可以投资由专业人士管理的基金组合产品。同时，投资者还可以通过 FOF 的集合优势进入某些设有准入门槛限制的投资基金。

2. 缓解市场信息不对称

基金市场存在买卖双方信息不对称的问题，即便实行必要的信息披露等监管制度来确保市场的透明度，投资者仍然无法全盘把握基金运作过程中的所有信息。FOF 的出现使得基金甄别工作交由专业人士负责，减少投资者因信息不对称带来的投资成本。

3. 进一步分散投资者的风险

FOF 在投资者和资本最终流向的产业间竖起了一道新的防火墙，在证券投资基金对股票、债券等投资性凭证进行组合投资，有效分散风险的基础上，由专业的管理团队进一步对基金再进行优选投资，使得投资者对单个基金管理人的依赖也大大降低，风险也更为分散。

4. 促进市场优胜劣汰，优化市场资源配置

拥有技术优势和信息优势的 FOF 管理人在比较各基金业绩和投资潜力时比普通投资者更加有效。这一遴选机制能够帮助市场发现更优质的基金，促进基金之间的竞争，使其他基金的投资运作更加趋于规范，间接强化了每只基金的质量，改善整个基金行业的经营管理，进而促进基金行业内部的良性竞争，最终达到优胜劣汰。FOF 专业的遴选机制和环环相扣的资金链将金融市场的主体有机结合在一起，FOF 管理人独立并专业的判断能有效避免市场中极易出现的羊群效应，使绝大部分 FOF 资金得以顺利流入市场中的优质基金，使资本的市场配置更为合理，从而激发市场的活力，推动经济的蓬勃发展。

二、FOF 基金构建的理论框架

1952 年，哈利·马克维茨发表了著名的《证券组合选择》，标志着现代证券投资组合理论的开端。根据该理论，理性投资者在投资风险与投资收益之间做最优折中选择：对于给定的收益水平，投资者应选取使方差最小的投资组合。马克维茨的理论为后来金融市场评估资产的风险收益关系和分散风险提供了强有力的方法论，是基金管理人构建证券组合的基础工具。

（一）投资组合模型

假设有 n 种有风险资产可供投资者选择，第 i 种资产的收益率为 R_i（$i=1$，2，$\cdots$，n），记 $R=(R_1, R_2, \cdots, R_n)'$，则 R 是 n 维随机向量，其期望、协方差矩阵分别为 $\mu=(\mu_1, \mu_2, \cdots, \mu_n)'$。

$$\Sigma = \begin{matrix} \sigma_{11} & \cdots & \sigma_{1n} \\ \vdots & \ddots & \vdots \\ \sigma_{n1} & \cdots & \sigma_{nn} \end{matrix}$$

对于给定的目标收益率值 μ_p，投资者会选取使风险值达到最小的投资组合。假设在资本市场中存在一个无风险资产 F，其收益率为 R_f，标准差为 0，设投资者对这 $n+1$ 种资产进行投资时的投资比例为 $w=(w_f, w_R')'$，其中 $w_f=1-t'w_R$ 表示无风险资产投资比例，$w_R=(w_{R1}, w_{R2}, \cdots, w_{Rn})$ 表示有风险资产的投资权向量，该投资组合模型为：

$$\begin{cases} \min \sigma_p^2 = w_R' \sum w_R \\ s.t. \mu \cdot w_R + (1-t'w_R)R_f = \mu_p \end{cases}$$

投资者的投资权向量

$$w_R = \frac{\mu_p - R_f}{(\mu - R_f t)' \sum^{-1}(\mu - R_f t)} \sum^{-1}(\mu - R_f t)$$

具有无风险资产的有效前沿表达式为：

$$\sigma_p = \frac{\mu_p - R_f}{\sqrt{c - 2bR_f + aR_f^2}}, \mu_p \geq R_f$$

其中，$a = t' \sum^{-1} t$，$b = t' \sum^{-1} \mu$，$c = t' \sum^{-1} \mu$。

当有无风险资产参与到风险投资中时，投资组合的有效前沿将变成一条直线 CMD（见图 1），该直线称为资本市场线（CML）。

图1 资本市场线与有效前沿

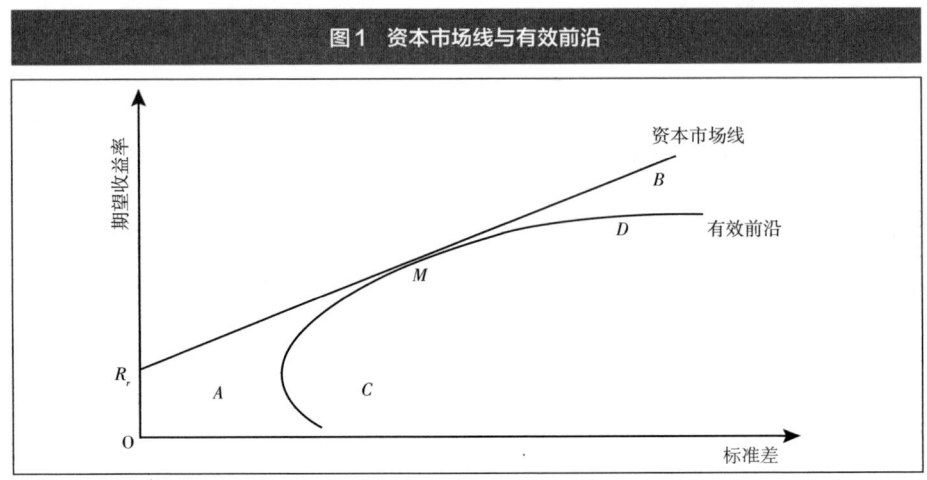

资料来源：作者绘制。

资本市场线由有风险资产和无风险资产组成。由图1可看出，对于同一标准差的 σ，资本市场线上的收益率要高于有效前沿上的收益率（在切点 M 处，两者相同）。根据收益率 μ_p 值的大小，存在以下三种情况：

a. $\mu_p = \mu_p^M$，在点 M 处，投资者需将全部资金用于风险投资组合 M，无风险资产投资比例为0。这时投资者既不把资金用于无风险资产 F 的投入，也不会以利率 R_f 借入资金。

b. $\mu_p < \mu_p^M$，在点 M 的左侧，此时投资者的资金用于无风险资产 F 的投资比例为 w_f，剩余的资金比例将用于有风险资产投资。此时的投资者对风险的承受能力不高，将选择 AM 之间的投资组合来进行投资。

c. $\mu_p > \mu_p^M$，在点 M 的右侧，表明投资者需要对无风险资产 F 进行借贷来获得更大的收益。此时的投资者需要通过资本市场按资金比例 $-w_f$ 借入利率为 R_f 的资金，将借入资金与原有资金的总和全部用于有风险资产投资。此时的投资者对风险承受能力较高，敢于冒风险，将选择直线 AMB 上点 M 右侧的投资组合。

投资者在对风险资产进行投资决策时，对于给定的风险水平，将会选取使预期收益值达到最大的投资组合。投资组合的选择是使投资者期望效用最大化的活动。按照古典经济学的分析，投资者的效用函数是用均值—方差来表现风险—收益率之间相互替换的大小和形式的，在风险—收益率平面上把它称为无差异曲线。一旦这些无差异曲线已知，则最优的投资组合就可求得，该最优投资组合是由无差异曲线族与有效前沿相切点来确定的，该切点是一切有效投资组合中效用最大的投资组合（如图2、图3所示）。

图2　有效前沿上的最优投资组合选择

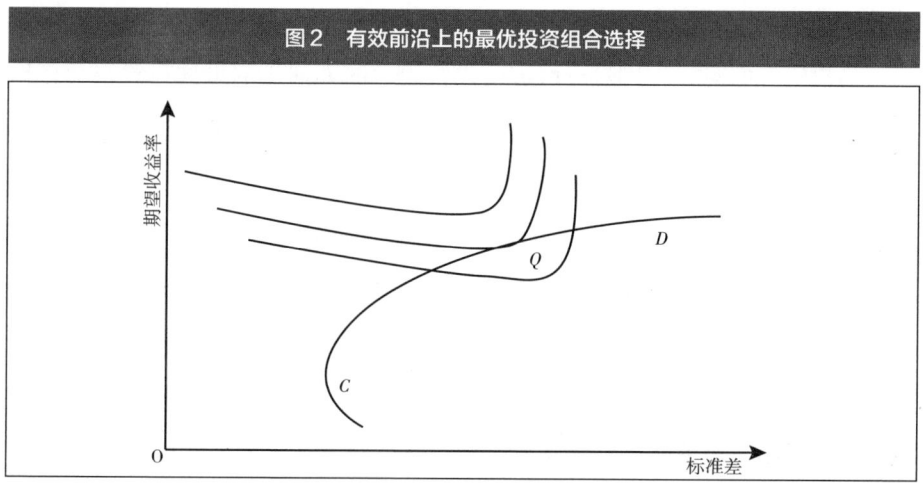

资料来源：作者绘制。

图3　具有无风险资产有效前沿上的最优投资组合选择

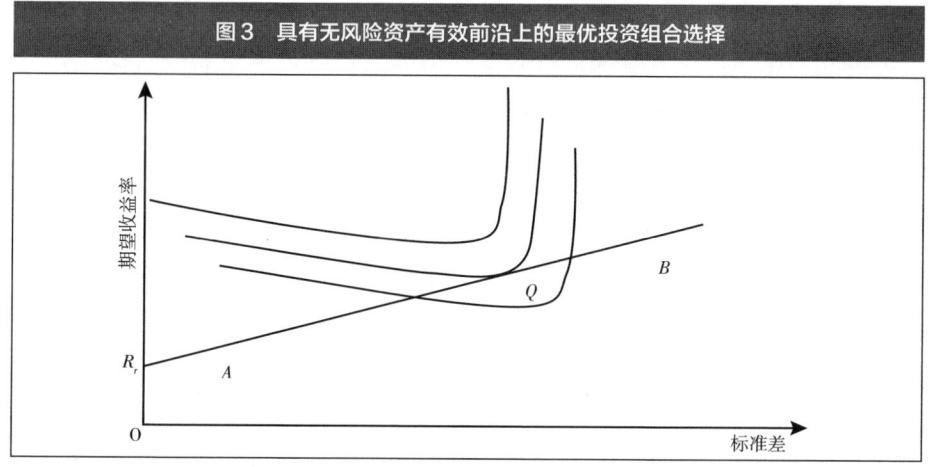

资料来源：作者绘制。

对于一个投资者，我们假设其效用函数为 u，初始财富为 W_0，按照期望效用最大化，其选取的投资组合为：

$$\begin{cases} u = \max E[\mu(W_0(1+w'R))] \\ s.t.\ w = 1 \end{cases}$$

投资者在有风险资产和具有无风险资产两种情况下存在不同的最优投资组合：

a. 风险资产的投资组合

当投资者面对 n 种风险资产进行投资组合时如何选取最优投资组合，根据前面讲述的知识，我们只需求效用函数与有效前沿相切的点（见图2）。

b. 具有无风险资产的投资组合

当有无风险资产参与的情况下，投资者如何进行风险投资来选取自己最满意的投资组合，我们只需要求取效用函数与资本市场线相切点以作为最优组合点投资（见图3）。

（二）常用的基金绩效指标

1. Sharpe 比率

Sharpe 比率是经风险调整后的绩效指标，是以资本市场线（CML）为基准来评价基金业绩的。Sharpe 比率主要体现单位风险下基金收益率相对于无风险收益率的差值的程度。计算公式如下：

$$S_p = \frac{R_p - R_f}{D_p}$$

其中，S_p 为 Sharpe 比率，R_p 为基金收益率，R_f 为无风险收益率，D_p 为基金收益率标准差。此指标是基金收益总体风险在数学上的度量，不仅包括系统性风险，同时也涵盖非系统性风险。如果基金的 Sharpe 比率大于市场基准组合的 Sharpe 比率，表明该基金的证券组合位于 CML 上面，说明基金组合投资好于市场。Sharpe 比率越大，说明基金单位风险所获得的风险回报越高，反之则说明在衡量期内基金的平均净值增长率低于无风险利率。

2. Sortino 比率

Sortino 比率与 Sharpe 比率有类似之处，区别在于 Sortino 比率包含波动性的好坏，因此它在计算波动率方面所使用的参数不是标准差，采用下侧波动率。对于具有正回报的状况，不计入风险调整一栏。因为下侧波动率的计算中只考虑负收益的交易日。Sortino 比率计算公式如下：

$$SR_p = \frac{R_p - R_f}{X_p}$$

其中，SR_p 为 Sortino 比率，R_p 为基金收益率，R_f 为无风险收益率，X_p 为基金投资组合收益率的下侧标准差。Sortino 比率越高，说明基金在相同情况下可以获得更高投资回报，表明基金绩效很好。索提诺比率侧面看是夏普比率在衡量对私募基金评价时的一种修正方式。

3. Calmar 比率

Calmar 比率描述的是收益和最大回撤之间的关系。计算方式为年化收益率与历史最大回撤之间的比率。计算公式如下：

$$C_p = \frac{K_p - 1}{RC_p}$$

其中，C_p 为 Calmar 比率，K_p 为基金净值，RC_p 为最大回撤。Calmar 比率数值越大，基金的业绩表现越好，说明在控制回撤的情况下能够获得较高的收益。反之，Calmar 比率数值越小，基金的业绩表现越差，说明在收益一定的情况下，回撤过大。

（三）FOF 母基金策略

FOF 的核心价值在于给投资者提供大类资产配置，分散投资风险，为投资者实现长期资产的稳健增值。围绕这个投资目标，FOF 有以下常见的母基金策略。

表1 FOF常见母基金策略

策略	说明
目标期限投资策略	按照投资者各个生命阶段的风险收益特征，自动调整其资产配置比例，以符合投资者的风险偏好。
目标风险投资策略	在风险一定的情况下，选取适当的风险测度指标和方法，设定相应的风险目标值，最求收益最大化，获得最优配置权重。
美林时钟策略	将一个经济周期分为"衰退"、"复苏"、"过热"以及"滞胀"这四个阶段，每个阶段都有对应的资产配置类别，即债券、股票、大宗商品和现金。
核心·卫星策略	把投资的资产分为"核心"和"卫星"这两大类进行不同资产类别的配置。"核心"一般会配置费用低廉、流动性良好的被动型基金；"卫星"通常为小盘投资风格的基金或其他收益率及波动率均较高的基金。与核心资产相比，卫星资产更为灵活，但是风险系数也更大。
哑铃式投资策略	选取风格差异较大的两类投资产品进行组合，使其投资组合兼有两类投资产品的某些优点，同时能够回避某些市场波动带来的损失。
风险平价策略	基于风险均衡而不是资产均衡来确定投资组合中各资产的权重。
买入并持有策略	通常忽略市场的短期波动，更多地着眼于长期投资。

资料来源：中建投信托研究中心。

（四）FOF 基金的组合策略

根据预设的母基金策略，并结合业绩评判标准，FOF 基金有以下几种常见的组合策略。

表2 FOF常见基金组合策略

策略	说明
等市值权重策略	无须对各资产的各收益和风险进行量化估算，按照均等分的方式进行子基金配置。
等风险贡献策略	按照均等分风险值（VaR）的方式进行子基金配置。

续表

策略	说明
标准最优化组合策略	构建有效前沿曲线，以 Sharp 比率等指标的最大化作为最优组合配置选择标准。
目标风险或目标收益策略	选定目标预期收益率或预期风险水平，通过优化的算法得到最优的目标组合配置比例。
综合评价等市值权重策略	基于目标产品的各个维度，例如过往收益率、波动率、回撤率、Sharp 比率、产品规模、管理人排名等，建立对基金的投资评价打分体系选择评价最佳的产品进行组合。
Upgrading Approach 策略	评价过去最近一段时间的基金表现，选取不同风险类别中前期表现最好的几只基金构成投资组合，并测试组合里基金的相关性。当既有组合里的某只基金的当期表现不再满足选择标准时，则在下一期更新组合中将其删除，并补充进新的投资基金。

资料来源：中建投信托研究中心。

三、FOF 基金构建的案例研究

本文以某信托公司的 FOF 基金集合资金信托计划为例，解析信托公司 FOF 基金构建的策略和过程。

（一）组合策略的拟定

1. 投资理念

基于信托投资者稳健的风险偏好和资产保值增值的理财目标，信托公司设计 FOF 基金时宜采用分散投资的策略，以最大限度降低系统性风险。FOF 基金组合的配置宜以稳健型基金为主，并适当配比成长型基金。

2. 基金池的构建和基金管理人的筛选

基金池的构建从定量和定性两个方面选取适合置入投资组合的基金标的。完成基金池的构建主要包括三个步骤。首先，将不同基金加以分类，归纳为价值类、成长类、趋势类与宏观策略、CTA策略、市场中性策略等类型。其次，从基金业绩、风险和风险收益比三方面建立定量评价指标体系，对基金进行定量综合评价（如图4所示）。评价指标主要包括相对收益率、绝对收益率、波动率、夏普比率、最大回撤等。最后，通过专业的私募基金公司调研，从私募基金公司管理水平、投资决策机制、内控制度、主要影响决策的人员、基金经理、研究人员、投资组合状况、将来投资倾向性、投资理念、投资策略、投资风格等方面定性筛选，以求在量化和质化两者搭配下，选择出最适合投资的基金标的。

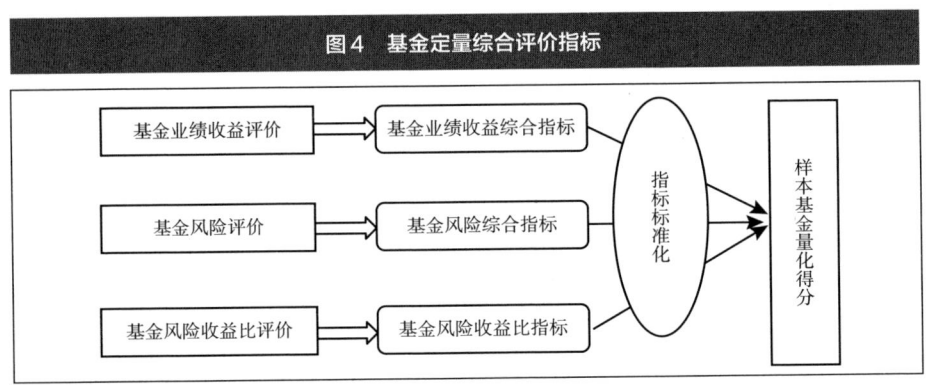

图4　基金定量综合评价指标

资料来源：中建投信托研究中心。

（二）基金样本量化筛选流程

选定基金管理人后，通过年复合收益率、标准差、Sharpe比率、年度最大回测等指标对基金公司的不同产品进行量化分析，从而对基金池内的基金样本做出进一步筛选，以确认FOF基金的底层资产。

除了年复合收益率等基本指标，在选取FOF底层基金的过程中还需考虑关键检验区间的综合表现情况。例如，A股市场在2015~2017年期间经历了股灾、熔断等负面事件，监管规则的更迭对市场产生扰动效应。因此，基金在这几个关键检验区间的最大收益回撤比值就相当于极端情况下的压力测试，在一定程度上比年度最大回撤及年化收益率更具说服力。选择关键区间进行测试，更能看出基金经理的风格与近期市场是否相符，以及基金经理是否具备适应市场变化的能力。

1. 案例1——X峰投资

上海 X 峰投资管理有限公司有两款入选基金池的产品，分别为龙价值和龙平衡，两款产品累计收益率如图5所示，量化指标如表3所示。探寻数据背后的逻辑，龙价值与龙平衡均秉承价值投资理念，有持仓周期很长、年换手率极低的特征。从收益率来看，龙平衡的收益率基本都保持在龙价值之上，相较沪深300指数有更低的波动率，且呈稳中有涨的上升趋势。从评价指标来看，龙平衡的 Sharpe 比率更高，意味着龙平衡相比中国龙价值具有相对更低的波动率和更高的年收益率。从观察区间的回撤幅度来看，龙平衡2015年6~9月最大回撤12.5%，2016年1月熔断回撤4.8%，龙价值2015年6~9月最大回撤19.3%，2016年1月熔断回撤3.9%。相对而言，龙价值的策略灵活性更强，波动性稍小，年化收益率略高，根据拟定的投资策略，将 X 峰投资的 X 龙平衡产品筛选入 FOF 基金中。

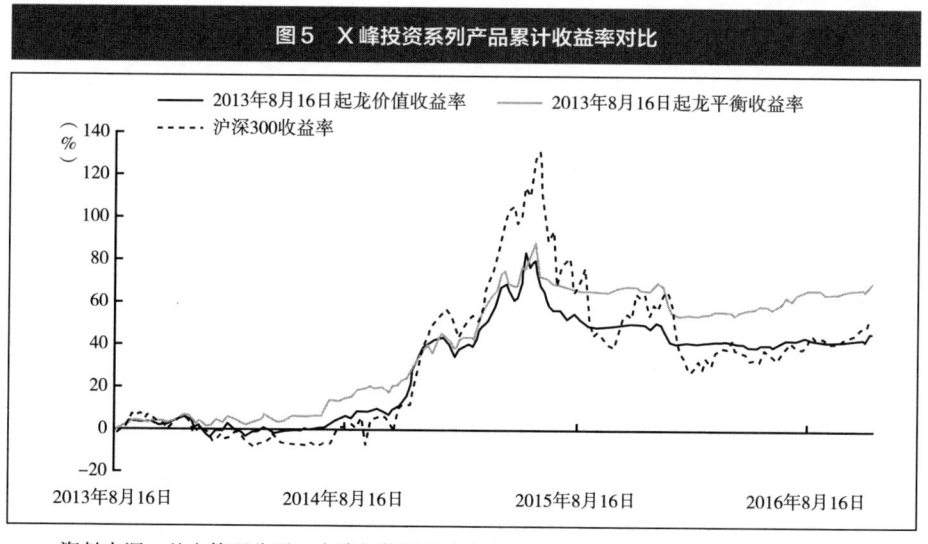

图5　X峰投资系列产品累计收益率对比

资料来源：基金管理公司、中建投信托研究中心。

表3　X峰投资系列产品量化评价指标对比

年份	龙价值				龙平衡			
	标准差	年底累计单位净值	年收益率	Sharpe比率	标准差	年底累计单位净值	年收益率	Sharpe比率
2007	0.25	1.72	—	—				
2008	0.19	1.26	−0.27	−1.88				
2009	0.11	1.64	0.30	1.96				
2010	0.04	1.77	0.08	0.07				
2011	0.06	1.62	−0.09	−3.01				
2012	0.02	1.69	0.05	−1.69				
2013	0.05	1.71	0.01	−1.29	0.02	1.04	—	—
2014	0.17	2.37	0.39	1.77	0.10	1.39	0.33	2.55
2015	0.18	2.54	0.07	−0.05	0.12	1.70	0.22	1.20
2016	0.03	2.45	−0.04	−4.11	0.05	1.70	0.00	−1.58

资料来源：基金管理公司、中建投信托研究中心

表4　X峰投资系列产品检验区间回撤率

单位：%

产品 检验区间	龙价值		龙平衡	
	收益率	最大回撤	收益率	最大回撤
2015年6月~2015年9月	−15.67	17.46	−9.28	12.34
2015年9月~2015年12月	1.66	0.98	3.02	1.35
2016年1月	−6.03	6.03	−8.61	8.61
2016年9月~2016年11月	2.33	0.39	2.45	1.28

资料来源：基金管理公司、中建投信托研究中心。

2. 案例2——X金资产

上海X金资产管理公司共有四款产品入选基金池，分别为风景X号、优利X号、添利X号和盈时X号，四款产品累计收益率如图6所示，量化指标如表5a和5b所示。从收益率和波动情况来看，风景X号持仓周期最长、波动率小，基本处于平缓阶段；优利X号收益率较高，但有较大的波动率；添利X号持仓时间较短，基本处于初步上升阶段，波动率较大；盈时X号持仓时间最短，基本处于初步平缓上升阶段，波动率小，但由于数据较少，后期走势难以判断。综合来看，风景X号有相对较高的Sharpe比率，意味着在同样波动率的情况下拥有较高的年收益率，且在关键检测区

间内，风景 X 号的回撤值相对较小。根据投资策略综合考虑后，将 X 金资产的风景 X 号产品筛选入 FOF 基金中。

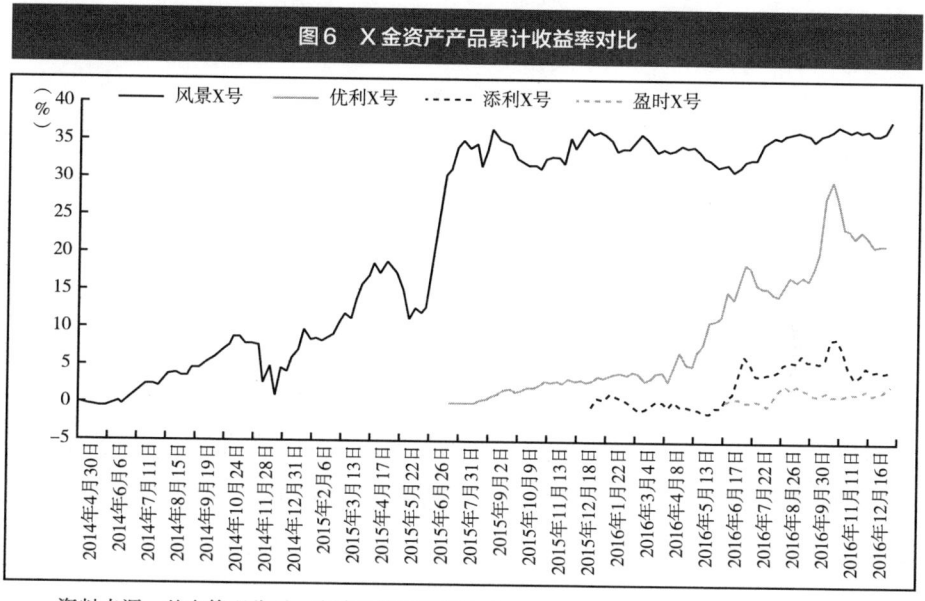

图6 X 金资产产品累计收益率对比

资料来源：基金管理公司、中建投信托研究中心。

表5a X 金资产系列产品量化评价指标对比

年份	风景 X 号				优利 X 号			
	标准差	年底累计单位净值	年收益率	Sharpe比率	标准差	年底累计单位净值	年收益率	Sharpe比率
2014	0.03	1.04	—	—				
2015	0.11	1.36	0.31	2.08	0.01	1.03	—	—
2016	0.02	1.36	0.00	-4.73	0.08	1.21	0.18	1.23

资料来源：基金管理公司、中建投信托研究中心。

表5b X 金资产系列产品量化评价指标对比

年份	量金添利1号				中信盈时1号			
	标准差	年底累计单位净值	年收益率	Sharpe比率	标准差	年底累计单位净值	年收益率	Sharpe比率
2015	—	1.00	—	—				
2016	0.03	1.05	0.05	-1.14	0.01		—	—

资料来源：基金管理公司、中建投信托研究中心。

表6 X金资产系列产品检验区间回撤率

单位：%

产品 检验区间	风景X号 收益率	风景X号 最大回撤	优利X号 收益率	优利X号 最大回撤	添利X号 收益率	添利X号 最大回撤	盈时X号 收益率	盈时X号 最大回撤
2015年6月~2015年9月	17.81	2.89	—	—	—	—	—	—
2015年9月~2015年12月	2.89	1.07	2.07	0.43	—	—	—	—
2016年1月	-1.84	1.84	0.40	0.10	0.18	0.45	—	—
2016年9月~2016年11月	0.46	0.78	5.21	5.10	-1.97	4.82	-0.48	1.20
2016年12月之后	0.93	0.56	-0.78	1.54	0.54	0.52	0.99	0.47

资料来源：基金管理公司、中建投信托研究中心。

3. 底层资产的动态更新

FOF基金的底层资产将按照Upgrading Approach的原则持续动态更新，即当现有组合里基金的当期表现不再满足既定的选择标准时，在下一期更新组合时将其剔除，并补充进新的投资基金。这种策略的实质是以基金当期的表现预测其将来的表现，其逻辑前提则是我国资本市场的非有效性①。

（三）基金样本的组合

构建FOF基金组合的目标是在给定的目标收益下降低风险，或者在给定的风险目标下提高收益率，以达到平滑收益曲线的效果。通过对收益率、Sharpe比率和回撤值等量化指标的综合考量，最终筛选11只样本基金置入FOF基金的底层资产池中，样本基金的累积净值走势如图7所示，单只样本基金量化指标见表7a。本只FOF基金在初期组合过程中采用初始投资金额在各投顾中等权重配置等权重的思路比较简单，无须对资产收益的分布情况进行分析，即假设有N类资产，则初期资产权重均为1/N。

---

① 在有效市场中，价格能够完全、及时地反映所有信息，无论价值怎样波动，都会回归到均衡水平。在非有效市场中，新信息的传递需要时间，使得资产价格的调整需要一个过程，因此资产的价格并不时刻处于均衡状态，在价格调整过程中的任一时间进行投资都有可能获利。

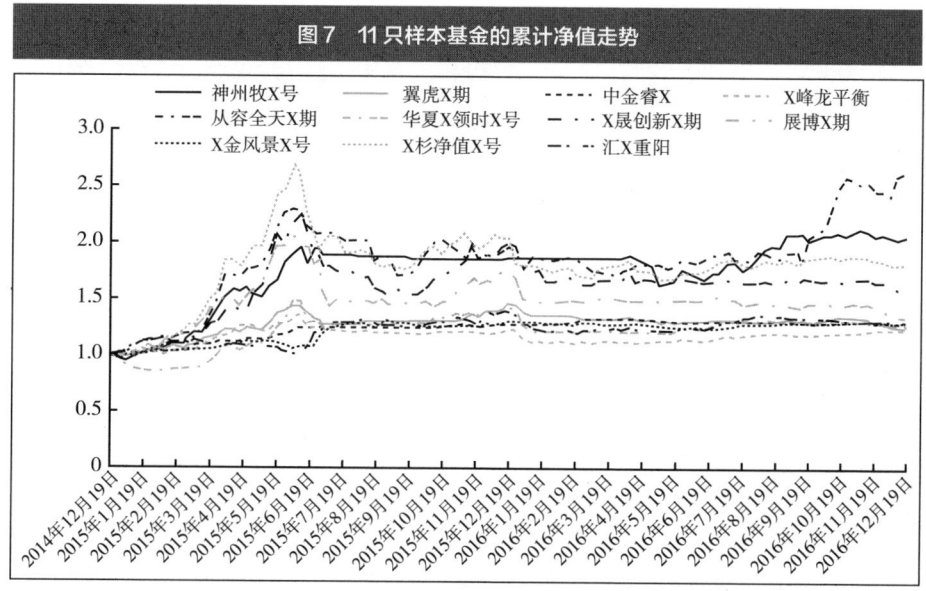

图7 11只样本基金的累计净值走势

资料来源：基金管理公司、中建投信托研究中心

表7a 单只样本基金量化评价指标

	风景X号				中金睿X			
年份	标准差	年底累计单位净值	年收益率（%）	Sharpe比率	标准差	年底累计单位净值	年收益率（%）	Sharpe比率
2014	0.03	1.04	—	—	0.03	0.93	—	—
2015	0.11	1.36	31	2.08	0.08	1.18	27	2.23
2016	0.02	1.36	0.00	−4.73	0.01	1.19	1	−5.99

	神州牧X号				巨杉净值X号			
年份	标准差	年底累计单位净值	年收益率（%）	Sharpe比率	标准差	年底累计单位净值	年收益率（%）	Sharpe比率
2014	0.04	0.92	—	—	0.16	1.43	—	—
2015	0.30	1.79	95	2.92	0.59	2.94	106	1.67
2016	0.14	1.97	10	0.17	0.09	2.62	−11	−2.16

	X峰龙平衡				汇X重阳			
年份	标准差	年底累计单位净值	年收益率（%）	Sharpe比率	标准差	年底累计单位净值	年收益率（%）	Sharpe比率
2013	0.02	1.04	—	—	0.17	1.53	53	2.64
2014	0.10	1.39	33	2.55	0.08	1.32	−14	−2.65
2015	0.12	1.70	22	1.20	0.17	2.06	56	2.78
2016	0.05	1.70	0	−1.58	0.07	1.95	−5	−1.87

资料来源：基金管理公司、中建投信托研究中心。

表7b 单只样本基金量化评价指标

从容全天X期					华夏X领时X号			
年份	标准差	年底累计单位净值	年收益率（%）	Sharpe比率	标准差	年底累计单位净值	年收益率（%）	Sharpe比率
2012	—	1.00	—	—	—	—	—	—
2013	0.06	1.27	27	3.07	0.01	1.03	—	—
2014	0.18	1.78	40	1.76	0.12	1.34	31	1.94
2015	0.61	3.40	91	1.35	0.28	2.08	55	1.65
2016	0.51	4.67	37	0.57	0.07	1.87	−10	−2.55

翼虎X期					展博X期			
年份	标准差	年底累计单位净值	年收益率（%）	Sharpe比率	标准差	年底累计单位净值	年收益率（%）	Sharpe比率
2008	0.16	0.59	—	—	0.14	1.34	34	1.8
2009	0.16	1.10	86	4.99	0.21	1.87	39	1.5
2010	0.12	1.45	31	1.96	0.02	1.95	5	1.4
2011	0.05	1.29	−11	−4.05	0.06	2.22	14	0.8
2012	0.04	1.22	−5	−3.51	0.22	2.72	23	0.7
2013	0.03	1.35	10	0.63	0.24	3.06	13	0.2
2014	0.20	2.10	56	2.36	0.78	5.37	75	0.9
2015	0.25	3.07	46	1.51	0.12	4.22	−21	−2.5
2016	0.05	2.65	−13	−3.93	0.15	1.34	34	1.8

X晟创新X期				
年份	标准差	年底累计单位净值	年收益率（%）	Sharpe比率
2011	0.01	0.96	—	—
2012	0.02	1.00	4	−2.46
2013	0.09	1.21	21	1.49
2014	0.08	1.33	10	0.24
2015	0.47	2.76	108	2.15
2016	0.05	2.24	−19	−5.83

资料来源：基金管理公司、中建投信托研究中心。

最后，本FOF基金在11个样本基金中优化筛选出7只基金组成最终的FOF组合。11只样本基金中选择7只基金组成FOF共有336种组合法，根据年化收益率进行排序，并将年波动率出现大于0.2或2016年最大回撤大于 5% 的产品组合剔除，再综合关键区间稳定性、收益回撤比值和收益平滑程度等指标，综合筛选出以下 12 种组合。从图 8 和表 8 可以看出，与单只基金产品相比，优选后的组合产品的量化评价指标表现更加优异，在保持较高收益率水平的情况下，基金的波动幅度有了明显的下降。

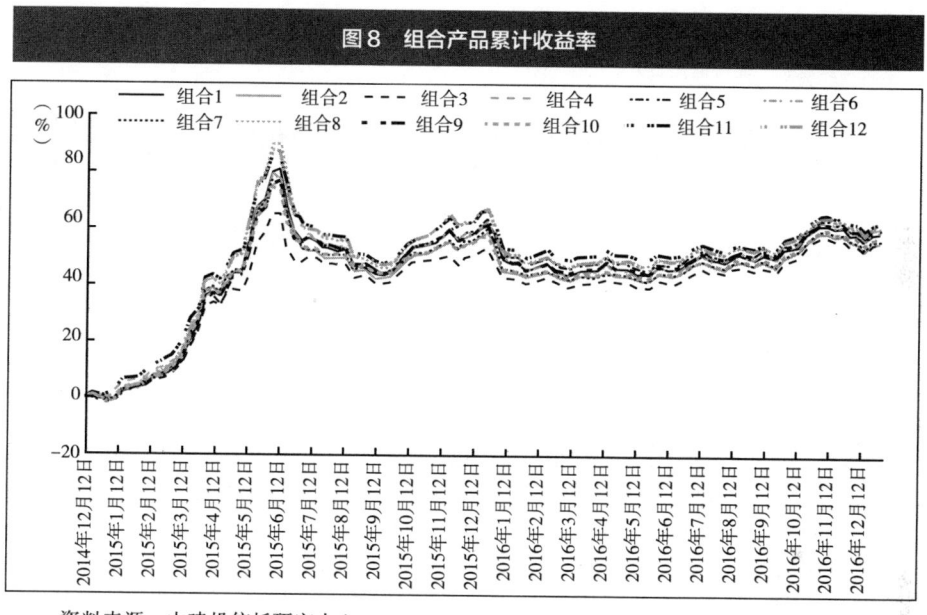

图 8　组合产品累计收益率

资料来源：中建投信托研究中心。

表 8a　组合产品量化评价指标

	组合1				组合2			
年份	标准差	年底累计单位净值	年收益率（%）	Sharpe比率	标准差	年底累计单位净值	年收益率（%）	Sharpe比率
2014	0.02	1.04			0.02	1.05		
2015	0.17	1.46	41	1.95	0.16	1.44	37	1.89
2016	0.06	1.59	9	0.20	0.05	1.56	8	0.07

	组合3				组合4			
年份	标准差	年底累计单位净值	年收益率（%）	Sharpe比率	标准差	年底累计单位净值	年收益率（%）	Sharpe比率
2014	0.02	1.04			0.03	1.07		
2015	0.14	1.41	36	2.05	0.15	1.48	38	1.97
2016	0.06	1.56	10	0.37	0.06	1.61	9	0.12

续表

年份	组合5				组合6			
	标准差	年底累计单位净值	年收益率(%)	Sharpe比率	标准差	年底累计单位净值	年收益率(%)	Sharpe比率
2014	0.02	1.04			0.02	1.04		
2015	0.17	1.48	42	2.07	0.16	1.46	40	1.96
2016	0.05	1.60	8	0.02	0.06	1.60	9	0.21

资料来源:中建投信托研究中心。

表8b 组合产品量化评价指标

年份	组合7				组合8			
	标准差	年底累计单位净值	年收益率(%)	Sharpe比率	标准差	年底累计单位净值	年收益率(%)	Sharpe比率
2014	0.02	1.05			0.02	1.05		
2015	0.15	1.44	37	1.91	0.18	1.48	41	1.82
2016	0.06	1.56	8	0.08	0.05	1.61	9	0.11

年份	组合9				组合10			
	标准差	年底累计单位净值	年收益率(%)	Sharpe比率	标准差	年底累计单位净值	年收益率(%)	Sharpe比率
2014	0.02	1.05			0.02	1.05		
2015	0.16	1.46	40	1.95	0.15	1.44	36	1.90
2016	0.06	1.61	10	0.40	0.06	1.58	10	0.29

年份	组合11				组合12			
	标准差	年底累计单位净值	年收益率(%)	Sharpe比率	标准差	年底累计单位净值	年收益率(%)	Sharpe比率
2014	0.03	1.09			0.03	1.06		
2015	0.17	1.51	38	1.84	0.18	1.49	41	1.83
2016	0.05	1.63	8	0.02	0.06	1.62	9	0.12

资料来源:中建投信托研究中心。

四、总结

随着国民财富的累计和资本市场的发展,证券类私募FOF基金作为一类具备多种优点的投资理财产品，近年来在国内取得了飞跃式的发展。未来几年，随着资本市场发展水平进一步提升，理性的投资逻辑将成为市场的主导，A股资产定价更趋市场化和国际化。比照发达国家资本市场的发展历程，一旦市场趋于成熟，直接参与二级市场投资的个人投资者会逐渐减少，而机构投资者在二级市场的角色会逐渐加强。在这个过程中，无论是个人客户还是机构客户，对FOF基金的需求都会不断提升。

信托公司在证券市场领域深耕多年，且与私募基金有着紧密的合作，在拓展FOF基金业务上有着独特的优势。随着中国资本市场的不断发展和居民投资理财需求的快速提升，私募基金产品的数量走上了快速扩张的通道，这为信托公司提供了更多可供选择的私募基金来组建FOF基金。本文在回顾FOF基金的发展历程、阐述FOF基金的基础理论的基础上，探索了信托公司构建FOF基金的量化方法，从理论到实践阐述FOF底层基金管理人的选择，底层基金的比较和筛选，以及如何通过基金组合来达到收益风险比最大化的构建策略，为信托公司构建FOF基金提供了完整详尽的案例。

立足消费升级开展信托业务

黄婷儿

一、消费升级催生多样化消费金融产品

(一)中国经济转型换挡,消费渐成经济增长主要驱动力

金融危机以来,中国经济结构与增长方式发生较大变化,从2013年开始,消费开始扮演起重要角色。最终消费支出对GDP的贡献率从2008年底的45.7%上升至2016年底的64.6%,提升近20个百分点,2017年第一季度进一步增至77.2%,消费已成为经济增长的首要动力,能够积极推进经济转型升级。

中国经济转向消费驱动是"自上而下"推动改革的结果。站在人口结构调整,老龄化特征显现,以及消费渠道升级、消费内容品类升级的大趋势下,国务院2013~2015年密集出台了系列若干意见①,放开准入、鼓励创新,大力支持信息产业、旅游服务业、体育产业、养老服务业、生活性服务业等消费相关行业的发展,推动消费持续增长。2011年以来第三产业增加值稳步增加,占全国国内生产总值(GDP)比重明显提升,受政策推动2013年后增幅更加明显,2016年底第三产业增加值比重达到51.6%,超过第二产业与第三产业之和,成为名副其实的支柱产业。另外,从社会消费品零售总额和全社会固定资产投资增速的趋势来看(见图1),全社会固定资产投资增速下降明显,社会消费品零售总额稳步增长且增速波动平稳很多,2013年后更是出现逐步跃升态势,增速一度达15%,2016年增速虽略有下滑但仍超过10%,远高于全社会固定资产投资增速7.9%,消费拉动经济作用明显增强。

---

① 2013年以来中国政府出台的与消费产业相关政策详见附表一。

图1 2011~2016年社会消费品总额增长情况

资料来源：国家统计局统计公报、中建投信托研究中心。

而国家对引导经济转向消费驱动的步伐从未停止，2015年11月，《国务院关于积极发挥新消费引领作用加快培育形成新供给新动力的指导意见》（国发〔2015〕66号）正式发布，明确提出以消费升级引领产业升级，以制度创新、技术创新、产品创新满足并创造消费需求。要求以新消费为牵引，催生新技术、新产业开发，使中国制造不仅能满足基本消费，还能促进新消费。紧接着，2016年上半年，国家发改委等26个部门联合印发《关于促进消费带动转型升级的行动方案》（发改综合〔2016〕832号），围绕十个主攻方向，实施"十大扩消费行动"。可以预见，随着供给侧结构性改革、简政放权和创新驱动战略不断深化实施，新兴产业、新兴业态和新商业模式将百花齐放、高速发展，消费升级之路从开始就不会停下。

（二）居民可支配财富积累，促进消费者消费欲望持续上涨

近年来中国居民可支配收入稳定增长，增速一直维持在8%以上，高于GDP增速。城镇化进程使城镇人口占总人口比逐年攀升，且农村居民人

均可支配收入与城镇居民差距逐步缩小,居民可支配财富能力整体提升。2017年全国居民人均可支配收入为23821元,比2016年增长8.4%,扣除价格因素增长6.3%。

尼尔森发布的中国消费者信心指数①显示,虽然中国经济增速放缓,但消费者的消费欲望不但不受影响还持续上涨。如图2所示,近年来中国消费者信心指数始终高于105,超过全球水平,2017年第一季度中国消费者信心指数达到最高峰110。国家统计局的统计数据亦反映,倾向于更多消费的居民占比从2014年的18.7%上升至2016年的23.1%,2017年第一季度进一步增至23.8%。

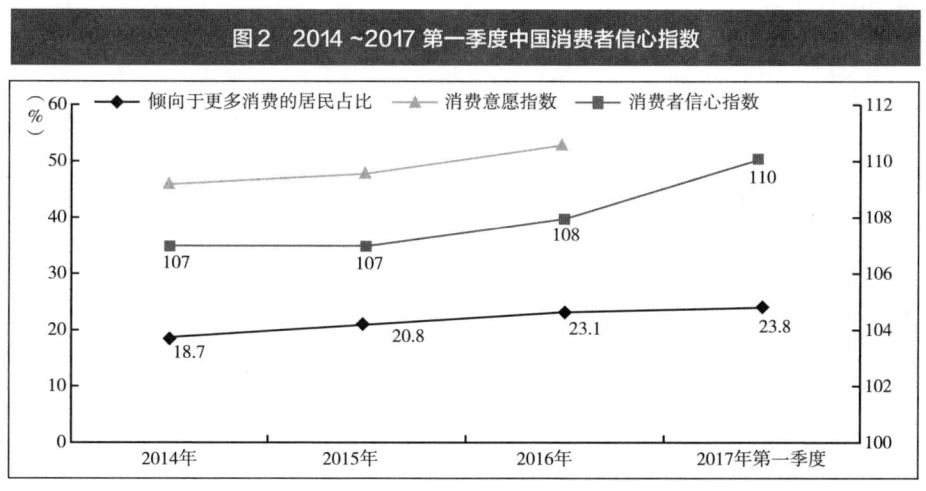

图2 2014~2017第一季度中国消费者信心指数

资料来源:国家统计局统计公报、中建投信托研究中心。

随着"80后"、"90后"成长为消费市场的主流消费人群,社会主流的消费模式已由传统的理性保守消费转变为提前消费、信用消费,消费杠杆率呈稳定攀升态势。央行统计数据显示,居民消费贷款额(含房贷)近5年增长3倍,居民消费贷款额占金融机构总贷款余额比重亦逐年稳定上

---

① 尼尔森消费者信心指数衡量消费者对就业前景、个人财政以及消费意愿三个方面。消费者信心指数高于100则为积极,低于100则为消极。

升。刨除房贷影响，居民消费贷余额从2011年底的1.73万亿元增长至2016年底的5.92万亿元，年均复合增长率达27.9%，远高于总贷款余额增长率14.2%，亦高于房贷增长率21.8%。

图3 2011至2017年第一季度居民消费贷增长

资料来源：央行金融机构贷款投向统计报告、中建投信托研究中心。

居民消费贷款占居民可支配收入的比例反映了居民杠杆率，2011~2016年，我国居民杠杆率从45.2%快速增长至76.1%，其中个人住房贷款贡献率一直高居70%以上，但占比呈逐年下降趋势。而不含房贷的个人消费贷占可支配收入、占消费支出的比重呈明显增长态势，如图4所示，2011年底消费贷（不含房贷）占可支配收入比仅为8.8%、占消费支出比不足18%，到2016年底，已分别大幅攀升至18%和25%，居民提前消费意识觉醒，居民消费潜力不断释放。

（三）立足居民消费升级，消费金融产品开始多元化发展

当前，我国居民收入水平显著提高、人口结构不断调整、城镇化进程持续推进，互联网、物联网、大数据、人工智能等新兴科技迭代发展，消

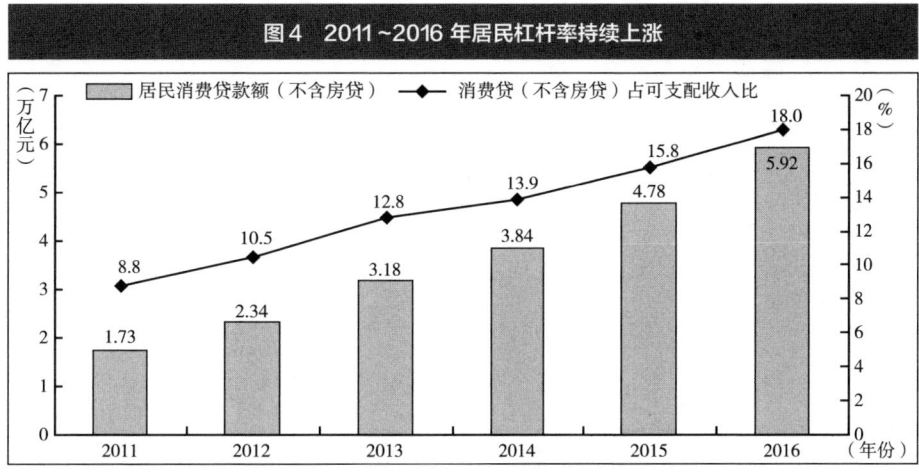

资料来源：央行金融机构贷款投向统计报告、中建投信托研究中心。

费者群体结构、消费内容、消费渠道和消费模式正在发生深刻变化，消费升级呈现以下特征。

第一，农村消费出现明显的梯度追赶特征。随着农村居民收入持续实现快速增长，城市消费示范效应扩散，以及电商和物流企业逐步向乡镇农村延伸，农村人口消费需求得到快速释放，增长势头超过城镇居民。如图5所示，据国家统计局统计，2011~2016年乡村消费品零售额一直维持在13%以上的增长率，已由2011年的2.44万亿元，上升至2016年的4.65万亿元，将近翻番。而同时期，农村人口数量由2011年的6.57万亿逐年下降至2016年的5.90万亿，年均降幅超过2%。在人口占比下降趋势下，乡村消费品零售额增长幅度却超过同时期城镇消费品零售额的增长水平，农村消费追赶特征明显。

第二，互联网已渗透各消费领域，引起线上线下零售渠道、品牌传播和塑造方式的深刻变革。消费者追求消费的便利性尤其是生活性服务消费的便利性，给电商带来无限生机。社会消费品零售额统计数据显示，2014年至2017年第一季度网上零售额增长明显，占社会消费品零售总额比逐年快速上升至16.32%（见图6），线上场景对购买力的集聚效应明显。

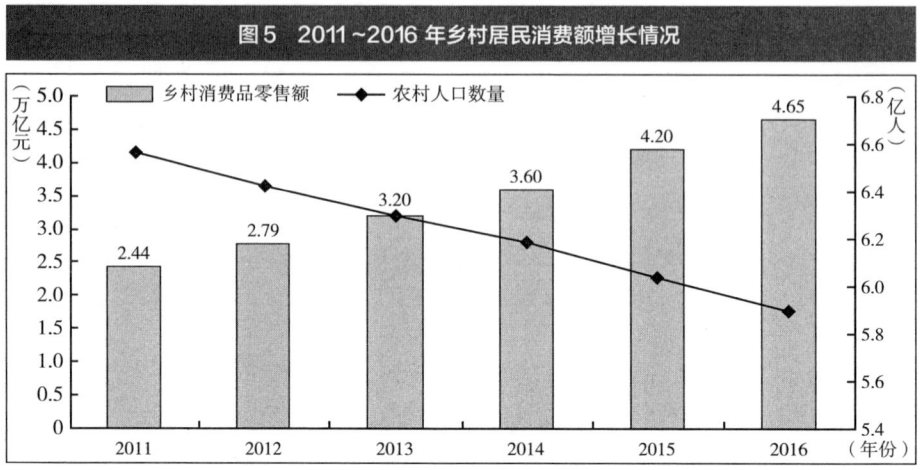

图5　2011~2016年乡村居民消费额增长情况

资料来源：国家统计局统计公报、中建投信托研究中心。

图6　2014至2017年第一季度网络零售额增长情况

资料来源：国家统计局统计公报、中建投信托研究中心。

第三，消费者更加追求品质、注重服务，消费内容呈现个性化、精细化、时尚化、多样化特征。人口老龄化催生更多养老、医疗、健康管理等消费需求，中高收入人群的壮大使航空、游艇、邮轮等传统高端消费日益普及，年青一代消费能力的增强推动消费者体验分享、私人定制、美容等社群服务经济发展，"全民体育运动"唤醒了国人对健康的关注，体育健身常态化、文化休闲多样化，跨境游、自驾游、乡村游、邮轮游盛行，电影、话剧、戏曲、动漫游戏等各类文娱活动参与度增强。相关数据显示，中国电影票房正以一天一亿元的速度快速增长，预计 2017 年市场规模将超过北美。业界预测，2025 年我国体育产业规模将由目前的约 1 万亿元一举超越 5 万亿元。

以上，在国家政策鼓励、居民收入增长等因素推动下，我国居民消费意愿强劲、消费需求升级，且消费群体对消费金融的接受度上升，消费金融迎来发展机遇期。近年来，消费金融主体呈现出多元化的发展趋势，消费金融公司、银行、小贷公司、电商以及 P2P 公司等纷纷试水，展开了一场从线下蔓延至线上的"争夺战"，消费金融服务的覆盖面进一步扩展到生活消费的各个场景。

二、中国消费金融行业现有竞争格局

（一）消费金融服务产生背景与存在意义

消费者的消费过程可简单描述如下图 7 所示，消费者在线上线下消费场景挑选需要的商品和服务、支付购买对价，商家由此向相关供应商进行采购，供应商向消费者提供商品和服务。很多时候，诸如商场、便利店、自助售卖机、移动营业厅、4S 店等线下消费场景也会先行从供应商采购商品，同时在消费者购买时直接提供商品，线上消费场景中的电商自营产品也是如此。

在消费者有消费意愿但暂时又没有足够现金购买的时候，就需要金融服务机构提供资金获得提前消费，消费金融服务于是产生。消费金融产业由消费供需推动、立足资金供需而产生。如图 8 所示消费金融服务商出现后，消费者的消费实现过程发生了改变。即消费者向消费金融服务商提出信用贷款（比如向银行申请信用卡）、分期贷款、消费贷款等资金需求

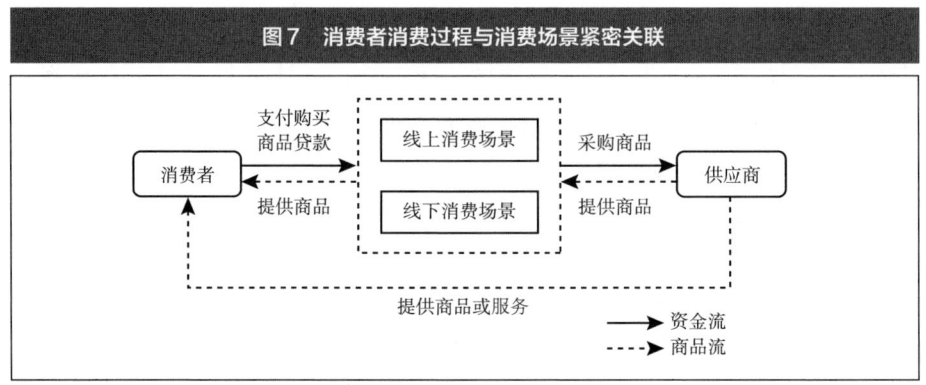

图7 消费者消费过程与消费场景紧密关联

申请,消费金融服务商据此代消费者向供应商支付商品或服务对价,供应商收到对价后直接向消费者提供商品或服务。消费金融服务作为连接消费者和供应商的服务提供商,与线上线下各消费场景密不可分。因此,消费金融公司、分期购物平台等都会依托家电卖场、教育培训等渠道合作商,借助消费场景对客户提供分期付款服务。而淘宝、京东等大电商依托其自身线上消费场景为消费者提供服务,消费金融服务发展势头迅猛。

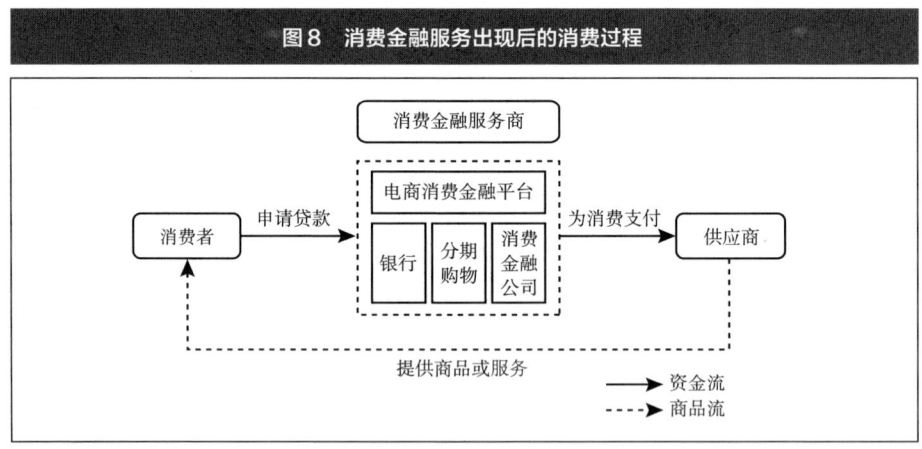

图8 消费金融服务出现后的消费过程

在消费金融链条中,主要由消费供需和资金供需两大体系组成,消费金融是这两大体系的连接。消费需求或者说商品需求是驱动因素,资金需求或者说金融需求是由消费需求派生的。但从另一角度来看,由于金融服务的提供又将刺激消费需求的产生，进而促进消费供应方的产品和服务销售。

总之，消费的升级离不开消费金融。一方面，消费金融通过实现对个人收入的跨期配置能够扩大当期消费能力，直接促进居民消费的增长。互联网特别是移动互联网技术在消费金融领域的应用，则使消费金融服务更具普惠性，能够覆盖更多的中低端用户群体，包括农民工等流动人口、大学生等中低端用户群体，社会消费需求被广泛激发。另一方面，消费金融通过产品和交易结构创新能够挖掘更多个性化、差异化的消费需求，进一步促进供应商的产品规模化生产、产品类型创新以及服务品质提升，催生新兴产业，实现产业升级。

（二）中国消费金融行业现有竞争格局

目前我国提供消费金融服务的机构主要包括银行、消费金融公司、电商、汽车金融公司、零售业务租赁公司、线下大型商户、小贷公司、分期购物平台和P2P平台等，参与机构类型众多。与银行相比，其他消费金融服务机构的审核标准相对宽松、手续更方便快捷、贷款额度也更高，客户定位一般为中低收入群体。

在所有提供消费金融服务的机构里，消费金融公司作为获牌主营消费金融服务的机构，具有其自身的独特性。据银监会统计，自2009年8月[①]开始试点以来消费金融公司行业累计发放贷款2084亿元，行业平均单笔贷款金额为0.86万元，截至2016年9月末行业资产总额为1077.23亿元，同比增长112%。可以看出，消费金融公司业务规模增长迅速，但与银行

[①] 2009年8月，银监会颁布《消费金融公司试点管理办法》，为消费金融业务在我国的发展奠定了法律基础。2010年，北银消费金融公司（北京）、中银消费金融有限公司（上海）、四川锦程消费金融有限责任公司（成都）、捷信消费金融有限公司（天津）先后成立，成为消费金融试点的第一集团军。

消费贷上万亿元的规模相比仍然较小。根据中建投信托研究部统计整理，截至 2017 年第一季度，拥有消费金融牌照的消费金融公司有 22 家①，按控股股东背景的不同可分为银行系和非银行系，其中银行系有 17 家，海尔、苏宁、重庆百货等非银行系为少数，而蚂蚁花呗、京东白条等规模较大的互联网消费金融平台并没有获得消费金融牌照。

分析各机构的特征差异和竞争优劣势可以发现，所有提供消费金融服务的机构主要可归为以下三大类：资金成本优势明显的银行系、嵌入自身消费场景的产业系，以及大数据技术领先的平台系。消费金融公司根据其主导经营方背景的不同，部分可归入银行系，部分可归入产业系。而汽车金融公司、零售业务租赁公司则大多由产业方发起设立，亦可归为产业系；少数如易鑫租赁依托线上平台开展业务，可归入平台系。也有些消费金融服务机构可能会拥有前述两种以上特征，而这些机构的竞争优势也无疑更强。以下就将按此分类展开分析。

1. 银行系仍是消费金融主力军，但在客户体验方面缺乏竞争力

银行的消费金融模式最简单，一般会依托存量客户资源、成熟的征信审批模式，结合消费金融产品特点加以改造，银行推出的消费金融产品主要包括信用卡、各类银行消费贷。央行统计数据显示，2016 年 12 月末，我国银行业消费贷款规模（不含个人购房贷款）为 5.92 万亿元，同比增长 23.8%，最近 5 年的年复合增长率为 27.9%，处于快速增长阶段。

银行在利用自身网点积极发展消费金融业务的同时，还通过控股参股消费金融公司进一步扩大消费金融市场份额。从消费金融公司的股东背景可以看到，22 家获牌企业中银行控股的有 17 家，剩余 5 家中的苏宁消费金融、马上消费金融也分别有南京银行、重庆银行参股，银行控股参股消费金融公司比例高达 86%。

---

① 各消费金融公司获牌时间、股东背景等详细信息详见附表二。

银行系消费金融服务机构还非常注重提升场景开拓能力。一方面，通过构建网上商城、推出虚拟信用卡等方式构建和连接线上消费场景，如工商银行建立了"融 e 购"商城，中国银行、中国农业银行、交通银行、中国建设银行、广发银行、中信银行、浦发银行 7 家银行均在线推出虚拟信用卡；另一方面，绝大部分银行在成立消费金融公司时都会选择与场景提供方共同合作，以弥补自身不足——在 22 家银行系（控股或参股）消费金融公司中，9 家与万达、华宇、物美等商场、百货集团公司、超市之类的线下场景合作，5 家与携程旅游、58 同城、众家、拉卡拉等线上平台合作。银行正在通过独立在银行体系外的消费金融公司覆盖长尾客户。

银行系消费金融服务机构的劣势在于审批要求较严格、申请周期相对较长、效率较低，长期来看，在客户体验方面缺乏竞争力。但其业务基础厚实、资金来源稳定、资金成本最低，加上越来越多的银行已开始从服务的便利性、产品的多样性、业务处理的高效性等方面提升服务质量，其在消费金融服务领域的地位明显占优。

2. 产业系消费金融服务机构立足自身场景开辟一席之地

产业系消费金融服务机构成立的一个重要目的是促销，通过提供消费金融服务挖掘潜在客户群，刺激消费，从而推动产品的销售和生产制造。粗略统计，产业系消费金融服务机构主要包括产业类消费金融公司、汽车金融公司、产业系融资租赁公司、线下大型商户等。

这类机构将消费金融产品嵌入自身消费场景中实现用户流量迁移，对客户消费体验影响小，由此产生的抵触心理也较小。同时，基于对消费者喜好、行为等数据的分析和对消费者需求的理解，可以根据购买者特点和喜好来定制设计金融方案，实现差异化服务。比如在汽车金融服务领域，有针对工薪阶层的汽车贷款，有针对企业公务用车的经营租赁，有针对职场新人、物流运输司机、农民农用等不同细分的金融租赁产品，差异化的产品设计激发了不同细分市场人群的消费潜力。产业系消费金融服务以家电类、汽车类、健身器材类等耐用消费品为主，其依赖自身的消费场景获取客户，但单一的场景使业务规模具有天花板，因此往往需要横向拓展产品品牌、纵向拓宽产品品类等方式谋求更多的市场份额。如苏宁金融推出的"任性贷"不仅支持苏宁门店内手机、数码、家电等产品的分期，还通过与青岛钱吧合作面向用户提供汽车金融服务。

分析产业类消费金融公司的股东背景可以发现，一方面，其股权结构较为分散，大多采取多家企业"抱团取暖"的方式成立，营造多元化消费场景。比如海尔消费金融引入了红星美凯龙，苏宁消费金融联合了先声再康江苏药业、江苏洋河酒厂两家实业公司，马上消费金融股东中则包括了重庆百货、物美控股、浙江小商品集团、阳光财产等多个产业集团。另一方面，为弥补自身资金实力和信贷运营经验方面的不足，这类公司也大多引入了银行作为合作伙伴。

3. 电商系平台用户覆盖优势明显，大数据和业务创新实力突出

电商平台的消费金融模式主要依托于自身的互联网平台，面向自营商品及开放电商平台商户的商品，提供分期购物及小额消费贷款服务。电商系消费金融平台在大数据积累、使用以及将互联网消费者转化为消费金融用户方面具有独特的优势。由于该类企业拥有海量的用户交易大数据积累，相比传统金融机构可以更低成本、更准确地判断消费者的风险水平，也可以基于大数据挖掘识别优质客户，从而更有效获得赢利。此外，电商的天然用户群为网络购物消费者，他们总体较为年轻，比传统线下消费者更易接受消费分期的概念，向消费金融用户转化的效率更高[①]。根据艾瑞咨询发布的《2017年中国消费金融洞察报告》，互联网消费金融的交易规模从2013年的60亿元猛增到2016年的4367.1亿元，4年间交易规模实现了爆发式增长，年复合增长率达317%。

由于电商在互联网金融、网络零售、业务创新、大数据等领域均具有较明显的优势，因此在消费金融行业综合实力最强，未来也将引领市场的

---

① 参考文献：《2016年消费金融行业深度报告》。

发展趋势。蚂蚁金服和京东金融是典型的电商平台消费金融服务机构，2016年底两家机构新推出的蚂蚁"借呗"、京东金条累计放款额分别突破3000亿元[①]、700亿元，"花呗"和"白条"业务规模更呈稳定上升趋势。

4. 其他消费金融服务机构业务规模整体偏小，实力偏弱

除以上三大类消费金融服务机构外，还有分期购物及P2P平台等新兴互联网消费金融服务提供者。分期购物平台的典型代表有趣分期、分期乐等，其目标客群数量小、收入不稳定（大多为大学生），且获得的征信数据有限，这些平台在坏账率、客户延续性等方面将面临挑战，经营效果待检验。

三、信托参与消费金融的意义和模式研究

（一）业务模式探讨

如前所述，在消费金融这个链条上，目前主要的参与角色包括消费者、供应商和消费金融服务商。信托可以考虑在消费升级的背景下如何服务好这三个主体的角度来开展业务。比如，通过流贷和助贷模式开展债权信托业务解决消费金融服务商资金，进而可支持消费者的提前消费需求；通过资产证券化业务盘活消费金融服务商和供应商存量资产；通过股权信托模式支持如新能源、文化传媒、智能终端等新兴产业，助力消费者消费内容升级；通过消费信托搭建消费者与供应商之间的桥梁，实现消费者个性化、精细化的消费需求，提升消费品质。

1. 流贷模式解决消费金融服务商资金瓶颈

如图9所示，在流贷模式下，信托公司通过信托贷款方式向消费金融

---

① 资料来源：中信证券研究部行业报告研究院《互联网金融行业系列研究报告》。

服务机构提供融资参与消费金融业务,一般会采取优先劣后设计、应收账款质押等增信措施保障优先级投资者的本息安全。该业务模式交易结构简单,与信托公司的既有债权信托模式最为接近,因此也是当前各信托公司参与消费金融最常用的模式。此类业务的展业对象一般包括消费金融公司、汽车金融公司、租赁公司、消费分期平台等机构。

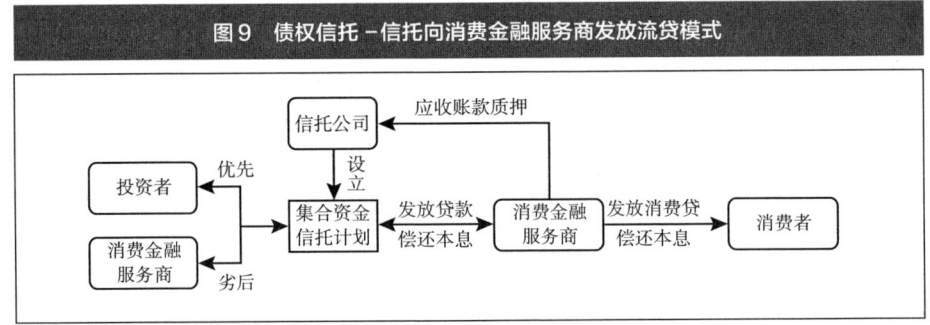

图9　债权信托－信托向消费金融服务商发放流贷模式

2. 助贷模式协助满足消费者提前消费需求

助贷模式下,信托公司直接与消费者签订个人消费信托贷款合同,消费金融服务商作为贷款中介服务机构,提供客户推荐、资质审核、还款提醒、逾期催收等服务,协助信托公司完成贷前、贷中、贷后全流程管理。为确保消费金融服务商能够勤勉尽职,规避道德风险,信托公司大多会要求消费金融服务商认购劣后,或提供担保、回购等义务,在这种情况下,信托公司更多地体现其通道角色。外贸信托是该业务的先行者,2007年即推出"汇金"系列信托产品,与捷信消费金融合作开展个人信用消费贷业务,并逐步拓展业务范围,新设"菁华"系列和"五行汇金"产品,成为信托业参与消费金融服务的标杆。近年来,中航信托、云南信托等也纷纷发力开拓消费金融业务。

具体来说,助贷模式可以分为现金消费贷和受托支付消费贷两种方式。现金消费贷即消费者通过消费金融服务机构向信托公司申请现金消费贷款,信托公司将贷款发放至消费者指定账户,消费者自行完成消费(如图10),

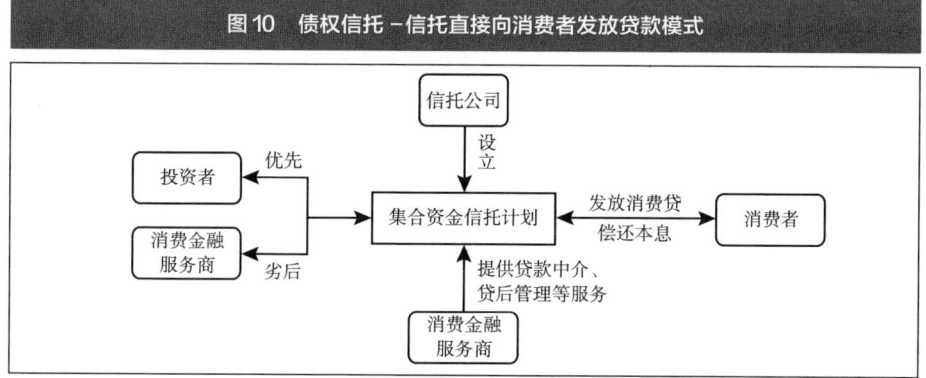

图10 债权信托－信托直接向消费者发放贷款模式

如与蚂蚁借呗开展合作的厦门信托西子1号信托；受托支付消费贷则是在消费者发生具体消费行为时，由信托公司根据针对具体消费行为的申请，向商品或服务的供应商代为支付消费款，如中融信托与京东白条合作的融聚144号消费贷款就属于此模式。受托支付消费贷模式下，能够确保消费贷款资金真实用于消费，但也对信托公司系统建设、财务处理和运营管理提出了更高要求。

3. ABS实现消费金融服务商或供应商融资目的

资产证券化（ABS）业务模式即信托公司通过设立特定目的信托为消费金融服务商或供应商盘活存量资产、实现融资的目的（见图11）。个人消费贷款具有单笔金额小、利息率高、原始权益人数量众多等特征，非常满足资产证券化对分散度的要求，已成为ABS市场底层基础资产的重要组成部分。根据CN-ABS的统计，截至2016年底市场上共发行了49单个人消费贷款ABS产品，规模共计913.06亿元，其中银行间发行8单共计200.32亿元，交易所发行41单共计712.74亿元，分别占信贷资产证券化发行总额的5.43%和企业资产证券化发行额的15.85%。但由于消费贷款期限较短、个人消费者的还款抗风险抵御能力低，而且由于贷款笔数众多无法实现借款账户逐一变更至指定账户，因此在实务操作中通常会安排资产循环购买、不良资产替换、差额补足等条款，这样作为原始债权人的消费金融服务商或供应商的主体信誉变得同样甚至更为重要。

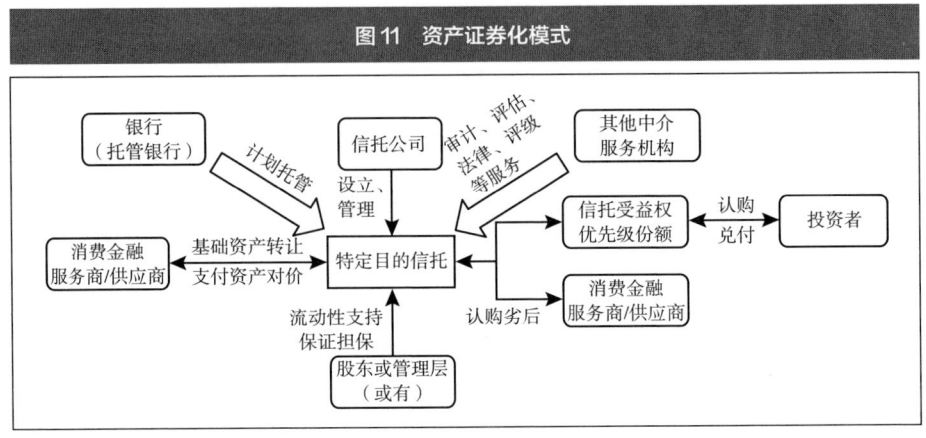

图11 资产证券化模式

电商、分期购物等互联网消费金融平台由于并未拥有消费金融牌照不能进行同业拆借、吸收境内子公司或股东存款等业务，资金渠道受限较多，面临更高的资金成本，因此对ABS业务的需求量更大。目前已有阿里小贷、京东白条、宜人贷、分期乐等一些平台发行过正式的ABS产品，百度金融、中腾信也创设了一些场外的ABS资产。

4. 新权益抵质押融资支持商品服务供应商发展

2016年3月，中国人民银行和银监会联合印发的《关于加大对新消费领域金融支持的指导意见》中明确提出要加大对养老家政健康消费、信息和网络消费、绿色消费等新消费重点领域的金融支持，"探索养老服务机构土地使用权、房产、收费权等抵质押贷款的可行模式""大力开展能效贷款和排污权、碳排放权抵质押贷款等绿色信贷业务""创新版权、商标权、收益权等抵质押贷款模式"。在监管机构支持以金融创新助推技术创新、新兴产业发展的背景下，信托可以充分利用自身在非标业务的成熟经验拓展新兴权益的抵质押融资业务。

新权益抵质押融资业务的融资模式很简单（见图12），属于信托公司成熟业务类型。该业务的合作方主要为消费领域的新兴产业方，如养老服务机构、影视院线运作公司以及各类新能源新科技等绿色行业。这些行业

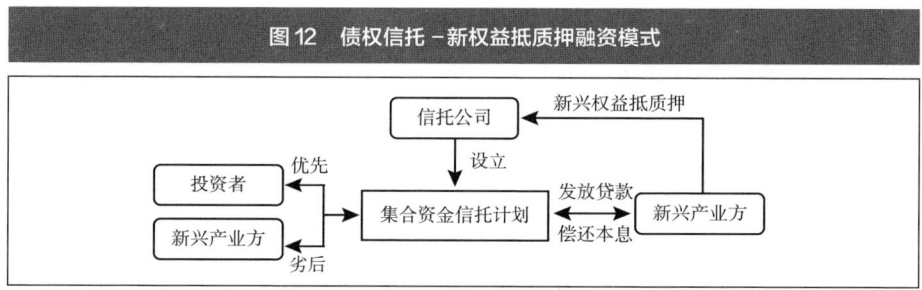

图12 债权信托－新权益抵质押融资模式

大多处于初期发展阶段，可能更多面临政策限制、技术突破失败、市场突然萎缩等风险；同时，针对新兴产业下的版权、商标权、碳排放权、收益权、收费权等权益，如何评估这些新兴权益的价值、如何确保新兴权益在抵质押或转让的合法合规性等方面也对信托公司风险控制体系提出了新挑战。因此要求信托公司在开展此类业务时要具有较强行业研究能力，业务推进的关键在于建立合理的定价模型，梳理相关权益的法律关系并解决合规风险等。

5. 消费信托让投资理财与消费体验需求灵活转换

消费信托的产生源于对"投资者"和"消费者"两者存在角色重叠的认识，信托公司通过一些交易结构安排，使投资者（也是消费者）在进行资金理财的同时，拥有选择具有高性价比、高品质、个性化的特色商品或服务的权利。

消费信托从消费需求出发设计产品，一般与场景提供平台共同设计产品细节，因为消费信托中起到关键作用的消费权益与场景提供平台共的客户群体密切相关，而其中进行的投资理财是消费的增值内容。对消费者而言，虽然通过消费信托形式实现的消费需求与通过其他方式实现的消费需求在结果上并无差异，但信托原理的运用和信托制度的引入使消费信托同时具备了产业与金融的双重属性，可以在单一的消费功能外实现金融功能，从而获得更高的附加值。通过整合消费需求和理财需求，消费信托能够将投资者和消费者进行有效的相互转化，扩大场景提供方和信托公司双方的客户群体，实现共赢（见图13）。

信托公司在消费信托中扮演着重要角色，一是帮助消费者优选可提供更好消费权益的商品和服务提供商；二是借助"集中采购"和信托公司作为机构的谈判优势获取"折扣优惠"或实现"定制服务"；三是通过信托制度安排对消费金进行监管和管理运用，保障消费者预付资金的安全和保值增值，最终达到保护消费者消费、实现消费权益增值的目的。

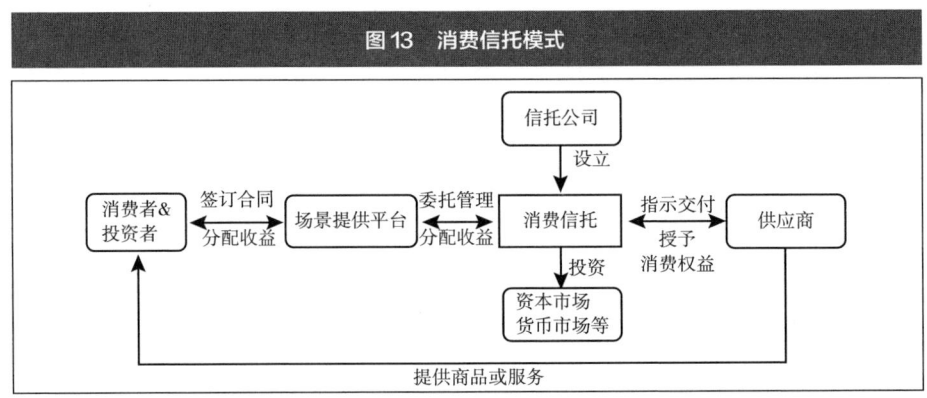

图13 消费信托模式

消费信托通常不是一个信托计划而是一揽子信托计划的集合，一般由单一资金信托、集合资金信托、财产权信托等组合实现。已发行的消费信托项目主要有以下两类模式。

一种典型的模式是以中信信托推出的首单"消费信托"产品——嘉丽泽健康度假产品系列信托项目为范例的运作模式，该模式针对每位消费者的预付消费金设立单一资金信托，系列单一资金信托再聚集到一起进行集合运作管理，以归集的消费金向消费权益提供企业（即产品和服务供应商）采购未来消费权，消费未发生时资金将被托管进行投资增值，消费发生后再结算支付。该模式的主要目的是为消费者采购高性价比的消费权益，部分产品包含资金收益如中信信托与百度推出的"百发有戏"、长安信托的"中国电信+苹果手机消费信托"、西藏信托的"BMW X1消费信托"都属于此类。

另一种模式则借助财产权信托实现，由产品和服务供应商以未来消费权益设立财产权信托，信托发行相关权益份额并获得对价资金。该模式是投资与消费并重的一种模式，通常最终消费额只占投资额的一部分。该模式下，供应商相当于提前实现了产品和服务的销售，同时将在消费者不行权时归还消费金并支付约定收益。该模式可规避合格投资者条件约束且资金成本更低，不失为产品和服务供应商融资渠道的一种有益补充。

（二）信托参与消费金融业务领域的意义

由于当前中国实体经济增长乏力，传统的房地产业、基础设施领域业务机会受到压缩，信托业正跨入严峻的考验期，各信托公司经营成果分化严重，业务转型迫在眉睫。着眼消费领域开展消费金融业务，能够帮助信托公司拓展业务范围、改进财富管理、增强客户黏性，意义良多。

1. 拓展业务范围，促进业务转型升级

站在中国当前消费升级的大环境下，信托公司可以在消费领域开展股权信托、债权信托、资产证券化、消费信托等多元化业务，业务模式多样，有利于改变当前信托公司经营利润依赖债权信托产生的利差收入的现状，逐步通过提高事务管理、投资管理等专业服务能力而获利。立足消费领域开展信托业务将帮助信托公司拓展底层资产的行业覆盖面，业务领域涉及消费者的衣食住行、吃喝玩乐、生老病死等各个方面，在分散风险的同时获取更多业务机会，摆脱信托公司的经营风险与房地产行业紧密相关的困境，提高资产质量，扩大资产规模，促进业务转型升级。

2. 围绕优势行业开展供应链金融，强化与资产端核心客户关系

由于消费金融可以通过促进个人消费的增长推动制造商和零售商产销量的增长，信托公司进入消费金融领域后，一方面消费信托可以直接连接投资者（也是消费者）和提供消费产品和服务的产业方，打通供应链的各个环节，消费者不仅拥有以低折扣获取高品质商品和服务的权力，而且还拥有包括放弃选择权或回购权益等增值服务，而作为商品和服务提供方，产业方在扩大自身销量和建立口碑的同时，可以获得更多预售资金回笼，以及以较低成本使用这些资金的机会，相当于盘活了库存。另一方面，围绕特定产品和服务的消费者反应，信托公司可以借鉴发达国家经验，创新与核心产业方的合作方式，如制造企业或流通企业通过提供赊销或消费金融服务等方式推动消费，信托公司针对赊销产生的应收账款提供质押融资或资产证券化服务。多元化、全链条的合作模式将为信托公司创造更多业务机会，同时进一步增强与资产端核心客户的业务关系。

3. 改进财富管理，接轨 CRM 系统，提升客户体验

信托公司的财富管理发展之初主要源于自有产品的发行压力，一般基于资产端布局设计产品，再根据产品发行需要寻找客户，从而形成了以房地产、基础设施等固定收益产品为主的产品体系。虽然信托产品的期限与收益模式较为单一，但收益高且隐含刚性兑付，在理财市场发展初期，具有较强竞争力。但近年来随着行业进入调整期，信托公司的产品收益率下降明显，这方面的竞争优势逐渐被互联网金融平台超越；产品种类仍旧单一，在产品设计、资产管理和跨市场配置能力等方面与券商相比又略逊一筹；而从资金安全性给客户的感受来说，虽然信托公司风险管理能力日趋增强，还是不如银行让老百姓觉得更可信赖。信托公司亟待通过丰富产品类型、提高服务质量、创新服务方式等途径满足资金端客户的多元化需求，改进财富管理。

信托资金端的高净值客户属于投资者，但同时他们也是消费者，既有获取多元理财产品的需求，又有个性化、精细化的各类差异化消费需求，甚至还有在将闲置资金用于投资的同时融资进行消费的需求。通过参与消费金融，信托公司一可以拓展业务类型，丰富理财端产品线；二可以借助消费信托为客户提供定制化消费产品，满足客户个性化消费需求；三可以与产业方或其他消费金融服务商合作为消费者提供消费贷款服务，从而全面满足资金端客户的各类需求，改善客户体验感受，增强客户黏性，提高客户忠诚度。

四、信托参与消费金融的挑战

消费金融的起点是消费需求的产生，消费需求涉及千千万万个消费个体，服务群体具有离散性和差异性，单笔业务处理呈小额高频特征，这就要求信托公司变革传统的风控体系、创新建立信息系统、加强与监管的沟通，推动消费金融业务发展。

1. 消费金融风险特征更为复杂，要求信托公司变革风控体系

由于消费金融的服务群体是个人而非企业，与传统信贷业务相比，影响风险的因素复杂多元，对信托公司体系提出更高要求。

首先，消费金融单笔业务金额较小，业务笔数众多，信托公司不能再延续传统业务"一事一议"的原则进行审核，需要针对消费金融搭建专门的风控架构，将风控模型嵌入信息系统，依赖人工智能最终实现批量化、规模化的运作。减少人为因素干扰，保证风控标准的一致性、连贯性，提高业务响应效率。

其次，针对消费信贷业务，我国个人征信系统建设的不完备导致个人信息透明度不高、标准化程度差，提供虚假信息或故意隐瞒信息等现象更为便利和普遍，面临更高的欺诈风险。因此开展消费信贷业务的各类机构常常将控制欺诈风险摆在风控的首要位置，通过数据抓取建立知识图谱，把不同来源的结构化和非结构数据统统整合到一起，通过个人行为特征分析、信息不一致性验证等方式识别身份造假、团体欺诈等欺诈风险。信托公司在开展以流贷或助贷模式参与消费信贷或是通过 ABS 业务盘活消费金融服务商存量资产的业务时，需要理解消费信贷这种业务的经营模式、风控特点，从传统业务的风控增信的思维中跳出来，提高对资产质量的判断能力，保证决策的准确性和高效性。

对于消费信托业务，信托公司承担事务管理责任，没有传统债权信托业务的刚兑压力，但作为业务主导方，在法律关系保障、运营管理支持、产品开发设计等方面也面临新的风险。比如，由于消费信托产品的销售大多通过消费服务平台实现，而消费权益的实现又依赖于合作的供应商（消费过程中还可能出现纠纷），整个业务流程中法律关系较为复杂，合规风险和声誉风险较高；消费权益的特色和产品的定价将对产品销售起决定作用，并进而影响运营成本——销量太低则项目规模太小，势必导致管理成本上升。总之，消费信托的业务模式将颠覆传统信托业务的风控架构，需要信托公司将风险控制关注重点从增信手段转向产品设计、法律合规、运营管理等方面，妥善评估产品定价的合理性、严格把关全套法律文件的合规性和完整性，实现投资者资金的保值增值，保障消费权益的顺利实现。

2. 消费金融业务离散性大，要求信托公司创新建设信息系统

消费金融客户收入结构层次、行为习惯特征等均呈离散性，个人需求的多样性使各种权益的登记、清算管理也变得极为复杂，而且需要更高的交互效率。因此提供消费金融服务的机构必须建有专门的信息系统可以实现即时风险评估与决策、批量放款还款、实时对账、批量清算管理等功能。

从信托公司参与消费金融的各类模式来看，无论是助贷模式、流贷模式，这是资产证券化业务，信托公司都需要对底层基础资产进行风险评估，在期后管理中实时跟踪基础资产运行情况、因此，参与消费金融必须有配套系统可以对接消费金融服务机构的数据。同样，开展消费信托业务时，信托公司也将直接面对众多个人消费者，需要涉足包含消费账单、消费数据、剩余权益等极为复杂的权益管理过程①，虽然可以采取与互联网金融平台合作的方式，通过民事信托将零散的消费信息收集确认、分配和结算等事务性管理工作交由第三方完成，但这无疑将大大削弱信托公司在

---

① 中顺易 CEO 李峰《消费信托可以成为巨量级市场》中提到：用户的消费充满差异化、个性化，涵盖了消费账单、消费数据、剩余权益、可选范围等极为复杂的权益管理过程。

此类业务中的主导地位和谈判能力,最终将游离在业务本质之外沦为通道。

而传统债权信托一般分项目进行管理,由于单个项目放款规模较大且各有特点,信托公司既有业务系统通常采取"一事一议"的方式进行审批、放款;而在期后管理、收益分配方面,因还款节奏固定、频度较低(通常为按季付息),运营管理和财务结算大多采取定期人工处理。但与消费相关的信托业务与传统债权信托有较大差异性,响应效率要求更高,账户管理更加复杂,消费者申贷和还款都具有极大的随机性,需要金融服务机构即时、多线程响应处理。很明显信托公司原有的系统已无法满足消费金融批量、规模化的业务拓展需求。信托公司必须加强自身的账户系统、支付系统和交易平台建设,同时建立严格的资金运用监测机制,开发消费者权益登记系统,并与产业方的客户系统建立定期对接和更新机制。

3. 信托开展消费金融存在监管政策制约,业务实施具有地域性差异

信托公司开展消费信托业务涉及的投资者人数众多,且投资者也不一定符合合格投资者的要求(或者说是其很大可能不属于合格投资者),虽然消费信托被定义为事务管理类信托,不受《信托公司集合资金信托计划管理办法》对自然人人数和合格投资者等有关规定的约束,但其成功发行仍需获得监管机构的认同,存在被叫停的风险。而在参与个人消费信贷业务方面,2011年银监会为控制小贷风险下发口头通知,"严禁信托公司与小额贷款公司、担保公司、典当行等机构进行业务合作",基于此文件,部分地方银监会从严监管,要求"信托公司不得对个人和企业发放小额贷款",导致这些地区的信托公司无法通过流贷或助贷方式参与消费信贷业务。

因此,信托公司开展消费金融的多种业务模式受到监管政策方面的束缚,地方监管政策的差异性导致不同信托公司消费金融业务发展规模迥异。行业亟待监管机构出台明确政策,统一监管口径,创造公平竞争环境,参考铁路专项信托的设置,对消费金融领域同样施行个性化监管,推动信托型消费金融业务做大做强。

附表一 2013年以来消费升级相关主要政策

时间	发文机构	文件名称	核心内容与影响
2013年8月8日	国务院	《关于促进信息消费扩大内需的若干意见》（国发〔2013〕32号）	加快推动信息消费持续增长，在工信部的推进和倡导下，各地信息消费的新模式、新业态纷纷涌现
2013年9月6日	国务院	《关于加快发展养老服务业的若干意见》（国发〔2013〕35号）	明确提出支持社会力量兴办养老机构，打造养老产业集群，繁荣养老服务消费市场。
2014年8月9日	国务院	《关于促进旅游业改革发展的若干意见》（国发〔2014〕31号）	激发旅游业发展的活力和潜力，促进旅游业健康可持续发展，居民旅游消费需求将呈现稳定增长态势
2014年10月2日	国务院	《关于加快发展体育产业促进体育消费的若干意见》（国发〔2014〕46号）	政府积极发展全民健身、竞技体育和体育产业
2015年8月4日	国务院办公厅	《关于进一步促进旅游投资和消费的若干意见》（国办发〔2015〕62号）	首次把"投资"作为主题，分别从旅游基础设施提升、旅游促进、乡村旅游提升、加大改革创新力度、保持旅游投资增长等多个角度明确政府在旅游投资中的角色、作用和实施路径
2015年11月19日	国务院	《关于积极发挥新消费引领作用加快培育形成新供给新动力的指导意见》（国发〔2015〕66号）	明确提出以消费升级引领产业升级，以制度创新、技术创新、产品创新满足并创造消费需求
2015年11月19日	国务院办公厅	《关于加快发展生活性服务业促进消费结构升级的指导意见》（国办发〔2015〕85号）	提出要重点发展十大类生活性服务领域，推动生活消费方式由生存型、传统型、物质型向发展型、现代型、服务型转变，增加服务有效供给，扩大服务消费需求，提升服务质量水平
2016年3月24日	中国人民银行、银监会	《关于加大对新消费领域金融支持的指导意见》（银发〔2016〕92号）	明确了养老家政健康消费、信息和网络消费、绿色消费、旅游休闲消费、教育文化体育消费和农村消费六大新消费领域的金融支持措施

续表

时间	发文机构	文件名称	核心内容与影响
2016年4月26日	国家发展和改革委员会等26个部门联合印发	《关于促进消费带动转型升级的行动方案》（发改综合〔2016〕832号）	提出我国将围绕十个主攻方向，实施"大扩消费行动"
2016年12月7日	国务院常务会议	《关于全面放开养老服务市场提升养老服务质量的若干意见》（国办发〔2016〕91号）	围绕养老服务业深化改革主线，细化17项具体任务，全面放开养老服务市场和提升养老服务质量，推进居家社区养老服务全覆盖，提升农村养老服务能力和水平，推动社会力量参与养老服务

附表二　截至2017年第一季度获批设立的消费金融公司信息汇总

序号	北银消费金融有限公司	获批时间	开业时间	类别	注册地	注册资本（亿元）	股东情况
1	四川锦程消费金融有限责任公司	2010年1月6日	2010年2月24日	银行系	北京	8.5	北京银行、桑坦德消费金融有限公司分别持股35.29%、20%、15%；联想控股、北京联东投资（集团）公司、北京正道九鼎创业投资有限公司、华夏兄弟商贸（集团）有限公司、北京京洲企业咨询有限公司各持股5%；北京市京洲企业集团公司、上海锐赢教育信息咨询有限公司分别持股4.21%和0.5%
2	中银消费金融有限公司	2010年1月6日	2010年2月25日	银行系	四川成都	3.2	成都银行占51%股份，马来西亚丰隆银行占49%股份
3	捷信消费金融有限公司	2010年1月6日	2010年6月3日	银行系	上海	8.89	中国银行、百联集团、上海陆家嘴金融发展有限公司、中银信用卡（国际）有限公司、深圳市博德创信投资有限公司、北京红杉盛远管理咨询有限公司分别占比40%、20.64%、12.56%、12.37%、9.9%和4.5%

续表

序号	北银消费金融有限公司	获批时间	开业时间	类别	注册地	注册资本（亿元）	股东情况
4	招联消费金融有限公司	2010年2月12日	2010年12月1日	非银行系	天津	44	派富集团有限公司（Home Credit B.V.）100%控股
7	兴业消费金融股份有限公司	2014年8月28日	2015年3月3日	银行系	广东深圳	20	由永隆银行（招商银行子公司）、中国联通分别持股50%
5	海尔消费金融有限公司	2014年10月14日	2014年12月23日	银行系	福建泉州	5	兴业银行、泉州市商业总公司、特步（中国）有限公司等股东分别持股66%、24%、5%和5%
6	苏宁消费金融有限公司	2014年12月3日	2014年12月23日	非银行系	山东青岛	5	海尔集团、海尔财务、红星美凯龙、浙江逸荣投资和北京天同赛伯信息科技共同发起成立，分别持股30%、19%、25%、16%和10%
9	湖北消费金融股份有限公司	2014年12月11日	2015年5月29日		江苏南京	6	由苏宁云商集团股份有限公司、先声再康江苏药业有限公司、南京银行股份有限公司、法国巴黎银行个人金融集团(BNP Paribas Personal Finance)、江苏洋河酒厂股份有限公司五家企业分别持股 49%、16%、15%、15%、5%
8	马上消费金融股份有限公司	2014年12月16日	2015年4月18日	银行系	湖北武汉	5	由湖北银行、TCL集团、武汉商联集团、武商集团分别持股50%、20%、15%和15%
10	中邮消费金融有限公司	2014年12月30日	2015年6月16日	非银行系	重庆	13	由重庆百货、北京中关村科金技术有限公司、物美控股集团有限公司、重庆银行、阳光财产保险股份有限公司、浙江中国小商品城集团股份有限公司分别持股31.58%、30%、17.55%、15.79%、2.77%和2.31%

续表

序号	北银消费金融有限公司	获批时间	开业时间	类别	注册地	注册资本（亿元）	股东情况
11	杭银消费金融股份有限公司	2015年1月6日	2015年11月20日	银行系	广东广州	10	邮储银行、星展银行有限公司、海航集团旗下的渤海国际信托股份有限公司持股61.5%、12%和11%；拉卡拉网络技术有限公司、广东海印集团股份有限公司、广州市广百股份有限公司为财务投资者分别持股5%、3.5%、3.5%和3.5%
12	华融消费金融股份有限公司	2015年7月7日	2015年12月28日	银行系	浙江杭州	5	杭州银行、西班牙对外银行、浙江网盛生意宝股份有限公司、海完集团有限公司、中辉人造丝有限公司、浙江和盟投资集团有限公司分别持股41%、30%、10%、10%、4.5%和4.5%
13	盛银消费金融有限公司	2015年10月23日	2016年1月26日	非银行系	安徽合肥	6	中国华融资产管理股份有限公司、合肥百货大楼集团股份有限公司、深圳华强资产管理有限公司、安徽新安资产管理有限公司分别持股55%、23%、12%和10%
14	晋商消费金融股份有限公司	2015年11月13日	2016年2月24日	银行系	辽宁沈阳	3	盛京银行、顺峰投资实业有限公司、大连德旭经贸有限公司分别持股60%、20%和20%
15	陕西长银消费金融有限公司	2016年1月14日	2016年2月24日	银行系	山西太原	5	晋商银行、奇飞翔艺（北京）软件有限公司、天津宇信易诚科技有限公司、山西华宇商业发展股份有限公司、山西美特好连锁超市股份有限公司分别持股40%、25%、20%、8%、7%

续表

序号		批准时间	开业时间	类别	注册地	注册资本（亿元）	股东情况
16	北银消费金融股份有限公司	2016年6月16日	2016年11月23日	银行系	陕西西安	3.6	长安银行、汇通信诚融资租赁有限公司、北京意德辰翔投资有限公司分别持股51%、25%和24%
17	哈尔滨哈银消费金融有限责任公司	2016年11月8日	2016年12月29日	银行系	内蒙古包头	3	包商银行以出资2.208亿元、股权占比73.6%；深圳萨摩耶互联网科技有限公司出资0.78亿元、股权占比26%；百中恒投资发展（北京）有限公司出资0.012亿元、股权占比0.4%
18	尚诚消费金融(筹备中)	2016年11月8日	2017年4月11日	银行系	黑龙江哈尔滨	5	哈尔滨银行持股59%，苏州同程软件有限公司、北京博升优势科技发展有限公司、上海斯特福德置业有限公司、黑龙江信达拍卖有限责任公司分别持股15%、10%、9%、5%和2%
19	河南中原消费金融股份有限公司	2016年11月17日		银行系	上海	10	由上海银行、携程旅游网络技术（上海）有限公司、深圳市德远益信投资有限公司、无锡长盈科盈科技有限公司共同组建
20	湖南长银五八消费金融股份有限公司	2016年12月20日	2016年12月底	银行系	河南郑州	5	中原银行、上海伊千网络信息技术有限公司分别持股65%和35%
21	易生华通消费金融(筹备中)	2016年12月27日	2017年1月24日	银行系	湖南长沙	3	长沙银行、北京城市网邻信息技术有限公司、长沙通程控股股份有限公司分别持股51%、33%和16%
22	北银消费金融有限公司	2017年1月9日		银行系	广东珠海	10	由吴江银行、汇通信诚、海航旅游、珠海格创、亨通集团、明珠集团共同组建

第三部分
专题研究

消费信贷业务信息系统建设研究 ／255

资产管理行业的统一监管初探 ／277

畅想信托的金融科技革命 ／297

将来债权资产证券化的风险及其防范研究 ／319

《同意销（预）售函》的法律风险研究——基于最高院
　一则案例的启示 ／335

银行业金融机构消费者权益保护问题成因探讨及相关建议 ／349

消费信贷业务信息系统建设研究

邱 放

一、研究背景与意义

（一）消费金融仍是蓝海市场，行业发展前景广阔

过去5年，我国消费规模快速增长，2011~2016年，社会消费品零售总额从18.4万亿元增长了近一倍，达到33.2万亿元，年均复合增长率为10.3%。伴随而来的是国民超前消费意识的增强，负债消费正形成趋势。调查显示，过去10年间，中国通过负债进行消费的人群数量上涨10%。到2016年末，中国消费贷款余额大约有5.4万亿元。同时，消费金融年均复合增长率达到了16.4%，远高于整体信贷规模的年均复合增长率9.1%。在传统信贷增速放缓的这一段时期，消费金融异军突起。

我国目前信贷人口渗透率不足三成，而西方发达国家如美国信贷人口渗透率已超过八成，随着我国居民消费观念的逐步转变，法律监管及配套措施日趋成熟，消费金融市场在供需矛盾下孕育出越来越大的市场潜力。同时，我国目前消费金融仍处于政策红利期，消费杠杆处于相对低位，待挖掘空间广阔。以银行为代表的传统金融机构长期以来，业务模式较为僵化，不能很好地覆盖到新兴的白领、蓝领、中产等消费群体，所涉及的业务场景也不够广泛，而这些潜在信贷用户被压抑的需求亟须新型消费金融模式来释放。调查数据显示，中国将在2030年前迈入中等收入国家的行列，3/4的中国人将成为中产阶级，同时，居民消费的数额将以每年平均5.5%的速度增长。随着人均可支配收入不断提高，年青一代消费意识的转变，消费金融持续增长的坚实基础不断被夯实。

国家政策引导的方向是大力支持消费金融的发展，从打开地域限制，到参与主体放开，再到加强监管，规范市场，防止"劣币驱逐良币"。整体来看，我国相关政策对消费金融的发展是利好的。

（二）信托公司创新业务模式、寻求新兴利润增长点的需要

2017年，信托资管规模突破20万亿元，稳稳占据金融第二大子行业地位。但与此同时，随着市场环境变化、行业竞争加剧，2017年信托业今年利润增长速度呈下滑趋势。随着泛资管时代同业竞争日趋加剧，制度红利逐步消失，以及自身经营拐点的显现，信托公司对于创新和转型的要求愈加迫切，开发新产品乃至创新运作机制已经成为共识。积极开展业务创新、实现差异化发展，寻求新的利润增长点，成为信托公司新的目标。

信托公司作为连接消费金融业务中资金端、资产端的重要媒介，在开展消费金融业务上有先天的优势。相较于银行贷款业务，信托贷款具有更强的灵活性与个性化色彩，表现为定价灵活、风险与收益匹配灵活、放款灵活，且与消费金融的多场景化特征有高度的适配性。随着监管层对信托八大业务展业方向的明确分类，信托公司消费金融业务可划归为事务管理类信托，属于监管层认可的业务拓展方向。在此形势下，信托公司开展普惠金融业务探索，具有积极的现实意义。

二、信托参与消费金融的业务模式

（一）业务模式简介

信托公司在消费金融业务中主要依托牌照优势，承担资金募集及贷款发放、回收的职能，而不具备资产端获取客户资源的优势，因此信托公司消费金融业务场景中，主要采用与第三方机构或助贷机构（简称"贷款服务机构"）合作的形式，由贷款服务机构负责借款人筛选、借款人信息核查、贷款手续办理、贷后管理与催收；信托公司负责贷款服务机构资质审

查、借款人二次风控、资金募集、委托三方支付机构或者自行放款收款及信贷业务全流程中的运营管理。总体业务框架如图1所示。

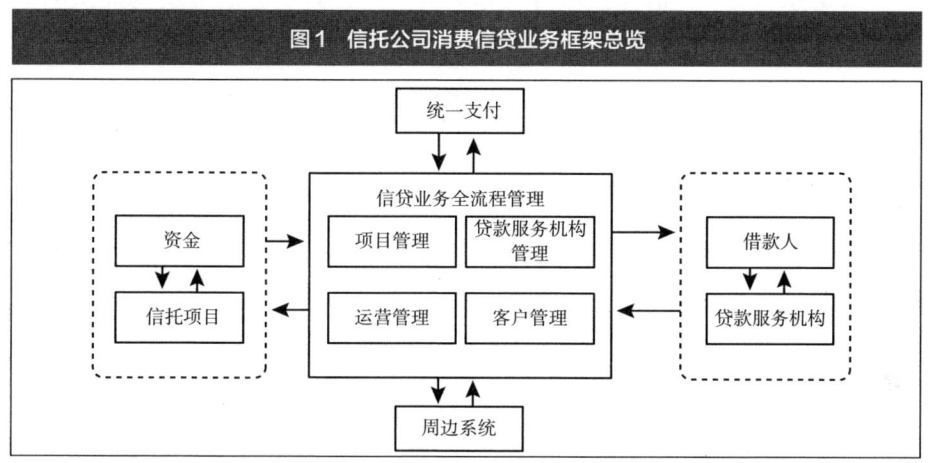

图1 信托公司消费信贷业务框架总览

（二）业务模式分类

根据信托公司在消费信贷业务中是否承担主动管理的职责，可分为事务管理类消费信贷业务信托与主动管理类消费信贷业务信托。

（1）事务管理类

事务管理类消费信贷业务信托，是指在信托项目中，资金和资产均由贷款服务机构提供或推荐，信托公司只承担放款、收款等事务类管理责任的信托项目，该类信托项目一般采取原状分配结束的运作模式，信托公司不承担风险。此类业务信托公司通过收取通道服务费的形式获取报酬，由于不承担主动管理职责，获取报酬率较低。

（2）主动管理类

主动管理类消费信贷业务信托，是指信托公司在该类信托项目管理过程中发挥主导性作用，在尽职调查、产品设计、项目决策和后期管理等方面发挥决定性作用并承担主要管理责任的经营性消费信贷信托业务。信托公司将上述管理工作中的一部分外包给第三方服务机构，但不致影响受托人主导地位的信托项目也可视为主动管理类消费信贷业务信托。

该业务模式下，信托公司自主募集资金，并对贷款服务机构提供的资产进行实质审核，通过结构化交易设计，贷款服务机构及关联机构承担连带保证责任，项目最终风险由信托公司与贷款服务机构共担。此类业务中，信托公司自主募集资金，承担违约风险，在业务开展过程中承担大量主动管理职能，具有较高的议价权。

信托公司在开展消费金融业务的初期，需要逐步完善各项业务流程，做大业务规模，不断加强对市场风险的认识，提升风险把控能力，持续推进IT系统的建设，优化内部运营能力。待业务具备一定规模后，且IT系统运行较为稳定时，可以逐步提升主动管理能力，建立自有内部征信体系，打造客户黑名单和反欺诈系统，进一步完善各项风控措施，主动承担审核借款人资质的职责，承担违约风险，增强信托公司在整个业务结构中的主动管理能力。

（三）业务交易结构

消费信贷业务开展的基本模式为信托公司募集资金，设立消费信贷业务信托计划，通过与贷款服务机构合作，由其负责筛选借款人、审查借款人资质、办理贷款手续、逾期催收、代偿、不良债权回购等职责。信托公司负责贷中、贷后运营管理、收款放款、风险预警、账务核算、资产保全等工作。基本业务流程为：

（1）信托公司多渠道募集资金，设立消费信贷单一资金信托计划或集合资金信托计划；

（2）信托公司对接贷款服务机构，由其向信托公司推送经其审核通过的借款人信息，信托公司二次审核通过后，贷款服务机构负责协助借款人完成线上线下签约服务工作；

（3）信托公司委托第三方支付机构或自行向借款人发放贷款；

（4）贷后管理。信托公司负责贷后监控、风险预警、贷款分类、还款管理、账务核算、资产保全。贷款服务机构负责借款人日常管理及逾期贷款催收；

（5）借款人根据借款合同约定将还款资金提前存入指定个人银行账户，信托公司委托第三方支付机构直接代扣款项至信托公司专户；

（6）如期间发生逾期贷款，由贷款服务机构负责催收，催收失败部分的债务，依照约定启动贷款服务机构代为偿还欠款或者回购不良资产债权程序，所有贷款顺利完成清算后，信托计划结束。

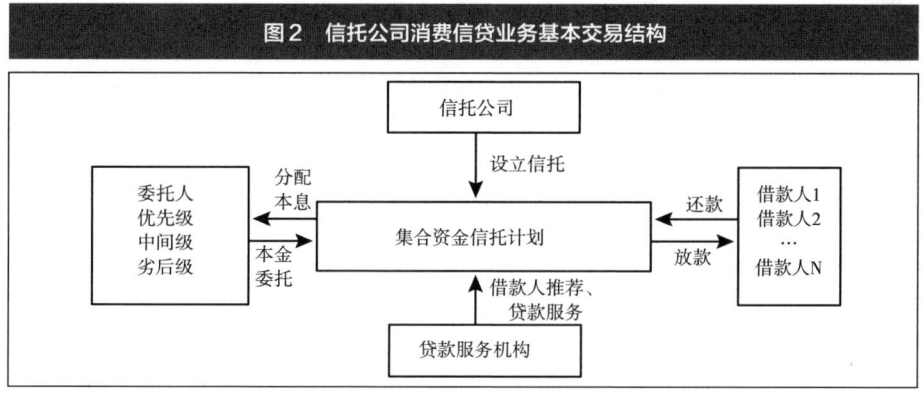

图2　信托公司消费信贷业务基本交易结构

（四）信托信贷业务与传统银行信贷业务的区别

信托信贷业务与传统银行信贷业务有着显著区别，具体体现在以下方面。

（1）业务中心点不同。银行信贷业务以借款人为中心，为借款人打造360度的全方位管理，包括借款人全景信息视图、个人画像、风险控制、贷后逾期催收、贷款核销等；而信托信贷业务以信托项目为中心，不过分关注单个借款人情况，更关注整个信托项目的运营，如信托贷款的发放与回收是否正常、项目整体逾期率是否正常、是否触及代偿回购警戒线等。

（2）业务主线不同。银行信贷业务以风险管控为主线，信托信贷业务以运营管理为主线。银行信贷业务直接承担不良资产的风险，因此格外关注借款人风险审查，建立了一套完善的贷前、贷中、贷后风控机制。而信托信贷业务中，通常通过结构化设计由贷款服务机构或其关联公司认购劣后级资产、贷款服务机构承诺进行不良资产的代偿、债权回购等方式兜底，信托公司不承担风险或承担少量风险，因此业务主线更加聚焦于信贷业务的运营管理，以顺利完成放款、收款、账务核算为主要目标。

（3）工作重点不同。银行信贷业务以授信管理为重点，信托信贷业务以融资服务为重点。银行信贷业务中资金端较为充裕，专注于借款人授信管理，以降低不良资产率为目标。信托公司在业务开展初期主要承担资金通道及放款、收款职能，因此重点关注寻找业务合作方，集中精力做大业务规模（业务后期，信托公司加强主动管理能力后，也将更加专注于借款人授信管理）。

（4）收入来源不同。银行信贷业务以收取贷款利息为主要收入来源，而信托公司在事务管理类信贷业务中，以收取通道服务费作为主要收入来源（后续逐步加强主动管理，也可获得贷款利息分成）。

三、消费信贷业务开展流程

（一）业务主要流程

消费信贷业务可分为贷款服务机构进件、风险审查、审批管理、签约放款、贷后管理五个阶段，如图3所示：

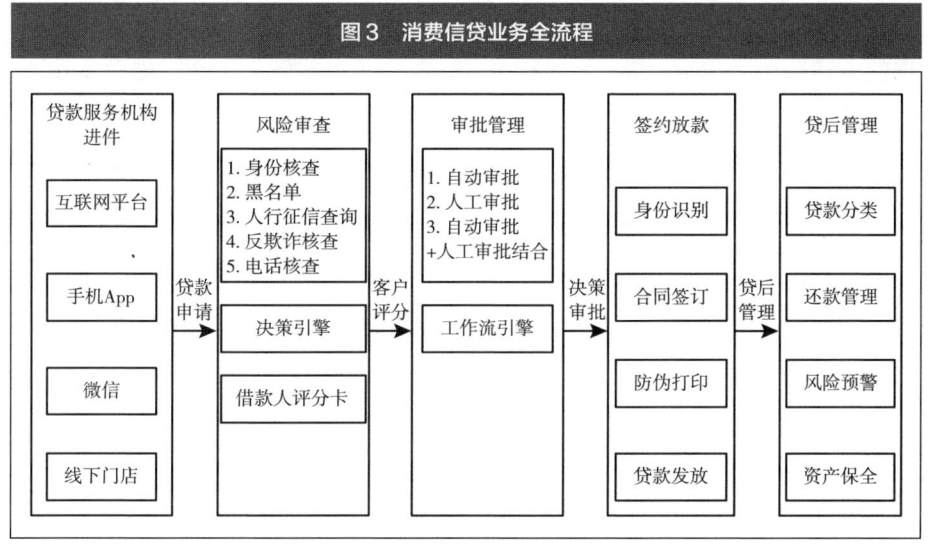

图3 消费信贷业务全流程

1. 贷款服务机构进件

贷款服务机构进件是指贷款服务机构通过互联网平台、手机App、微信、线下门店等渠道引流客户，为客户提供注册登录、填写贷款申请、额度申请、签订协议等前端服务，同时将客户信息传送到信托公司的行为。

信托公司与贷款服务机构约定进件信息要素项，通过线上系统对接或者线下文件传输的方式，导入客户基本信息、身份信息（含影像资料）、联系信息、收入状况信息、资产负债信息等，提交信托公司信贷系统开展进一步借款审核工作。

2. 风险审查

贷款审批阶段，信托公司根据承担风控职责情况，酌情开展多维度的借款人信息审核。目前主要措施有：黑名单、身份核查、反欺诈核查、人行征信查询、电话核查、借款人评分卡等。借款人评分卡信息可根据身份校验信息、征信信息、黑名单等多项组合措施，经过合理的规则认定，为客户勾勒个人画像，最终生成评分信息。系统自动根据既定的审批策略，对不同分值的用户自动生成审批结果,例如:对得分≤50的用户,拒绝其贷款申请;50＜得分≤70分的客户,拒绝或者调整贷款额度;得分＞70的客户,通过贷款申请。

客户的评分体系由流程引擎、规则引擎、决策引擎组成,流程引擎根据内外部客户多维度信息进行数据匹配、转换、计算,将标准数据推送到规则引擎中进行评分计算,最终由决策引擎得出用户审核结果。

系统对于该评分结果的最终审核确认,根据审批方式可分为自动模式和人工模式,对于业务量大、单笔金额小的贷款类审批,比如3C消费贷、信用卡分期等,可以由系统自动完成审批;对于房抵贷、车抵贷等业务量级可控、单笔金额较大的贷款类型,可通过人工干预判定的方式进行最终审批。

3. 签约放款

合同签约目前主流方式是通过线上电子签约,信托公司通过数字证书、文件证书、场景证书、时间戳等安全加密防护机制,配合电子签章,完成与客户的线上签约。合同签约流程主要有如下两种方式。(见图4)

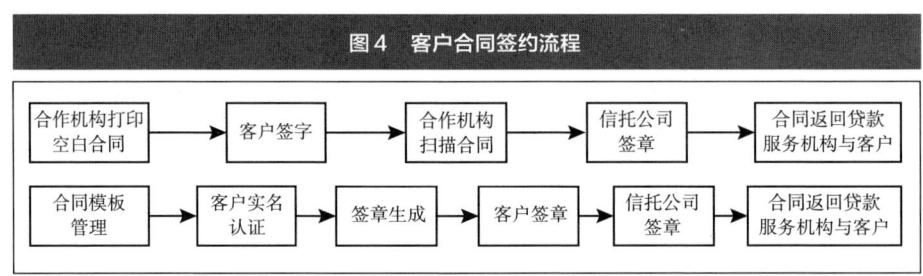

图4 客户合同签约流程

合同签约完成后,信托公司通过第三方支付渠道代付的形式,批量向借款合同指定银行账户发放贷款。

4. 贷后管理

贷后管理是消费信贷业务的重要组成部分。主要包含贷款资产分类、还款管理、贷款风险预警、资产保全等工作。

(1) 贷款资产分类

贷款资产风险分类是整个信贷风险管理非常重要的环节，也是贷后管理的重要组成部分。信贷资产风险分类针对每笔信贷资产质量进行风险分类，目的是揭示信贷资产真实价值和风险程度，真实、全面、动态地反映信贷资产的质量，发现信贷资产发放、管理监控过程中存在的问题。系统根据预先设定的参数逻辑规则，自动筛选满足条件的分类贷款（如：根据逾期天数情况进行分类），系统会根据贷款分类参数确认每笔贷款的贷款分类状态。目前监管要求确定的贷款分类为五级分类。依次为：正常、关注、次级、可疑、损失。信贷资产的分类，既是满足外部监管、审计的需要，也是为防范风险、增加透明度、及时进行资产处置提供参考依据。

(2) 还款管理

消费信贷业务支持多种还款方式，如：利随本清、按期还息一次还本、等额本息、等额本金及其他方式。系统支持还款计划调整功能，调整内容包括：扣款日调整、利率调整、还款方式调整、期数调整（缩期/延期）。所有的调整操作都需要经过流程审批处理。还款计划调整需要人工进行申请，选择需要调整的贷款并选择调整方式，借款人和贷款信息将根据申请时选择的贷款借据信息显示。在所有的调整生效后，系统将自动生成新的还款计划表。

(3) 贷款风险预警

通过风险预警、贷款风险度测算等多种风险控制手段，进行全过程、全方位的信贷风险识别、量化、跟踪和控制。预警类型包含还款到期预警、风险集中暴露预警、自动审批风控预警、贷后检查预警、信托计划不良预警等。如图5所示，消费信贷业务风险预警体系的一般设计流程为：定义预警对象、明确预警主题、设计预警信号、划分预警等级、动态持续调整。通过不断动态调整的预警体系，及时预测业务可能产生的风险，提前向业务人员发出预警提示，减少损失。

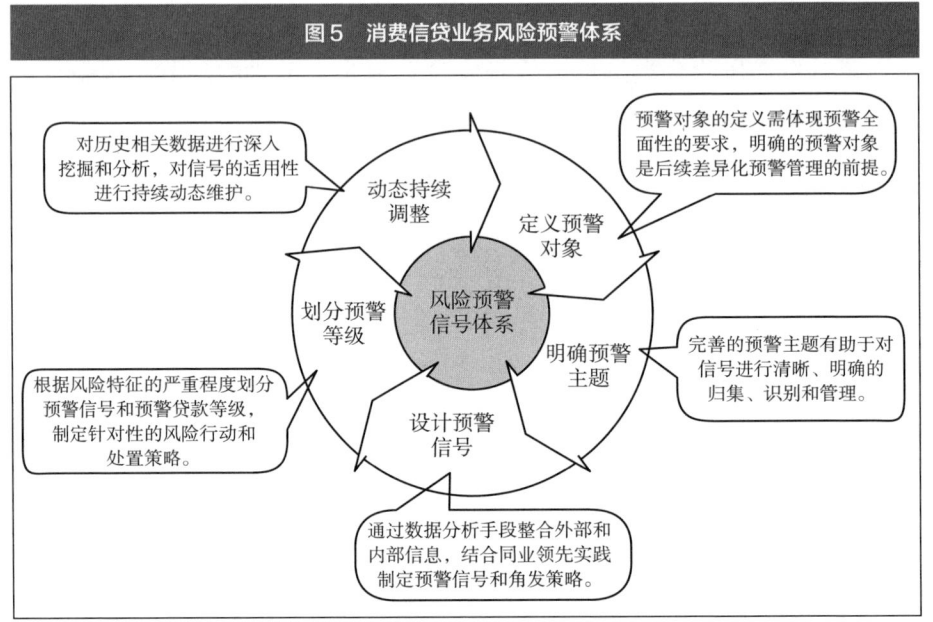

图5 消费信贷业务风险预警体系

（4）资产保全

在发生逾期贷款后，信托公司可采取一系列资产保全措施，包含逾期催收、逾期资产代偿、债权回购机制等。鉴于信托公司人员配备较精简，难以组织专业团队开展催收工作，此项工作一般在前期与贷款服务机构合作谈判中，约定由其承担催收职责。对于催收后仍然未能偿还的债务资产，可根据与贷款服务机构约定的风险职责划分，由贷款服务机构代偿欠款。若一定期限内未能代偿欠款，则可要求贷款服务机构回购不良资产债权，避免信托公司承担不良风险。

（二）业务风控管理

信托公司在业务开展过程中，牢把风险关是第一要务。风险管理覆盖贷款的前、中、后期，覆盖流程管理、贷款服务机构管理、客户管理等方方面面，建立一套有效的风险管理体系至关重要。业务开展过程中的风险管理覆盖以下维度。

1. 贷款服务机构审查

贷款服务机构的综合实力直接影响信托公司的业务风险，信托公司应当与股东背景强、资本实力相对雄厚、技术实力强、运营规范的贷款服务机构展开合作。对贷款服务机构股东综合实力、业务运营能力、风控水平、所在区域经济发展水平、过往贷款质量等多维度进行考察是业务开展的先决条件。

2. 多重保障措施

信托公司通过严格贷款资质审核、明确责任划分等多重措施，降低风险发生概率。例如，借款人依靠良好的信用或提供资产抵押，经贷款服务机构和信托公司的双重审核后，才能获得贷款资格；贷款服务机构及其关联公司作为信托项目劣后投资人承担安全垫职责；贷款服务机构承担不良资产的代偿、回购责任。

3. 贷款组合管理

信托公司通过对贷款资产进行分散配置，使单笔业务额度控制在一定范围内，同时对贷款服务机构进行授信额度控制，综合考虑行业、区域、经济发展情况等因素进行组合管理，避免发生系统性风险。

4. 强化资金管控

贷款发放时，信托公司负责将信贷资金直接发放至借款人账户，防止机构挪用；通过绑定借款人银行卡，还款直接由第三方支付机构代扣，防止机构截留借款人还款资金，保障信贷资金的高度透明、可控、穿透性。

（三）业务运营管理

为保障信托公司消费金融业务顺利开展，可建立独立的业务管理运营团队，形成事业部运营模式，团队根据业务职责可划分为前台业务拓展、中台风控运营管理、后台财务核算及IT技术保障的组织架构（见图6）。

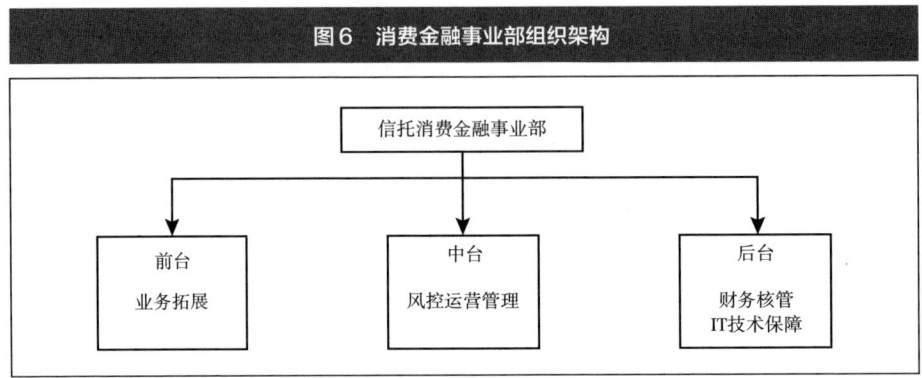

图6 消费金融事业部组织架构

前台部门：包括业务经理，负责寻找合适的合作机构、确定业务合作模式。

中台部门：包括运营经理（及运营总监）、风控合规经理。运营总监负责业务审核、信贷业务运营情况监控、合作机构运营情况检查；运营经理负责项目管理、机构管理、资金管理、回收管理、贷后管理、清结算管理、征信管理等贷中与贷后管理工作。风控合规经理负责业务风险把控、合同模板制定、合同审查、信贷业务相关规章制度的制定。

后台部门：包括财务经理、IT经理。财务经理负责放款、收款指令执行、资金收支管理、账务核算。IT经理负责信贷系统的建设、运营维护以及与外部合作机构的技术对接。

四、消费信贷系统功能框架

消费信贷系统以贷款业务处理子系统为核心，以决策引擎、外部征信系统、反欺诈系统、信托业务系统、总账财务系统、支付系统、影像系统、电子签章系统等子系统为支撑形成系统业务功能框架。消费信贷系统总体架构如图7所示。

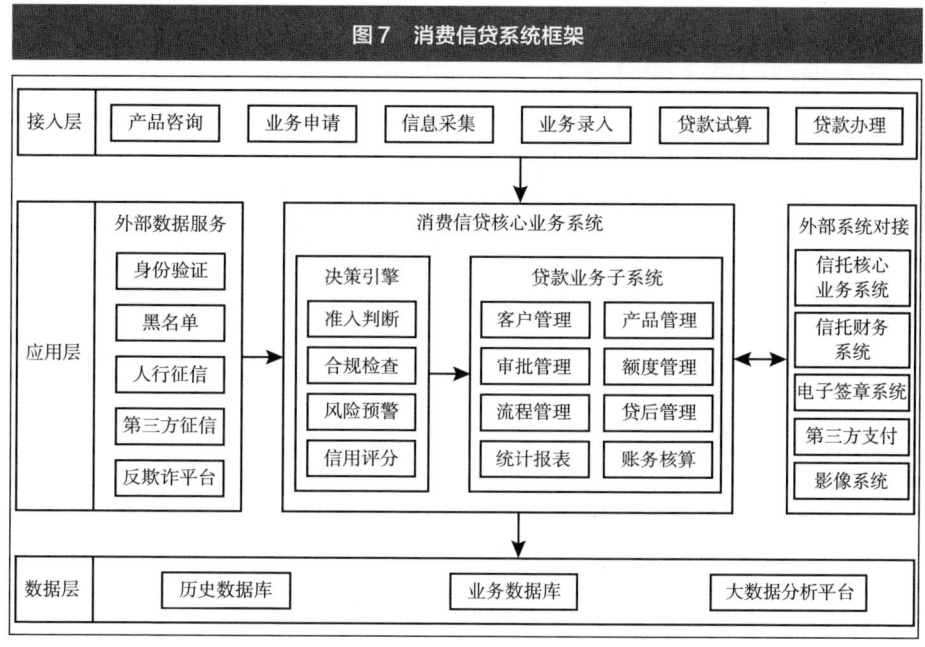

（一）风控管理

风控管理模块主要通过建立评分卡机制、黑名单机制，外部对接三方反欺诈系统、人行征信系统、第三方征信系统来实现多维度风控。贷前风控管理流程如图8所示。

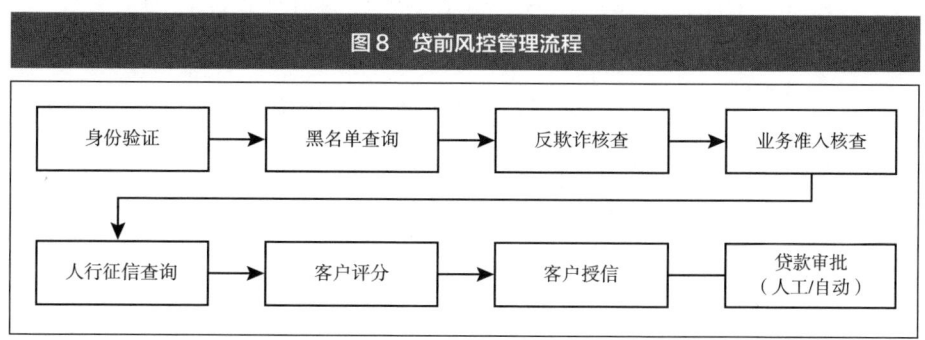

（二）规则引擎（评分卡）

规则引擎负责将应用程序中的业务规则（业务逻辑）抽取出来，使用预定义的语义模块编写业务决策。它的任务是把当前提交给引擎的数据对象与加载在引擎中的业务规则进行测试和比对，激活符合当前数据状态下的业务规则，根据业务规则中声明的执行逻辑，触发应用程序中对应的操作。

信托公司开展消费信贷业务，初期可以借鉴银行业小微信贷业务的评分规则，并不断在业务开展过程中收集、分析客户数据，提取出自身适用的规则，通过数学建模与论证，验证规则的有效性，将该有效规则添加至规则引擎，不断循环优化，丰富规则的精准度。例如，可以针对借款人的职业类别、家庭年收入、征信查询所得信用卡额度、借款人对外担保额度、借款人所属区域消费水平等指标，综合测算出该客户的授信额度评分，作为系统自动审批决策的依据。

（三）流程引擎

流程引擎模块负责消费信贷业务系统所需的内部审批流程的搭建、流转以及审批支持工作。流程引擎工具的配置，通过可视化 GUI 界面，拖拽的方式完成整个流程的设计。为了满足金融机构对审批流程的监管要求，包括审批时限监控、流程人员工作时段分析、流程人员工作业务办理情况等。具体业务流程需要信托公司业务开展过程中确定，工作流应支持随时增加或删除流程节点，以满足用户对流程的不同要求。

（四）支付管理

为实现对资金流向的有效监控、满足监管层面要求的"穿透"原则，信托公司作为消费信贷业务中与借款人直接发生借贷关系的债权人主体，需要自主完成对贷款的发放与回收工作。为保障放款、收款的大批量、及时性，同时支持多银行渠道、提升用户体验，信托公司一般采取与第三方支付机构合作，通过向其发送指令，委托其完成贷款的发放与回收工作。

系统层面涉及消费信贷系统、信托核心业务系统、第三方支付机构的数据交互。放款业务和回款业务的流程如图9所示。

在三方支付机构的选择上，目前市场上支付宝、微信支付占据绝大部分市场份额，但信托公司与它们合作很难有更多的议价权，因此目前较为主流的合作三方机构，如银联支付、快钱、通联支付等均可作为考虑对象，各家机构的主要区别在于代收付手续费的收取方式、资费情况、收付款额度、与信托信贷系统对接费用、身份认证费用以及合作接入的银行数量不同，建议信托公司可挑选两家优势互补的支付机构作为合作对象，可在不同业务场景下固定选用一家支付机构的某几类业务；此外，双支付机构并行服务也能够起到互备作用，规避单点故障，保障支付业务运行的稳定性。

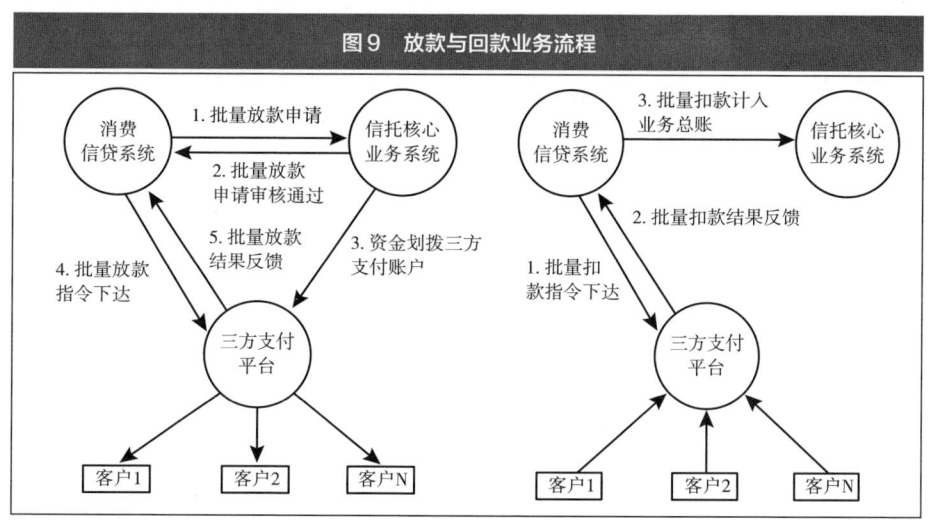

图9 放款与回款业务流程

（五）影像管理

影像管理是指贷款服务机构将客户身份证件、押品权证、签约过程记录等影像信息传送给信托公司，作为信托公司的贷款审核参考依据，同时将影像信息妥善存储保管的过程。

目前主流的影像交互方式有3种。

（1）接口传输。通过系统实时对接，同时自动检测影像的完备性。

（2）FTP服务器传输。建立FTP服务器站点作为双方连接点，系统自动向FTP发送和读取影像文件。

（3）线下传输。通过邮箱、即时通信工具、网盘等线下方式传输。

其中，接口传输方式优势是实时性强，劣势是对系统对接要求高，逐家对接工作量大，同步传输网络带宽占用较高，当业务量不断增长的同时，对系统接口的传输能力挑战较大；FTP服务器传输的优势是能满足大批量数据传输要求，劣势是体外传输与系统有脱节，不如接口传输便于管理；线下传输属于较原始的初级方式，信托公司与贷款服务机构完全没有系统交互，效率低下，管理不便。

信托公司可根据业务开展情况，优先选择接口传输、FTP服务器传输或者二者相结合的方式进行影像资料传输。

（六）账务核算

消费信贷账务核算模块通过配置核算规则，独立完成贷款本金、利息的账务处理，实现账务处理的规范统一。消费信贷账务核算模块与消费信贷管理模块实现交易联动、数据共享。

消费信贷账务核算模块处理由消费信贷系统发起的账务类业务交易（如贷款发放、贷款还款、账务查询等），及由消费信贷管理系统发起的非账务类业务交易（如贷款分类调整、利率修改、还款计划调整、各种流水及分录明细查询等）组成。消费信贷账务核算模块中的贷款利息计提、按季（月）结息、利息自动扣收、批量扣款通过系统设置的业务规则自动判别实现。

消费信贷系统需要与信托总账财务系统完成财务数据的交互。财务核算根据业务约定的条件触发，完成符合条件的贷款账户利息和扣款额的计算，按账户生成汇总扣款文件，将需记账交易信息发送给信托总账财务系统。

（七）日终批处理平台

日终批处理是指系统每天完成当日任务后，自动进行当日交易结转处理相关的批处理过程，批处理内容包括日切前批处理（批量还款、利息计提等）与日切后批处理（结息、催收、报表等）。日终批处理的主要环节包括：交易封锁、每日利息计提、贷款自动扣款、贷款利率调整、日终结息等。

考虑到日终批处理设计中日间交易的顺序和配置，可以根据需求灵活配置日终任务的顺序以及任务开关，根据需求定制符合信托公司实际情况的日终任务流程。

（八）统计管理

统计管理主要包含消费信贷业务过程中的各类统计报表的生成与查询功能，旨在为决策层、管理层、操作层提供不同等级与不同形式的分析服务。该模块包含历史贷款申请查询、还款查询、逾期查询、罚息查询、会计分录查询、客户信息查询、交易信息查询、审批进度查询、催收查询，等等。

五、消费信贷系统供应商情况

信托公司近三年来逐步开始探索消费信贷业务，起步较晚，目前市面上主流的消费信贷系统的供应商主要是过去为商业银行、消费金融公司提供消费信贷系统支持的公司，鉴于银行消费信贷业务与信托信贷业务在侧重点和关注点上有所不同，在如何更精准地理解信托公司的消费信贷业务开展环境与适配场景方面，各家均仍在持续摸索。除了采取与供应商合作模式之外，也有信托公司（如云南信托）采用自研系统的方式支持消费信贷业务开展。

目前已经与信托公司开展业务合作的供应商有：上海安硕信息技术股份有限公司（以下简称"安硕信息"）、北明软件有限公司（以下简称"北明软件"）、东华软件股份有限公司（以下简称"东华软件"）、北京宇信科技集团股份有限公司（以下简称"宇信科技"）、深圳中顺易金融服务有限公司（以下简称"中顺易"）。各家公司与信托公司的业务合作情况如表1所示（按首字母序排列）。

表1 信托公司系统供应商合作情况

消费信贷供应商	代表合作信托公司	开始年份
安硕信息	渤海信托、中融信托	2016
北明软件	中航信托、国通信托	2016
东华软件	外贸信托	2016
宇信科技	长安信托、中航信托	2016
中顺易	中信信托	2015

总体上看，各家公司依靠其长期在银行业积累的消费信贷系统建设经验，均能够支持信托公司业务开展，但同时并未有一家公司取得绝对的优势，说明各家公司均有其独有的特点，但优势并不显著。能否进一步理解

信托信贷业务并迅速做出差异化、定制化的改进和优化，将会在很大程度上影响供应商在信托消费信贷业务这片蓝海中的深度拓展。

六、展望与未来

信托消费金融业务有别于传统信托业务，因其高并发、大数据量、业务实时性强等特点，对于信息系统的依赖非常高，未来信息技术将不再仅仅担当业务支持的角色，而是更多地向业务前置，与业务拓展并行，实现"两条腿走路"。信托公司开展消费金融业务，可分为"三步走"战略。

（1）事务管理阶段。信托公司消费金融业务开展初期，对业务认知程度不深、对市场了解不够、风险把控能力较弱，运营经验缺乏，这个时期可从通道业务做起，借机捋顺熟悉市场业务的运作方式，培养起专业的消费金融业务、技术团队，不断完善运营管理。此阶段主要以收取通道服务费为主要收入来源，业务目标是快速做大规模，抢占市场。

（2）主动管理阶段。此阶段，信托公司业务开展已经积累了一定的业务运作经验，提升了对市场的认知能力，加强了对风险的把控能力，业务运营也趋于顺畅高效，IT系统运行稳定，能够较好地支持业务运行与新业务拓展。该阶段应该加强信托公司的主动管理能力，能够建立起一套完善的风险审查机制与客户评定标准，筛选出优质客户，降低逾期风险；能够根据长期积累的业务数据建立起智能大数据分析系统，提供预警机制，监控业务风险，协助自动化决策。

（3）综合平台服务阶段。在信托公司经历了上述事务管理阶段和主动管理阶段后，由于具备了较强的业务拓展能力、运营能力、IT技术支持能力和大数据分析能力，信托公司可考虑搭建金融服务平台，不仅可以对内提供业务和技术支持，同时还可以对外进行输出技术服务。

总体来看，信托公司利用其长期积累的财富管理优势，以资金提供方介入消费金融领域，在与贷款服务机构合作过程中逐步加强主动管理能力，打造综合消费金融服务平台。未来，在资金端持续拓展延伸，着手将资产端形成的债权资产，依托信托破产隔离优势，在开展分层、增信、评级措施后，以资产证券化方式发行专项资管计划及资产支持票据，打通资产证券化通道，增强资产分析、定价能力，拓宽融资渠道，提升资产流动性。对于优质贷款服务机构，在建立起长期良好合作的基础上，信托公司考虑对其开展股权投资，实现投贷联动，促进协同发展，打造覆盖资金端、资产端及多金融场景的消费金融全产业链。

资产管理行业的
统一监管初探

袁 路

随着《关于规范金融机构资产管理业务的指导意见（征求意见稿）》的形成，资产管理行业已进入统一监管改革的前夕。作为业务发展倒逼统一监管改革的初始行业，资管行业的统一监管改革为我国金融监管体系向混业监管转型探索积累经验，对资管行业的整体发展有重要意义。

一、我国的金融监管体系现状——分业监管

金融监管是指一国金融监管当局以法律法规为依据，对金融业的经营进行监督管理的行为。为适应金融业的发展，我国政府一直在摸索符合国情的金融监管模式。截至目前，我国大体上已形成"分业经营、分业监管"的金融监管体系。

从20世纪80年代中期到90年代初期，我国金融业的监管统一由中国人民银行负责，这是最初的混业管理。

随着金融机构种类的多样化和金融业务品种的快速发展，在分业经营格局基本形成后，1998年我国对金融监管体制进行了重大改革，将证券机构和保险公司的监管权由中国人民银行移交给中国证券监督管理委员会（以下简称"中国证监会"）和中国保险监督管理委员会（以下简称"中国保监会"）。

三家机构的监管职能有着明确的分工。中国人民银行在国务院领导下，制定和执行货币政策，并对金融业实施监督管理。中国证监会是在国务院领导下的对全国证券、期货市场实行集中统一监督管理的机构，依法对证券市场实行监督管理、维护证券市场秩序、保障其合法运行。中国保监会是国务院直属事业单位和全国商业保险的主管机关，依法统一监管保险市场。

中国人民银行集中了银行监管和制定货币政策这两大职能，而"超脱"于银行监管之外独立地进行货币政策的制定有助于其更加合理地制定政策。尤其是当货币政策与商业银行的流动性需求之间产生目标冲突时更

是如此。在十届全国人大一次会议的第三次全体会议上通过了《关于国务院机构改革方案的决定》，它将中国人民银行对银行、资产管理公司、信托投资公司及其他存款类金融机构的监管职能分离出来，并与中央金融工委的相关职能进行整合，成立中国银行业监督管理委员会（以下简称"银监会"）。银监会自2003年4月28日起正式履行职责。根据授权相关规定，银监会对银行、金融资产管理公司、信托投资公司以及其他存款类金融机构进行统一监督管理，维护银行业的合法、稳健运行。至此，形成了中国人民银行、中国银监会、中国证监会、中国保监会分别对银行业、证券业和保险业进行监管的"多头"监管模式。

可以看到，我国直到2003年才正式形成"一行三会"的分业监管的格局，距今也才不过15年。然而，分业监管随着大资管行业混业经营的愈加放开，从机构监管向统一功能监管转向的实际需求愈加迫切。

二、大资管行业现状——混业经营的开端

资产管理是指委托人将自己的资产交给受托人，由受托人为委托人提供理财服务的行为，金融机构代理客户资产在金融市场进行投资，为客户获取投资收益。2012年之前，资管行业基本一直由信托、基金公司和保险公司垄断，其他金融机构受限于从业范围，几乎没有参与的机会。

从2012年初开始，中国的资产管理行业迎来了一轮监管放松、业务创新的浪潮。一行三会或单独或联合频频发出通知，在扩大投资范围、降低投资门槛以及减少相关限制等多方面，打破了证券公司、期货公司、基金管理公司、银行、保险公司、信托公司等金融子行业在资管行业的竞争壁垒。资管行业在监管放松、鼓励业务创新的政策环境下，呈现出与之前资管行业完全不同的混业经营状态。至此，中国大资管行业混业竞争的局面开始形成。

表1 2012年以来资管行业混业经营政策概览

时间	政策	影响	发布机构
2012年1月1日	《商业银行理财产品销售管理办法》	全面、详尽地对商业银行销售理财产品进行规范	银监会
2012年5月中旬	《关于进一步扩大信贷资产证券化试点有关事项的通知》	信贷资产证券化再度开启	央行、银监会、财政部
2012年5月22日	《期货公司资产管理业务试点办法》	期货公司获准开展资产管理业务	证监会
2012年7月16日	《保险资金委托投资管理暂行办法》	同意符合一定资质的保险公司开展保险委托投资	保监会
2012年8月	《关于推进证券公司改革开放、创新发展的思路与措施》	明确鼓励证券公司开展资产托管、结算、代理等业务	证监会
2012年9月26日	修订《基金管理公司特定客户资产管理业务试点办法》	证投基金管理公司首次获准进入股权投资（PE）领域	证监会
2012年10月11日	修订《证券公司设立子公司试行规定》	放宽证券公司子公司申请扩大业务范围门槛	证监会
2012年10月12日	《关于保险资金投资有关金融产品的通知》	明确符合一定要求的保险公司可发行的金融产品	保监会
2012年10月12日	《基础设施债权投资计划管理暂行规定》	规定了保险公司或资金的债券投资计划要点	保监会
2012年10月22日	《关于保险资产管理公司有关事项的通知》	全面、详尽地对商业银行销售理财产品进行规定	保监会
2012年10月22日	《证券公司资管业务管理办法》	修订规范证券公司资管业务	证监会
2012年10月26日	《关于进一步完善证券公司直接投资业务监管的通知》	制定相关自律规则	证监会
2012年10月29日	《证券投资基金管理公司子公司管理暂行规定》	规范基金公司子公司的行为	证监会
2012年11月2日	《证券公司直接投资业务规范》	对直投业务进行自律管理	证监会
2012年12月21日	《证券公司柜台交易业务规范》	启动证券公司柜台交易业务试点	证监会
2012年12月28日	修订《证券投资基金法》	承认私募证投基金合法地位	证监会
2012年12月30日	《证券公司投资者适当性制度指引》	明确证券公司制定的投资者适当性制度	证监会
2013年2月4日	《关于保险资产管理公司开展资产管理产品业务试点有关问题的通知》	规范资产公司开展资管业务资质条件等五个方面	保监会

续表

时间	政策	影响	发布机构
2013年2月18日	《资产管理机构开展公募证券投资基金管理业务暂行规定》	为除证投基金管理公司以外的其他机构开展公募证投基金管理业务预留了法律空间	证监会
2013年3月15日	《证券公司资产证券化业务管理规定》	规范证券公司资产证券化业务活动,保障投资者的合法权益	证监会
2013年3月15日	《中国证券市场金融衍生品交易主协议》	对一系列金融衍生品交易过程中所涉及的诸多共同问题和条件做出约定	证监会
2013年3月15日	《证券投资基金销售管理办法(2013修订)》	管理证投基金销售	证监会
2013年3月15日	《证券投资基金销售机构通过第三方电子商务平台开展业务管理暂行规定》	针对公开募集证券投资基金销售予以进一步的规范和指引	证监会

资料来源:网上公开数据整理。

制度间的壁垒被政策消除以后,不同机构之间的竞争立刻进入白热化阶段。如首次诞生于2012年11月的基金子公司,依靠《证券投资基金管理公司子公司管理暂行规定》可以开展同业合作业务,仅用不到4年时间,就于2016年第二季度突破了10万亿元规模,而以同业合作业务为重要规模增长手段的信托公司相应的增长速度从2012年开始则骤然放缓。

总体上来讲,中国的大资管行业在过去五年中快速发展。到目前为止,大资管行业的参与机构包括银行理财机构、信托公司、保险机构、券商资管机构、基金公司、私募基金机构、基金子公司等,覆盖了几乎所有的金融机构。中国人民银行金融稳定局局长陆磊在2017年清华五道口全球金融论坛上介绍称,截至2016年年末,包括银行理财、信托计划、公募基金、私募基金、券商资管计划等各类资产管理产品的总规模已经达60万亿~70万亿元。

而大资管行业的监管,也随着分业监管的总体格局,被分隔成不同监管机构互相独立的局面。如银行和信托公司归属银监会监管,券商资管和基金子公司则归属证监会监管。中国的大资管行业至此进入了"混业经营，分机构监管"的时代。

三、国际监管经验——分久必合

目前，世界各国及地区的金融监管体制并没有一个统一的模式。世界各国及地区的金融监管体制建设进度也并不相同。但是，绝大多数都会经历由初级阶段的混业经营混业监管到发展阶段的分业经营分业监管再到发达阶段的混业经营混业监管的发展过程。

（一）美国——伞式监管模式

1929年经济大萧条之前，美国银行与证券两种金融机构的业务并没有严格区分，实践中两个行业是融合的，类似金融混业经营制度。1932年，美国每四个银行就有一家倒闭，引发了当时的经济大萧条。针对危机，总统罗斯福实施新政，一系列旨在维护金融体系稳健安全、恢复公众投资者信心的法律出台，其中最著名的代表就是1933年的《证券法》和1933年的《银行法》。两部法典将投资银行业务和商业银行业务严格地区分开来，保证商业银行能够避免证券业带来的风险，禁止银行包销和经营公司证券，只允许它们购买由美联储批准的债券，自此开始了长达66年的金融业分业经营的历史阶段。

由于金融业被强行划分为分业经营模式，监管机构也相应进行分业监管。以商业银行、证券公司和保险公司不同身份为标准，划分监管权力，形成银行、证券和保险"三足鼎立"的架构，这就形成了机构监管模式。加之美国是联邦与州二级行政体制，所以在同一个行业内存在多个监管者。

1999年的《金融服务现代化法案》废除了1933年《银行法》的分业

经营限制，允许金融机构以设立金融控股公司的方式实施混业经营，美国的金融监管逐渐开始采纳功能监管模式，并辅之以伞形监管架构。一般认为，在1999年《金融服务现代化法案》之前的美国金融监管体制为"机构监管"，它与金融分业经营模式相对应，而在这之后，美国为适应金融混业经营模式而试图向"功能监管"转型。虽然《金融服务现代化法案》明确地提出了功能监管的理念，并引入了功能监管的做法，但它并没有从本质上改变美国现有的银行、证券和保险"三足鼎立"的机构监管模式，而是形成一种功能监管与机构监管的混合监管体系。

2008年次贷危机爆发，对美国金融体系造成严重冲击，暴露了美国金融监管制度的不足。在此形势下，2010年7月美国通过了迄今为止改革力度最大、影响最深远的金融监管改革法案，即《多德－弗兰克华尔街改革和消费者保护法》。此次金融监管改革以维持金融稳定、防范金融危机为目标，将所有金融领域纳入监管范畴。并提出了一系列监管措施，成立了金融稳定监督委员会（Financial Stability Oversight Council，FSOC），实现跨金融市场、跨机构功能的不同监管机构之间的信息共享和协调监管，将宏观审慎监管付诸实践，有效地弥补了微观审慎监管对系统性风险监管的不足。这次改革实际上完善了美国混合监管体系。

（二）英国——统一监管模式

英国在新世纪形成了世界首屈一指的统一监管模式。1933年英国金融危机后，英国银行机构与其他金融机构在各自机构范围内开展金融业务，金融监管也采用了分业监管模式。英格兰银行被国有化并作为中央银行授予银行监管职能，负责商业银行和非银行金融机构的审慎监管；金融监管体系被分为九个监管机构，分别行使银行、证券、保险和房屋协会等机构的监管职能，形成了分业监管体制。

20世纪70年代以来，英国金融业混业经营的程度不断加深，英国政府也开始放松对金融业的管制,但 1973 年次级银行危机和 1984 年马西银行危机,让英国政府充分认识到其分业监管体系的缺陷,从此开始探索对监管模式进行全面改革。1986 年,英政府颁布《金融服务法》,确立了金融集团的运营模式。1997 年金融服务局正式成立,它本身是一个私人公司,但行使原来九家金融监管机构的监管职能。2000 年,英国议会颁布《金融服务和市场法》,确定了金融服务局的法律地位,授权其统一负责全部金融活动监管。至此,英国混业经营、混业监管体制形成。

2008 年开始,英国转向集权监管模式,英格兰银行全面回归,成为真正意义的大央行。在大央行体系之下,2009 年英国议会出台了《2009 年银行法》并设立英国金融政策委员会(FPC)主要负责金融监管体系政策制定;2012 年出台《2012 年金融服务法》撤销了金融服务局统一领导下的监管体制,将英国金融政策委员会纳入英格兰央行,同时成立了审慎监管局(PRA)和金融行为监管局(FCA)。金融监管政策由过去的微观审慎为主、宏观审慎为辅转向为宏观审慎为主、微观审慎为辅。2016 年,《2016 年英格兰银行和金融服务法案》正式发布,货币政策委员会、金融政策委员会和审慎监管委员会共同组成的英格兰银行组织架构正式形成。可以看到,2008 年以来的改革虽然变化极大,但总体混业监管的体制没有改变。

(三)澳大利亚——双峰监管模式

20 世纪 80 年代以前,金融监管改革前的澳大利亚,也经历了长期的分业经营、分业监管阶段,以金融机构和金融市场作为监管对象,而不十分关注金融服务和金融商品,属于机构监管模式。

为了应对全球化趋势,澳大利亚资本市场首先开始整合,1987 年六家证券交易所合并为澳大利亚证券交易所;1990 年,八家监管机构合并为澳大利亚证券委员会。1996 年开始,政府宣布任命金融体系调查委员会对金融体系进行全面调研。随后委员会向澳大利亚政府提交了《金融系统调查最终报告》。报告认为，传统银行业、证券业、保险业的分业监管体制难以适应现代金融市场的发展，为有效防范金融危机，需要进行根本性改革。1998年，澳大利亚政府在采纳报告建议的基础上，进行大幅度金融监管改革。

按照不同监管目标，澳大利亚成立了两家监管机构，形成旗帜鲜明的"双峰监管"模式。一家监管机构为澳大利亚审慎监管局（APRA），它以实现金融系统稳健运行为目标，负责金融机构的审慎监管和风险监管；另一家监管机构为澳大利亚证券与投资委员会（ASIC），其前身即证券委员会，以实现消费者保护为目标，负责金融市场秩序和消费者保护。

（四）德国——统一监管

德国的金融体系是最纯粹、最极端的金融混业经营模式。不仅德国的金融机构可以实行混业经营，而且任何在德国获得经营许可的外国银行也都可以实行混业经营。在这种混业经营下，德国的监管也采用了统一的监管模式。

进入21世纪，德国政府为了提高本国的市场竞争力，加强德国在全球金融领域的地位，开始推进金融监管体制改革。2002年德国《统一金融服务监管法》正式通过，新成立了德国金融监管局，履行对德国金融业统一监管的职能。金融监管局的职能机构包括理事会、咨询委员会以及三个分别接替原银监局、证监局和保监局职能的委员会，另设三个特别委员会负责整个金融市场的监管工作。

德国金融监管模式虽然仍然坚持以机构监管为基础，但强调各监管机构之间的协调作用。分工明确、互相协作机制的良好贯彻是有效监管的保证。各金融监督机构各自职责和定位所依照的法律法规较为详尽，操作性强，从而保障了金融机构的合规经营和金融体系的稳健发展。此外，除行政监管监督外，德国社会信用体系也较为发达，监管部门、商业银行、公司企业和一般消费者都被纳入统一信用评价体系，违反信用所付出的成本也使得各市场主体增强了自律意识，在行政监管体系之外加入市场约束机制，形成更全面的金融安全保障体系。

因此，可以看到，当金融体系发展到一定程度后，混业经营的出现，一定会倒逼监管体系的改革，加强监管机构之间的协调和沟通，从机构监管、分业监管向统一监管和功能监管转型。而中国的大资管行业目前就处于这个关键的时间点上。

四、资管行业统一监管——大势所趋

我国从2003年实行分业监管至今，对分业监管进行改革的呼声其实由来已久。国务院办公厅于2008年12月13日下发的《关于当前金融促进经济发展的若干意见》就明确提出了"加强功能监管、审慎监管"，从分机构监管向功能监管转变的指导思想得以确立。然而，虽然从分业监管向混业监管转变顺应国际趋势，但是目前的时机是否成熟，是否会开始统一监管改革的进程，监管机构目前仍持非常谨慎的态度。毕竟我国真正实行分业监管不过15年，这个时间和发达国家已经走过的分业监管历史对比，显然还尚短。金融监管体系完全改革转向混业监管可以说尚未有明确的时间表。

然而，对于大资管行业，进行混业统一监管已经变得有必要，原因很简单：大资管行业自身已经进入了深度混业经营时代，监管体系必须跟上和适应业务的实际发展。而"混业业务发展，分机构监管"的错位发展已经不再适合当前的形式，原因主要有三：

第一，多个监管主体的存在容易造成资管行业不正常发展。

多个监管主体的存在，常常造成"令出多门"的后果，使金融机构需要付出额外的沟通成本来适应市场规则的改变，而且极易由于监管标准不统一引起市场的不正常发展。

比如当时证监会出台的一系列清查场外配资、整顿外部系统接入、降低融资杠杆的举措，极大影响了信托公司包括伞形信托在内的证券信托业务正常开展。证监会对拟IPO的要求也让信托计划几乎无法出现在拟IPO企业的股东名单中。再比如2016年，全年事务管理类信托规模增长了3.76万亿元，占全部信托增长规模比例超过95%。2016年8月下发的《商业银行理财业务监督管理办法（征求意见稿）》宣布商业银行理财计划只能通过信托通道投资于非标债权资产之后，发生在2016年第四季度的事务管理类信托规模增长就超过了2万亿元，占全年增长规模的一半多。对应的第四季度末的基金子公司总规模则立马缩水了1万亿元。

第二，监管主体不统一造成资管行业天然存在监管套利空间。

在监管主体不统一情况下，微观方面逐渐完善，但宏观审慎的问题很大，无法衡量整个系统的风险。我国的分业监管体制是严格意义上的分业监管，三大监管主体各负其责，业务交叉极少。这种现象在基层表现得尤为突出，因此，不同监管主体在监管政策和执行上也存在着明显的差异性和局限性，这就造成了在不同监管体系之间必然存在着缝隙和漏洞。当三个监管体系下的机构被摆到大资管行业这同一个市场上时，在现有的分业监管体制下，由于不同的监管部门对资管业务按照机构类型进行监管，同样性质的产品仅因为发行机构不一样，在资本风险计提、投资限额、投资门槛等方面都存在差异。这就不可避免地出现了监管套利等乱象。

在监管套利乱象过程中，同业业务的不正常发展是最直接的表现。各监管部门在促进本行业发展理念下，对资管业务按照所在行业制定不同的监管规则，各类资管业务投资范围、门槛、杠杆水平等监管规制都不相同。为了规避监管，以套利为目标的同业业务由此产生。如2012年以后开始大行其道的买入返售金融资产，其中相当大的一部分是通道业务。这类同业业务利用了监管对不同监管主体下的机构考核标准的不统一，实现变相的信贷功能，成为支持中国影子银行发展的重要支柱。

2013年末，国内重启同业存单业务，仅用三年同业存单规模便迅猛膨胀至6.3万亿元。之前提到的16家上市银行同业负债规模在2015年上半年增长至18.79万亿元，与2013年末相比增长了近50%。根据穆迪发布的报告估计，2015年中国影子银行资产规模达到53万亿元，仅理财产品、委托贷款、信托贷款和金融企业贷款合计39.9万亿元，占全部影子银行规模的近80%，而这几项业务几乎绝大部分都体现为不同金融机构的同业业务。

第三，监管主体不统一有可能引起监管摩擦。

根据公共选择理论，政府部门并不总是社会正义的代表者。出于立场不同，不同监管主体采取的措施也可能不同；资管行业已经形成了事实上的同质化市场竞争。在监管主体之间出现潜在的冲突时，不排除不同监管部门也会在自己立场的驱使之下采取一些有利于本部门的行动，而这甚至会有损于其他部门乃至整个金融体系的利益。

提供类似金融产品的金融机构由完全不同的主体来监管，而分业监管体制下，不同监管部门的监管目标与行业发展目标之间存在内在冲突。监管部门各管一摊，在事前鼓励机构高风险运作，充当各自行业的保护者，倾向于做大规模，做高市场指数，这直接推升了社会融资规模和资产价格泡沫。在事后风险管理中又以邻为壑，于本行业严防死守，对其他市场则事不关己，缺乏协调处置能力，这是以机构监管为核心的分业监管所必然出现的行为特征。在这种情况下，不同监管主体有可能存在监管摩擦，在监管方式和达到一致目标方面出现差异。

比如在美国，曾经以格林斯潘为首的美联储主张由美联储统一行使对全美金融机构的监管，这当然遭到其他监管机构的强烈反对，造成了美联储与其他监管机构的紧张关系和相互协调的困难。

就目前来讲，推进资管行业的统一监管只是向统一监管转型的第一步，可以视为金融监管体制改革的一种尝试。整个转型甚至可以在不改变整个金融领域机构监管的现状下，通过"一行三会"的协调来进行。因此其并不需要金融监管体系的统一，只需要业务类型统一监管。这样来说推进的阻力比较小,最终需要寻找既不违反现有法律,又能兼顾各机构差异化发展需要的规定。

五、统一监管障碍——基础缺失

推进资管行业的统一监管不可能一蹴而就,发达国家统一监管改革都经过了几十年的进程。目前,我国推进统一监管改革的基础并不坚实,还存在两个障碍。

(一)市场上参与监管的支持机构不足

统一监管并不意味着监管机构越少越好,不是简单把"一行三会"合并就能解决问题。需要多少监管机构,取决于监管主体的监管能力和提高监管有效性与效率的要求。从这个意义上说,我国监管主体还较为不足。从狭义监管协调的主体来看,我国还缺少发达国家普遍存在的存款保险机构,导致商业银行体系的风险最后可能实际都由国家来负担;从广义监管协调的主体来看,还缺少类似金融业公会一样在全国范围内有影响的金融业统一自律组织;同时,规范经营的专业服务公司也极度缺乏,如资信评级机构、会计师事务所等。监管主体的不足,既降低了监管的有效性与效率,也使富有成效的金融监管协调难以发挥作用。

(二)缺少统一有效的信息交流机制

金融信息的及时性、准确性对于监管决策层的意义更重要的是体现在对金融风险和金融危机的处置中。缺乏及时准确的信息,监管就很难对涉足过度风险的市场主体发挥外部约束作用。

目前，我国各监管机构对各项金融业务活动的情况和数据在调查采集、整理分析的过程中，采用的标准和侧重点各不相同，对风险的关注程度也不一致。而且数据透明度低、数据质量不高，金融监管信息大多实行定时报送制度，信息收集效率很低；甚至金融机构报送数据人为调整，虚报、瞒报现象屡有发生。并且"三会"的监管信息系统处于分割状态，不能实现监管信息共享；各部门之间尚未建立起有效的信息交流机制，难以做到高效及时地共享信息。金融联席会议制度也无法完全做到底层数据信息的无障碍交流。以 2017 年 4 月开始的银行业金融机构彻查三违反三套利等乱象为例，因为之前缺乏相关充分的数据收集和整理，监管仍然需要采用专项检查的方式来重新搜集基础数据，而且在相当程度上仍然还依赖金融机构自查。

推进真正统一监管改革，这两个障碍都不是短期能解决的问题，有赖于整个底层市场制度的逐步建设和完善。

六、资管行业统一监管进展——崭露头角

虽然一直到 2016 年为止，我国都没有真正开始实施统一监管改革的具体举措，但是政府对加强监管之间沟通，提高监管主体一致性早就进行了尝试。

（一）联席会议制度建立

2013 年，也就是距"一行三会"分业监管体系正式形成整整 10 年之际，国务院批复同意建立金融监管协调部际联席会议制度。联席会议由中国人民银行牵头，成员单位包括银监会、证监会、保监会、外汇局，必要时可邀请国家发改委、财政部等有关部门参加。

联席会议制度的建立主要是为了加强金融监管的协调，但也明确提出了"不改变现行金融监管体制，不替代、不削弱有关部门现行职责分工，重大事项按程序报国务院"。"联席会议仅通过季度例会或临时会议等方式开展工作，落实国务院交办事项，履行工作职责"。所以联席会议制度只能算是分业监管体系的有益补充，并不是统一监管的改革尝试。

（二）"十三五"规划建议

2015年11月3日，中共中央总书记习近平作《中共中央关于制定国民经济和社会发展第十三个五年规划的建议》起草的有关情况说明时表示，"要坚持市场化改革方向，加快建立符合现代金融特点、统筹协调监管、有力有效的现代金融监管框架，坚守住不发生系统性风险的底线"。随后在11月9日国务院新闻办举行的吹风会上，中央财经领导小组办公室副主任杨伟民明确提到，要对现行金融监管体制进行改革。这也被认为是高层领导首次明确中国金融监管体制的改革方向。随后在2016年，曾一度传出"三会合一"的传闻。而在2016年全国"两会"期间，中国人民银行副行长易纲则在媒体采访中表示，金融监管体制改革仍在研究，正在多方听取意见。

（三）资管业务征求意见稿出台

进入2017年，在大资管行业发展了5年之后，关于资管行业统一混业监管终于有了实质进展。2017年2月21日，中国人民银行会同证监会、银监会、保监会等相关部门讨论了《关于规范金融机构资产管理业务的指导意见（征求意见稿）》。这预示着我国资管行业不久将正式迎来统一的监管标准。

目前这个由中国人民银行牵头制定的资管统一监管标准新规虽仍属于

征求意见稿，但其覆盖了"资产管理产品包括银行理财产品、资金信托计划，证券公司、基金公司、基金子公司、期货公司和保险资产管理公司发行的资产管理产品，公募证券投资基金，私募投资基金等"，囊括了目前"一行三会"监管的所有机构。而其包括统一杠杆监管、严禁多层嵌套、禁止基金池业务、统一资本约束和风险准备金等条款在内的具体要求，一旦正式实施，则能够有效改善监管体系不一的问题。因此，这次资管行业的统一监管被视为"一行三会"在金融监管体制改革上的一次试验。

可以预见，这次征求意见稿以后，正式意见在不久的将来会正式出台。

（四）金融稳定发展委员会成立

2017年7月14日至15日，召开第五次全国金融工作会议，会议强调了要防止发生系统性金融风险，提出服务实体经济、防控金融风险、深化金融改革三大任务。

在深化金融监管改革方面，继续推进统一监管体系建设有了重大进展。工作会议正式宣布成立国务院金融稳定发展委员会，旨在加强金融监管协调，补齐金融监管短板。金融稳定发展委员会的成立，有望通过在更高层级对货币政策、财政政策和产业政策等的统筹安排，协调"一行三会"的监管职能，增强监管协调的权威及有效性。

可以看到，中国金融统一监管的机构框架已经初具规模，统一监管的改革业已拉开序幕。

七、监管改革中的信托公司——积极应对

推进资管行业的统一监管改革会重塑整个现在的市场竞争环境。这对

于身处其中的金融机构特别是信托公司来讲，旧有的资源禀赋和牌照红利无疑会发生极大改变。如何适应环境的变化，是大资管行业中金融机构需要应对的全新课题。信托公司需要积极拥抱变化，做好统一监管来临的准备。

（一）主动调整业务结构

统一监管必然会造成以监管套利为目的的业务类型式微。此外，资管行业推进统一监管，很有可能会将监管与事后危机救助结合考虑，而这也是各国金融监管体制改革的核心依据。目前各家金融监管机构也意识到救助与监管不可分离，纷纷设立各自的保护基金，如证券投资者保障基金、信托保障基金、保险保障基金。另外，保护基金的建立也将救助的责任从国家和政府中剥离了出来，使金融机构不再具有"保险绳"。这也意味着改革来临之际仍然抱有固有观念的金融机构一定会被市场无情淘汰。因此，信托公司要有意识地调整优化业务结构，及早主动减少监管统一之后会消亡的业务占比。

（二）警惕改革过程中的伴生风险

统一监管改革推进过程中可能会伴生一些动荡和风险。推进统一监管改革的过程，一定是从基础数据的收集和整理开始，历史问题的排查，风险界定和清算必不可少。在这个过程中，会产生大量沟通成本，并且有可能进一步引起市场的紧张和担忧情绪，甚至会影响正常业务的开展。同时，在严查过程中，以往潜在的漏洞会被曝光，这甚至有可能成为系统性风险发生的导火线。信托公司需要有意识地避免此类伴生风险，总体上来说，增强自身的主动管理能力和资产把控能力是关键。

（三）把握动荡中的超车机会

监管改革预示着市场的动荡和未来不确定性，同时也预示着机会。目前有关统一监管的底层制度还不完善，这也意味着需要有市场上的机构先行探索制度标准，也需要有市场机构一起参与制度建设。比如信息系统的建设完善过程极有可能会参考已经建立起较好信息体系的公司标准。在这个过程中，也会有新的监管参与主体和制度出现，比如2016年底开始正式成立推动的信托登记公司，以及信托业务八大分类。此外，市场波动过程中，也一定会产生风险资产，直面市场的处置。如果能把握这些机会，信托公司就可能实现弯道超车。

畅想信托的金融科技革命

唐彦斌

一、关于金融科技（FinTech）的理解

目前所理解的金融科技变革是指，通过运用特定的科技手段变革传统金融行业的生产方式和生产关系，从而显著提高金融服务效率和客户体验，并在时间、空间和客户群体等多维度下扩大金融服务范畴、深化金融内涵的一种创新活动。金融科技让金融变得更美好、更普惠、更便利。国际金融稳定理事会于2016年3月首次发布了关于金融科技的专题报告，其中对"金融科技"进行了初步定义，即金融科技（FinTech）是指技术带来的金融创新，它能创造新的业务模式、应用、流程或产品，从而对金融市场、金融机构或金融服务的提供方式产生重大影响。事实上，我国的最高层也早已充分认识到金融科技的重要性和划时代意义。经国务院批准，2016年1月中国互联网金融协会作为国家级的互联网金融行业自律组织正式成立。2017年5月，中国人民银行成立金融科技（FinTech）委员会，该委员会旨在加强金融科技工作的研究规划和统筹协调，并深入研究金融科技发展对货币政策、金融市场、金融稳定、支付清算等领域的影响。

（一）互联网金融（ITFIN）——金融科技的雏形

狭义的互联网金融主要是指运用互联网技术将传统线下金融业务搬到线上，进而开拓了金融获客及金融产品或服务的供给渠道。2015年7月4日，国务院印发《关于积极推进"互联网+"行动的指导意见》，自此宣告中国开启了"互联网+"的批量创新模式，利用互联网平台、信息通信技术把互联网和传统行业相互结合。互联网作为金融创新的有力工具已获得政府的充分认可和鼓励，可以说一时间"互联网+"战略已经成为国家战略。而继阿里巴巴利用互联网变革电子商务之后（商业互联网），传统

金融行业作为第二个被"互联网+"渗透的领域，最早进入人们视野的就是支付宝推出的余额宝产品，例如，互联网支付（第三方支付）、网络借贷（P2P）、互联网消费金融、互联网众筹、互联网银行、互联网保险、互联网信托等都是典型的互联网金融样本。目前，互联网的第三个重大创新领域尚未有明显突破，仍处于实验和概念阶段，即工业互联网。

1. 互联网金融与传统金融具有差异化和互补性的特征

（1）客户特征

互联网金融主要服务于中小微企业、个体商户、自然人。有了互联网之后，传统金融与互联网金融似乎将客户群体自觉地将客户群体进行划分，大型企业依然归传统金融机构，小散户终于找到了互联网金融这个好归宿，事实上在这场盛宴中中小微企业是相对的赢家，它们的贷款可获得性提高了。

（2）交易特征

互联网金融有小额、分散、高频、快速、低成本等特征。应用特征表现为即时性、场景化、个性化和普惠性。也就是说，无论零售客户在何时、何地具有金融需求，金融服务商都能够提供最快捷的即时服务。为了较好地做到这点，互联网金融必须嵌入多样性的消费场景，随时响应客户需求，甚至可使客户在不经意之间就完成了金融服务，而不是等待客户的申请、手工填写大量的单据和信息并让客户长时间地在网点排队等待银行的审批或处理。

总之，传统金融与客户的距离太远或者不够紧密，而互联网恰好填补这个缝隙，极大地缩小了客户服务半径。目前大量的互联网金融应用只是在渠道上加以扩充，利用O2O的方式将市场和客户群体往纵深更推进一层，却难以将互联网金融的其他特有功效充分发挥出来。

2. 互联网金融并未完全解决金融深层次的矛盾

在过去的3年内互联网以迅雷不及掩耳之势席卷整个中国大地，在互联网金融领域我们发挥大干快上的精神，取得了许多令人瞩目的成就，也不必讳言经历多少危机，但我更想强调的是互联网作为一种网络通信技术其本身是中性的，用得好就是变革和创新，用得不好就是罪恶和毁灭。而且我们对互联网金融的应用还是比较初级的，除阿里巴巴等大型电商平台可有力地控制商户信用和交易流水外，大部分金融机构单纯把物理网点搬到线上，提供交易便利性，都只解决了一部分传统金融客户的触达以及信息交互和获取成本较高的问题，但未解决或改变传统金融内在的本质性发展矛盾，即金融风险控制、信息不对称带来的逆向选择和道德风险、融资难融资贵、监管难等世界性难题，这就是P2P爆发一年之后迅速熄火的根本原因，监管收紧只是诱因。互联网对金融业的影响依然停留在表面，可以断言的是，互联网金融绝对不是金融发展的终极目标，充其量只是金融发展的初级阶段。

（二）金融科技——互联网金融的升级版本

金融科技依托于互联网金融和科技进步，是互联网金融的升级和进一步的金融技术创新。它的范畴比互联网金融要大很多，主要表现在以下几个方面。第一，科学技术远比互联网技术更宽泛，例如，当下耳熟能详的大数据分析、云技术、程序化交易、智能投顾、区块链技术、人工智能、物联网、3D打印、AR/VR、自动驾驶、机器人技术，等等。第二，金融科技是传统金融行业内生的一种发展动力和属性，金融科技可以触及金融本质性问题，如信息不对称和道德风险问题，而狭义的互联网金融只能理解为商业模式的优化或改良，变革零售客户营销的一种创新。第三，金融科技可能会与某些智能硬件相互结合，使金融场景的建立和金融需求的产生更为生动和真实。第四，金融科技各种属性比互联网金融更广泛、更先进。在客户特征方面，包括所有的企业和客户在内，在交易方面也不限于小额分散化的碎片式的金融需求，而是更全面和广泛的。在应用特征方面会更强调智能化、自动化、人性化、精准化，比现有的移动互联网的客户体验方式更为美好和充满乐趣，在基于大数据分析的精准营销方面更贴切而有效。

从历史发展角度看，金融业的发展离不开科技的发展，如ATM机、电话银行、电子银行、电子商票、电子撮合交易，等等。所谓的金融科技并非一种新现象，其突出了科技在金融行业变革过程中的作用。例如，运用真正的大数据分析更准确地解析金融产品内在的风险从而精细化地对客户进行分类定价；区块链技术的去中心化设计彻底改变现有中心化交易模式并且更好地解决风险堆积和风险控制问题；通过智能投顾为客户提供更优质、更低廉的投资管理服务并提高投资收益风险比，等等。当下所谓的互联网金融时代也有所谓的大数据分析，但深度远远不够。而在金融科技时代下，大数据分析可以设计出某些全新的金融产品，例如，基于自我学习和进化的大数据选股的证券投资基金、根据ABS收益和风险的设计需求以及对消费者的行为数据的深度学习自动切割并组建消费金融资本包，等等。

（三）金融科技的发展现状

根据麦肯锡的报告，2015年全球投入"金融科技"领域的资金高达191亿美元，是2011年的近8倍。过去5年，超过400亿美元的资金流入这个领域。在强势资本的支持下，全球已有超过2000家的金融科技公司。全球FinTech的发展呈现出"脱媒"、"去中心化"和"定制化"等特征。

我国目前金融科技发展主要集中于四个领域：互联网移动支付、网络信贷、智能金融理财服务和区块链技术。

1. 互联网移动支付

该领域最新创新成果主要表现在：信息安全技术领域，如生物测定（如指纹、虹膜、人脸），图像识别、标记化；支付、清算的实时性协议；综合类支付服务，如电子钱包；跨境支付平台建设等。

2. 网络信贷

该领域最新创新成果在于提升了传统银行运营效率，信贷融资渠道的

"脱媒"和虚拟化，信用评估的大数据分析应用。由于2016年以来P2P行业正在经历野蛮生长后的监管清理和行业整改期，网贷行业的技术创新有限。随着网贷平台的银行存管模式的推广，网贷行业的规范化和透明化正在得到较大改善，未来行业洗牌后，必然会出现由几个主流的行业寡头垄断大部分市场份额的现象。

3. 智能金融理财服务

该领域金融科技的作用主要体现在信息收集、处理的进一步系统化、智能化和自动化趋势，这既包括前台投资决策，也包括中、后台的风险管理和运营管理。与传统投顾相比，智能投顾将充分体现互联网技术的优势，如降低投资理财成本、分散投资风险、预测"黑天鹅"事件风险等。一方面，传统投资机构中开始引入大数据因子和人工智能算法来提升投资决策，特别是量化投资决策的有效性和准确性；另一方面，以"智能投资顾问"为方向的科技公司，设计提供基于网络的智能化投资咨询平台，用于改善零售投资者的信息不对称问题。因此，无论是科技公司、互联网金融平台、券商还是投资机构，都在对智能投顾创新业务布局。目前智能金融理财服务业务的创新领域主要包括：①人工智能算法在投资决策中的运用；②大数据和自动化技术在信息收集、数据处理中的应用，大数据分析从存储计算分析阶段进入了预测分析的阶段；③人机交互技术在确定投资目标和风险控制过程中的应用；④云计算等在提升运用管理和风险管理中的应用。

4. 区块链技术[①]

对于区块链技术，业界认为这是一项依然存在较大不确定性（包括监管不确定、法律体系不支持），但属于根本性、颠覆性的技术，具有分布

---

① 摘自百度百科："狭义来讲，区块链是一种按照时间顺序将数据区块以顺序相连的方式组合成的一种链式数据结构，并以密码学方式保证的不可篡改和不可伪造的分布式账本。广义来讲，区块链技术是利用块链式数据结构来验证与存储数据、利用分布式节点共识算法来生成和更新数据、利用密码学的方式保证数据传输和访问的安全、利用由自动化脚本代码组成的智能合约来编程和操作数据的一种全新的分布式基础架构与计算范式。"

式、免信任、时间戳、加密和智能合约等特征。对其可能带来的影响和挑战，分歧也较大。区块链技术是比特币的基础，但该技术本身所受到的关注远超比特币给市场带来的冲击。区块链技术在金融领域一旦成熟和被全面采用的话，则可能会彻底改变现有金融体系结构和基础设施。这就是为什么虽然区块链技术在发展和应用过程中仍面临诸多不确定性和技术挑战，但该技术已成为全球金融创新领域最受关注的话题，受到各国监管当局和金融机构高度关注的重要原因。面对区块链技术的机遇与挑战，全球主要金融机构以及交易所已经开始积极布局，包括组建 R3 联盟制订行业标准，携手金融科技公司发展核心业务区块链应用，等等。

（四）金融科技对传统金融行业的冲击和颠覆

金融科技未来将成为新常态。全球的金融科技投资浪潮正在愈演愈烈，热度不断提升，FinTech 已从相对边缘的市场转向主流市场。在全球的金融监管层面引起了不小的震动。2016 年 3 月 16 日，金融稳定理事会（FSB）在日本召开第 16 届全会，全球金融监管当局首次正式讨论了金融科技的系统性风险及监管问题，并发布了《金融科技的全景描述与分析框架报告》。这是第一次全世界的目光共同聚焦于如何对金融科技进行规范和监管。越来越多的国家开始认识到金融科技对本国未来金融行业的影响。那么金融科技颠覆了什么？未来会和过去有哪些不同呢？

第一，金融科技将修改金融行业的商业模式，原先被惯用的人海战术、跑马圈地的市场营销策略将逐渐被金融科技驱动所替代，对人员扩张的需求将缩减，对高技术、高素质的人才需求将激增，对信息技术建设和信息安全的关注会超过历史上任何一个时期。银行、保险、证券、信托都不再需要庞大的市场营销人员和物理网点，现有的区域性物理网点也将进行差异化竞争，根据不同区域的人群特征、商业业态等搭建个性化网点现场服务，而且服务内容也将转变为体验式和咨询式。

第二，在金融产品定价方面，随着市场公开透明程度的不断提高，信息和资源获取成本边际的降低，原先依靠信息非对称和资源垄断的利差模式将逐渐转变为"成本+服务"模式，名义上的利差将被"服务质量溢价"替代，成为金融机构之间的差异化竞争焦点。尤其是在零售业务领域，金融机构将不可回避地将服务质量和客户感受作为考核标准，原有的"朝南坐"、"躺着赚钱"的日子将一去不复返。

第三，在风险经营决策机制和风控措施方面，包括银行和信托在内的金融机构将从依靠定性分析和内外部专家行业经验，逐渐转向主要依靠计算机大数据分析结果结合专家确认进行评估决策。金融机构本质上都是经营并管理风险的，金融科技将改良现有风险管理工具，甚至增加新的工具，原本不可能实现的风控措施在新技术的支持下变为可能，例如，流水监控、资金账户动态监控、大数据征信、智能催收，等等。

第四，金融科技会缩短零售客户的服务距离，极大改善金融服务体验，给每一个金融消费者带来的积极贴身的服务体验将远胜于传统金融业那种被动服务的方式，可以很好地实践普惠金融原则和发展目标，缩小贫富差距，让优质的金融资源不再成为社会顶层人士的专享物。

二、传统信托的行业基因

与西方世界相似，信托、银行、证券和保险并称为我国金融行业的四大支柱。但国内信托行业与西方国家不同的是，我国信托行业经历过五次大的清理整顿，发展波折，相比于银行、证券、保险等行业而言存在一定的先天劣势。但 2006 年之后信托行业在"一法两规"颁布之后搭建了相对完善的监管机制和法律法规体系，行业发展逐渐步入正轨。2008 年全球金融危机后信托行业高速发展，2016 年末信托资产规模已达 20.22 万亿元，相比于 2008 年的 1.6 万亿元，复合增速达 38%。

（一）信托业的赢利模式

信托行业作为我国重要的金融资管平台之一，与传统意义上的银行理财、公募基金、证券资管、保险资管、私募基金相同，其赢利模式最直接的体现就是收取管理费或所谓的业绩报酬，包括固定和浮动两种。重要的是，费用收入背后代表的本质可能各有不同。费用性质主要有三类。第一类是通道类，如今名为同业信托。借助信托牌照作为其他金融工具规避相关监管或者设立 SPV 之用，学名叫事务类信托，顾名思义就是代人办事，按照委托人指令执行，此类信托规模占比大致为 50%，信托报酬也称为通道费。在过去 10 年房地产行业快速发展供需两旺的大背景下，受到房地产调控政策持续出台的监管套利的驱动，房地产融资类信托可谓大放异彩。信托有意无意地发展为中国式的影子银行。第二类是主动管理的融资类，也就是债权性质的信托，占比为 20%~25%。此类信托费用主要就是利差模式，即企业的融资综合成本与信托投资人预期收益率之差，本质就是利用了信息不对称以及信用风险转换的对价，行业普遍存在的刚性兑付问题也就相应产生。其本质体现的是信托公司管理并承担的信用风险溢价。第三类是主动管理的投资类，占比为 25%~30%，包括股权类投资、标品类投资、财产信托。对于股权类投资，在如今优质项目较为稀缺，退出渠道相对单一的大环境下，管理费主要就是资源获取费或项目渠道费。在可供选择项目较多时，管理费一定程度上可以体现信托公司的项目选择能力和投资后管理能力，但当下体现并不明显。标品类投资主要包括股票投资、证券投资、资产证券化等。需指出的是，2016 年底银监会明确地将信托行业业务类型分为八大类，信托业务体系粗具雏形。信托行业未来将如银行、证券一样具有完整的业务体系。不同业务类型将收取不同性质的信托报酬。

（二）信托行业竞争优势

1. 法律制度优势

信托最大的也是天然的优势就是信托的破产隔离特性、独立性，这也是信托法规定的，而这正是一些复杂金融产品和类似资产证券化产品的重要法律基础。虽然很多金融工具都逐渐被赋予了这种功能。

2. 金融跨界、全市场配置能力

在没有监管强加闲置的条件下，信托架构是可以将支付结算、货币市场、资本市场、信贷市场、实业投资、场外市场等进行产融深度结合，创设出任何你能想到的金融产品，想象空间极大。但严格地说，金融跨界和全市场配置也是由信托制度所派生出来的。

3. 高端客户资源

信托高速发展的这些年，作为非公开市场的重要资产管理人已经积累了一大批忠诚的、有风险承受能力的高净值客户。这为信托未来大规模开展私人财富管理、推广家族信托业务奠定了重要客户基础。不少信托公司还成立了独立的第三方财富管理公司，自建销售渠道，牢牢地把控住客户资源。信托作为资本密集型的行业在房地产市场已经深度介入，与主流优质的房地产开发商形成了良好的业务互动关系，形成了银行资金渠道的有效替代。

4. 人才保障

信托业已经培养出了一批行业专业化人才，并且依靠较好的行业赢利能力从其他金融行业吸引了大批高素质人才加入。这为信托行业持续发展和转型提供了最核心的动力及保障。

归根到底，信托竞争力是一种制度优势下的创新能力。信托行业的一路狂奔不可能顺风顺水，在泛资管时代可谓"前有敌寇后有追兵"，前面有银行把控着的最优质的客户和风控资源（优质抵押物），身后一批保险资管、券商资管、基金子公司、P2P等泛资管平台拔地而起正在不断蚕食原有的信托市场份额。但信托行业整体依然发展稳健，结合着市场的快速变化不断探索各种创新业务模式和创新金融产品，更可贵的是没有爆发系统性的金融风险，行业转型也初见成效。这种创新能力是行业的价值所在，也将是信托未来发展道路上绝对不可或缺的动力。传统的、没有创新能力的信托，未来很可能会被慢慢淘汰或边缘化直至沦为信托壳，仅剩一张牌照价值。

（三）信托行业成长的烦恼和发展痛点

首先，信托公司作为私募机构，其获客渠道有限导致成本较高，客户资金成本（收益要求）也高，客户群体相对全市场而言也比较小众，行业影响力虽有大幅提升但升幅相对有限。信托公司持续要回答的问题是如何长久地留住客户，如何吸引客户参与信托业务。

其次，信托业的快速崛起和持续发展可谓饱受质疑。例如，大家普遍质疑信托行业定位不清晰、缺少可持续的业务基础、信托就是在钻制度的空子做监管套利的买卖、游走于主流金融机构（特别是银行）严格控制或禁止的业务地带。信托就是在捡银行的漏、补银行的缺，沦为银行的影子。大部分信托并未能形成自身的业务特色，同质性较强。在融资类信托的资金运用上与银行同质化竞争，而大量资金信托演化为负债业务，形成了广受监管诟病的刚性兑付业务，信托行业有意或无意地回到了高息揽储的老路，潜在的监管风险和社会风险不断积累和延后。行业距离最本源的"受人之托、代人理财"机构定位还有较长的路要走。

再次，信托登记制度不够完善导致流动性匮乏。由于信托行业是资本密集型，多以房地产为基础资产并且以非标产品为主，基础资产的流动性较差，而且信托产品的信息不公开、交易流程也烦琐，这就导致信托受益份额的流动性不足，风险无法转移或分散，风险集中度高、区域性强。

最后，信托与实体产业乃至工商类企业结合不够紧密，渗透性不强。虽说信托可横跨实体产业和金融行业，但真正能做到的并发展成一定规模的并不多。这主要因为缺乏对实体产业上、下游的切入点和风险控制抓手。大量的实体企业并不具备类似房地产开发企业的硬资产抵押资源，即便有，也大多给了银行。这就导致信托依靠传统的风控措施无法渗透到实体经济中。

三、互联网信托的应用：从线下财富管理向综合金融服务转型

信托公司在充分了解了互联网思维和技术后，可以单独或者与其他互联网公司合作建立互联网专业子公司，为信托公司提供互联网信托业务支持。但信托在互联网化的推动上并不顺利，主要是由于高门槛、投资周期长，与互联网金融进行普惠性质的金融服务存在矛盾，因此进展缓慢。

（一）互联网信托1.0版本

我们可以理解为资金端的互联网信托革命。在互联网信托提出伊始，最容易想到和实现的就是将传统信托业务移至线上展业。信托公司可以做的事情也很简单粗暴，就是烧一笔钱请一批搞互联网的人建立一个互联网信托平台，在线上完成信托产品预约、产品认购、签约、申购赎回、到期清算分配，给客户提供极致的互联网交易支付体验。信托公司可以利用受托人的信息优势和管理人地位为其产品客户群体建立线上份额转让平台，使信托份额具有适度的流动性。当流动性建立起来后，还可以给客户做信托受益权的质押融资服务，提供短期融资便利。这应是信托公司介入零售信贷业务的最可靠方式，因为信托公司对其客户的资质应当是最为了解

的，而且所抵押的信托（最后还款来源）也是由公司发行，对产品基础资产控制力较强，风险可控。在P2P行业规范建立之后，有条件的信托公司还可以开展以信托抵押物为增信措施的P2T业务，但会面临一定的监管风险，须取得监管的认可和支持。在资金端变革的过程中，信托公司的赢利来源主要就是客户。通过提升客户体验增强客户黏性和交易便利性来压低获客成本和资金成本，就好像余额宝底层的货币基金，虽然不是收益最高，但客户并不会轻易搬家。这种成本降低的效果可以进一步传导至资产端，尤其是实体企业的融资成本，帮助信托公司可以触达更优质的资产。

（二）互联网信托2.0版本

我们可以理解为资产端的互联网信托变革。传统信托主要聚焦在房地产或政府平台资产中，资本密集的特点决定了其审批流程、资金放款流程、风险控制措施对时间的敏感性不高。互联网优势在这些资产领域难以体现，但是普惠金融领域如中小微企业的供应链金融、个人消费金融领域，互联网技术大有可为。其实信托公司介入这个领域与传统银行、保理公司、消费金融公司、汽车金融公司、小贷公司、互联网消费金融平台开展互联网金融业务并无二异，但信托的万能特性在这里得以完美展现。梦想很美好，现实很骨感，必须认识到，信托开展此类业务的最大劣势和障碍，就是先天缺乏消费场景和企业供应链管理体系，也没有风控抓手，更别说什么大数据分析、征信分析、智能风控和定价，因为连最基本的数据都没有。信托公司要在资产端做互联网变革所需投入的成本和资源数量是非常巨大的，而且在互联网电商格局已基本定型的环境下，必须与实体企业建立线上场景平台，或者互联网电商平台进行合作，如此才可能有效地切入这个领域。在具体合作方式上，有三种套路。第一种，信托公司发挥其制度优势，先从通道合作切入承担房贷主体角色。但这种通道业务需要所管辖监管机构的认可，因为在贷款人资格审核方面，是否被允许完全依靠合作方，这点需要监管机构有一定的容忍度。但如果信托公司与相对正规的持牌消费金融公司进行合作，间接投资于消费金融资产，那么监管风险会小很多。第二种，通过消费信托模式为信托委托人提供投资收益的同时也获得一定的消费权益，例如，折价优惠活动等。中信信托、西藏信托、中建投信托、长安信托等都有过此类尝试。第三种，通过发行信托作为载体的 ABS、ABN 为合作方引入更低廉和稳定的资金。在这种模式下，信托公司需要对其现有运营系统进行改造以适应此类小额、多笔、循环投资等体现互联网交易特性。资金成本在消费金融领域是重要的竞争要素，信托公司若可以帮助互联网合作方降低资金成本，就可以获得更大的话语权。

（三）互联网信托3.0版本

我们可以理解为信托的综合金融服务变革，并建立一种所谓信托金融生态。信托公司在完成资金端和资产端的互联网改造后，可以彻底打通互联网信托业务的线上揽客和资产对接的管道，形成项目和资金闭环，实现有效的互联网风控。正像平安所提出的"一个客户、一个账户、多个产品、一站式服务"，客户通过移动互联网渠道如手机 App 或 PC 端进入移动信托平台后可实现各类信托产品及外延型金融产品的购买，并可以便捷地发起产品变现或者个人借贷融资实现流动性，不仅如此，还可以为客户建立全方位的服务体系，并根据客户的不同层级提供差异化的金融服务。如果信托公司可以在消费层面上为客户提供类似于余额宝的线上支付服务，与大型电商平台或者自营平台合作，那么互联网信托平台可以增加客户忠诚度，并将客户的信托财产锁定在信托公司所建立的上述信托金融生态系统内。对于信托公司的资本运作而言，如果是通过专业子公司方式建立信托金融生态系统，那么完全可以将其分拆独立上市，实现资本化运作，为信托母公司提供股权增值，并在保持控股权的前提下引入战略投资人进一步实现业务扩张。

那么具体应该怎么做？信托公司可以为每一个客户建立一套信托超级

账户体系，形式上是单一信托，在移动端客户可以在线上完成签约开户，客户将自有资金转入该账户后，用于购买公司各种信托产品进行大类资产配置，甚至可以将该账户与各大电商平台对接。信托公司与各大电商平台建立合作，在帮助电商引流促销的同时，也要求该合作平台允许使用信托的超级账户进行支付，如此形成多赢格局。当信托公司的超级信托账户具有为客户提供全面的金融服务乃至对接消费支付功能后，客户会将更多的资金导入该账户。特别强调一点，信托账户与第三方支付账户本质并无差别，而且信托账户比第三方支付账户的功能更为健全，法律保障性更强，更具有业务合规性。

四、数字信托的应用：为信托公司加载数字芯片和数据分析引擎

在未来的金融科技时代中，任何一家金融机构都离不开数据应用。传统信托对交易对手或基础资产的判断、对基础资产的判断往往依靠的是外部审计报告、财务尽调报告，然后结合专家的行业经验得出相应的结论。特别是在证券投资领域通过与私募投顾合作提供运营平台和估值服务，信托的主动管理成分有限。金融科技革命推动信托与大数据的结合，共同打造数字信托，即通过数据挖掘发现资产价值，通过大数据风控实现最优定价，通过给信托公司加载数据芯片推动信托公司的运营变得更有效和快捷，甚至演化为半自动化、全自动化或智能运营模式。信托与大数据的结合主要可以从以下几个方面着手。

（一）产品研发和大数据结合

在信托最擅长的房地产领域提供大数据产品和服务，可以与外部第三

方数据供应商合作构建房地产相关指数、区域人口流动、房屋买卖信息、土地价格的变动等市场咨询,并进行科学而精准的产品要素设计和决策。若信托公司长期介入小微金融、消费金融等领域,就更需要利用大数据工具对零售客户进行信用分析并合理定价。

(二)风险管理与大数据的结合

大数据分析可强化对存续项目的过程管理。对于有抵押增信的项目,大数据可对抵押物价值变化动态监控强化押品管理,对交易对手或担保人可通过互联网爬虫技术获取相关实时舆情并进行加工分析提炼有效信息,第一时间反馈给信托公司高管层对风险事件进行快速应对。

(三)财富管理与大数据结合

根据客户在传统线下或线上的互联网信托平台的交易特点和资产交易偏好,信托公司能更准确地勾勒出客户画像,以便为客户差异化地推送最匹配的信托产品,优化产品销售匹配率,最大化销售规模。为了更好地捕捉客户的特性,信托公司还可以与BAT等大型互联网企业合作,更深入地掌握客户消费投资行为和风险偏好。

(四)智能投顾与大数据结合

通过资本市场大数据的研究与应用,提升信托公司在资本市场的资产管理能力。信托公司的重要转型方向之一就是资本市场,包括股票、债券、衍生品等基础金融产品的投资,还包括定增、私募可交换债、FOF、MOM等多个业务方向。在资本市场投资方面,信托公司可以在智能投顾领域进行布局,并帮助信托实现弯道超车。智能投顾(Robo-Advisor),是人工智能和投资顾问的结合体，本质上是一种投资顾问服务，运用语言识别、图形识别、机器学习、深度学习和神经网络等先进的技术，为信托委托人提供智能投资建议，完成动态优化的资产配置过程，彻底摆脱传统依靠大量初级投资顾问的方式，不仅让机器替代人将工作人员从繁杂的数据收集和数据分析的工作中解放出来，而且以更低廉的价格让更多客户享受到更高层级的金融服务，彰显普惠金融的应用价值。人工智能的范畴较为广泛，但核心思想是替代人去完成需要一定智力才能胜任的工作，甚至完成人类大脑都无法完成的计算和决策。但人工智能现在正处于概念验证阶段，在投资领域如何应用以及应用到何种程度都有待市场检验。

（五）信托运营的数字化改造

随着信托业务规模的扩大、存续产品数量的持续增加，信托公司运营后台部门的管理压力不断增加，人员队伍庞大冗杂，成本高企，信后管理的各项工作烦琐并且低效，缺乏规模经济效应。在清算分配环节上，自动化程度较低。一旦信托大量开展ABS业务，那么其信后管理压力将呈几何级上升，非常有必要进行数字化改造，从手工操作向机器自动化转变，释放出后台运营人员的劳动力并有效控制运营成本的规模化上升。例如，京东金融集团在2016年9月宣布推出资产证券化云平台，该平台上包括三类业务，分别是资产证券化服务商的基础设施服务业务、资产云工厂的资本中介业务和夹层基金投资业务。ABS云平台体系主要就是为券商、基金子公司、信托公司、评级及审计机构等中介提供工具和服务，提高ABS产品的发行效率，提升服务标准，大幅度降低服务成本。京东金融的这个智能ABS系统可以帮助各个中介机构高效管理每一笔小额的ABS资产，尤其是针对存续期内的ABS资产管理，实时地检测ABS资产的风险暴露情况并动态进行压力测试，掌控风险的变化，及时处置或置换风险资产。信托公司如果战略切入ABS业务，强大的后台运营支持必不可少。信托公司可以自建类似的 ABS 智能服务平台，深入掌控基础资产质量，降低募集资金成本。长远一些看，前期建设资本投入会由未来更长时间内的赢利进行补偿。

五、智能信托：也许是信托公司回归本源的最佳姿势

（一）关于信托本源

信托的本源就是委托人基于"信任"将其相应财产交给信托公司打理，包括投资管理、金融服务、财产保管、事务管理、家族管理等，这种事务性或财产权信托的更高级形式就是家族信托。

由于家族信托的私密性和大宗性并不为众人所知，也不具有普遍性，往往只向贵族或极其富裕的家族提供。但在国内主要发展起来的是集合资金信托，客户只要有 100 万元现金就可以购买信托公司发行的信托产品并谋求保值升值，此类信托与银行理财或证券资管产品无本质差别。信托本源性的功能逐渐淡化，借助其灵活性反而沦为了银行资金的通道工具、资产证券化的功能性载体等。可喜的是，国内已有不少创新能力和意识较强的信托公司也开始探究所谓的家族信托，并试图回归信托本源。由于信托公司人员成本较高，开展家族信托的各种资源投入也比较大，为确保赢利和服务质量，家族信托的起点门槛更高，通常 3000 万元左右起，最低也需 1000 万元，于是家族信托业务喊的比较多，真正能可持续发展起来的有限。平安信托推出的平安财富·鸿承世家系列为单一完全资金信托。该信托起步金额为 5000 万元人民币，合同期为 50 年。招商银行总行私人银行部于 2013 年曾推出了首个家族信托计划。

我们必须思考的是，是否存在一种以更低廉、更便捷的商业模式为更多客户提供基于实物财产或者事务执行方面的信托，让信托真正地普惠于

民而不是流于空喊口号？答案很简单，就是标准化、自动化、智能化的信托模式。如果说10年前这还是天方夜谭的话，那么在互联网技术和金融科技如此蓬勃发展的今天，我们绝对不应怀疑它的可行性。

（二）智能信托未来将彻底改变信托行业格局

如果我们认为互联网信托试图引领一场渠道和财富管理模式变革、数字信托将为信托公司装载强大的数据芯片并进行信息化和自动化改造，那么智能信托将为行业带来颠覆式的技术冲击，并为财产权信托，甚至家族信托带来久违的春天，帮助信托真正地回归业务本源。

1. 什么是智能信托

受托人在信托合同的履行过程中处于核心地位，委托人正是基于对受托人的信任将财产的所有权、事务的执行权力转让予受托人。如果有一种特殊的信托合约，合约不仅包括法律上的权利义务描述约定，也内嵌了按照委托人意愿编译的计算机程序代码，在特定条件发生的情况下自动执行合约条款，且不受其他任何人或机构的影响，甚至是信托公司也无法直接干涉或干扰，那么受托人可以几乎不花费任何人力来服务委托人，而信托公司只要实时监控信托合约的执行并将执行结果进行记录和披露。上述具有自动执行能力且去信用、去中心化的信托，就是所谓的智能信托。

2. 智能信托的核心是智能合约

几乎在互联网诞生的同时，"智能合约"概念被密码学家尼克·萨博（Nick Szabo）首次提出。本质上，智能合约的工作原理类似程序语言中的If-then或While循环等基础算法逻辑，智能合约的参与方把预设的各种情形和响应机制按照严密的逻辑编译成计算机代码，合约生效后部署在一套相适应的计算机网络或应用程序（点对点网络和区块链平台）上自动执行，并与真实世界的对象进行信息交互和价值交换，甚至在不同的智能合约之间还可以进行交互。当智能合约嵌入信托合同后就生成了所谓的智能信托。当然，智能信托作为一种含有去中心化、去信用的技术平台还需要有相适配的运行环境进行支持，包括信托公司内部应当具备强大的科技基因和数字化运营基础，更重要的是整个社会的法律环境和监管环境都须进行调整，兼容智能合约的执行。对于信托行业而言，智能信托业务最好的切入点就是优先在标准化业务领域布局智能信托，因为标准化业务最容易与计算机程序互相转化，业务落地可行性最高。其次就是重点开发一些基于智能信托合约的创新事务型信托产品。这些产品将主要围绕客户的日常生活如吃、穿、住、行等消费行为展开服务，通过开发智能信托受托管理客户的各类烦琐的事务性工作，信托公司将彻底从资金信托业务扩展到代表信托本源的财产权信托、事务类信托。设想下，如果无人驾驶都可以成为现实，没有理由不相信智能信托能成为未来智能社会的必需品。应该相信，伴随着智能社会的快速进化，智能信托必将在金融科技时代中保有不可替代的一席之地。

六、信托公司在金融科技时代的危机感和使命感

（一）信托公司的危机感正在上升

信托公司在创新和危机中发展到今天，但危机并没有消除，金融去杠杆下传统信托业务逐渐下滑甚至消失：做政府平台成本没有优势，做房地产利差收窄，做贷款不如银行，做证券不如券商，做股权不如私募，做ABS两头在外为廉价通道，做PPP业务期限不如保险资金长和灵活，刚性兑付规则下潜在的信用风险爆发还将严重侵蚀股东资本。行业转型喊了好几年，真正能转型成功的又有多少？在金融分业监管大趋势、更严格的穿透监管和经济下行大环境下，投机性的监管套利只能是鸦片、春药而绝非良药，信托的行业红利已经一去不复返，不应该奢求历史开倒车回到信托

公司盖章收钱的年代。毫不夸张,如果信托不进行更深层次的改革,不少信托公司是将被市场逐渐淘汰的。

(二)信托公司的金融科技创新还未正式开始

面对信托行业的危机,继续相信年年难过年年过?是否就只能靠钻监管的空子生存?是否就没有出路?未必。在金融科技滚滚洪流中,信托公司完全可以借助互联网技术和金融科技变革的大趋势,进行有序的升级改造。整个升级改造过程可大致分为三个阶段:互联网信托、数字信托、智能信托。目前的信托行业仅处于互联网信托的最早期,甚至还没有起步入门。未来信托的金融科技改造空间极大。如果说银行还因为背负沉重的历史包袱而扭扭捏捏,改造得并不彻底、不深刻,在监管无形庇护下还能继续生存,那么不少已处于危机边缘的信托公司是否已没有更多理由再去逃避这个问题了?是的,金融科技改造完全可以帮助信托完成那最惊险的一跳,闯入另一个崭新的发展空间。

(三)信托公司在金融科技时代的使命就是自我革命、自我颠覆

信托作为金融行业的重要子行业,在中国必然有其发展的内在规律和特征,但置身于这个伟大的金融科技时代风口浪尖时,必须思考如何让信托行业顺应金融发展的新潮流,如何秉承发扬信托行业勇于创新实践的悠久传统,如何更好地服务实体经济、服务每一个信托客户。忽如一夜春风来,千树万树梨花开。不管你承不承认、不论你怎么批判或抵制,金融科技时代已然来临。它就在那里,向我们越走越近,它长得和我们不太一样,但并不可怕,有时还很可爱,它正等待我们去拥抱……突然想套用马云的经典名言作为总结:如果信托不改变,必将被金融科技所改变。

将来债权资产证券化的风险及其防范研究

蔡婉婷

一、引言

资产证券化是指将短期内缺乏流动性,但长期看具有可预期的、稳定未来现金流的资产进行组合和信用增级,并依托该资产的未来现金流在金融市场上发行可以流通的有价证券的结构化融资活动。根据发起人类别,资产证券化产品可分为信贷资产证券化和企业资产证券化两大类。信贷资产证券化主要是由银行等金融机构发起,而企业资产证券化主要由非金融企业发起。

本文所指将来债权资产证券化主要隶属于企业资产证券化研究范围,即非金融企业依托将来债权进行证券化的业务。与既有债权不同,将来债权并非一项确定支付一定款项的债权,而是尚未实际发生甚至未必会发生的债权;将来债权的发生存在不确定性,仅是一种支付款项的期待权。例如,基础设施收费,供热、水电、租赁以及物业收费等企业经营性收入和未来应收账款等均属于将来债权范畴。从国内外实务来看,将来债权资产证券化业务虽然占比不高,但其存在已较为普遍,且为各国立法所接受。

(一)将来债权资产证券化国内外运用历史与现状

1. 国际运用历史与现状

资产证券化作为一种创新型的金融工具,最初诞生于20世纪70年代的美国,后迅速发展成为资本市场上最重要的融资方式之一,危机后发展有所滞缓,但仍在美国债券市场上占据近1/3的规模。1998~2007年十年间,资产证券化市场在债务市场的规模占比从30%增长到40%。2008年次贷危机后,资产证券化业务受到一定冲击,发展有所停滞。虽然在市场和各界的反思下资产证券化业务进一步创新和规范，重新获得了一定的发展，但其在债务市场的占比仍呈现持续回落趋势，2016年占比约26%。

从美国市场数据看，非金融企业利用资产支持证券融资的比重远小于信贷资产类资产支持证券，将来债权证券化业务则占比更小。SIFMA统计数据显示，2016年末美国广义资产证券化业务余额约为10万亿美元，其中87%为按揭支持证券（MBS），13%为其余资产支持证券。其中，这13%的占比中包括了大部分信贷资产（例如，信用卡贷款、汽车金融贷款等）证券化产品，以及将来债权资产证券化产品。相对而言，非金融企业资产支持证券化产品的占比较小，而将来债权资产证券化作为非金融企业资产证券化的其中一种则占比相对更小了。

欧洲是将来债权资产证券化产品的发源地，但在整个欧洲资产证券化市场中相关产品规模占比同样较小。20世纪90年代中期英国开始以企业特定业务在未来产生的现金流为基础资产发行债券，简称WBS（Whole Business Securitization）。2000年后WBS开始出现在澳大利亚、新西兰、印度尼西亚等国家，随后美国和日本的大规模杠杆收购使其获得了新的发展。SIFMA统计数据显示，2016年欧洲资产证券化市场存量为1.6万亿美元，WBS占欧洲资产证券化业务规模比例约为5%，占比最大的仍为MBS，约为62%。WBS产品兼具了公司债券和资产证券化的双重特点，有时也被称为混合交易（Hybrid Transaction），我国现如今的以企业经营收入为基础资产的资产证券化产品就与该类产品十分相似。

虽然将来债权资产证券化业务在整体资产证券化业务中占比较小，但其种类和表现形式十分丰富，根据企业不同的经营特征均可以设计相应基础资产的资产证券化产品。除了一般的收费收益权类产品，国际实践中无形资产（如知识产权）的资产证券化也有较多案例。例如，最早的知识产权证券化实践为音乐版权的证券化，1997年英国著名摇滚歌星将其1990年以前录制的25张唱片的预期版权许可使用费证券化，发行了BowieBonds，筹获5500万美元。

2. 国内运用历史与现状

将来债权资产证券化已经成为我国企业资产证券化实践中较为重要的形式之一。我国从 2005 年开始探索资产证券化业务，初期主要围绕信贷资产证券化业务进行发展。2014 年 11 月，我国企业资产证券化正式由审批制改为备案制，相关配套和指引进一步完善，由此企业资产证券化进入了快速发展通道。

将来债权资产证券化产品在我国企业资产证券化产品中占到近 1/5 的比例。如表 1 所示，据中国证券投资基金业协会统计，自备案制开始至 2017 年第一季度末，资产证券化产品共备案确认 702 只，发行规模为 8593.9 亿元。[①] 从已出具备案确认函的产品数据来看，与将来债权相关的基础资产主要是企业经营性收入类产品，合计共 110 只产品，占比为 15.67%；总规模为 1109.96 亿元，占比为 12.92%。实际上，基础资产为企业应收款的部分产品由于涉及未来合同的问题（例如，物业费收费权产品），也隶属于将来债权资产证券化范围。由此估算，我国将来债权资产证券化产品规模占企业资产证券化规模的 13%～22%，占整个资产证券化市场规模的 6%～12%。

表 1 企业资产证券化基础资产分布情况

基础资产（一级）	基础资产（二级）	产品数量（只）	规模（亿元）
金融债权类	融资租赁、小额贷款	390	3989.25
企业经营性收入类	—	110	1109.96
不动产类	—	39	602.36
企业应收款类	—	64	784.15
其他类	信托受益权、PPP	99	2108.18
合　计		702	8593.9

注：1. 资料来源于中国证券投资基金业协会，统计时间截至 2017 年 3 月 31 日。
　　2. 企业经营性收入类和部分企业应收款类基础资产归属为将来债权范畴。

---

① 中国证券投资基金业协会未公布 2016 年度资产证券化业务备案情况，在此以其官网最新公布的 2017 年第一季度数据为例。

整体来看,将来债权资产证券化总规模在整个资产证券化市场中占比相对较小,同时平均规模也较小,但始终处于发展过程中。在当前部分国际主流资产证券化产品无法在国内开展的情况下,将来债权资产证券化产品在企业资产证券化市场中仍然显得不可或缺。

(二)将来债权资产证券化的意义

将来债权资产证券化在企业资产证券化中不可或缺,其意义主要体现在以下两点。

其一,将来债权资产证券化为经营性企业提供了更可行、易操作的融资途径。从功能上看,信贷资产证券化的主要功能在于使金融机构盘活缺乏流动性的存量资产;而企业资产证券化则为有融资需求的企业提供了新的融资途径。对于大部分非金融企业,其一般缺乏现有资产作为融资担保,难以进行银行贷款,但企业在经营过程中又有着较为强烈的资金需求。在此类情况下,通过将未来经营性收入等将来债权作为基础资产进行结构化重组,能够获得经营所需资金。

其二,将来债权作为资产证券化的基础资产可外延、易拓展。企业经营业务多样,由此延伸出的基础资产较为丰富,并可在其外延上进一步拓展资产种类。如表2所示,如今我国企业资产证券化实务中就包含了高速

表2 将来债权作为基础资产的多样性

分类	细分分类
基础设施收费类	高速公路收费、大桥收费等
其他未来应收账款	水电收费、供热收费、运输服务费、公交经营收费、网络租赁费、物业费收费等
知识产权许可使用费	音乐版权、电子游戏、电影、休闲娱乐、演艺、主题公园等文化关联的知识产权,时装品牌、医药产品专利、专利诉讼的胜诉金等多种产权相关的使用费
其他	……

公路收费、大桥收费、水电收费、供热收费、网络租赁费、运输服务费、公交经营收费、物业费收费等收费收益权，主要是基础设施收费类和企业的未来应收账款类等。还有我国尚未有实务经验的知识产权类资产证券化产品，其主要指企业将未来一段时间的权利金（即将来债权）作为基础资产发行债权进行融资。

二、将来债权的内涵与分类

（一）将来债权的内涵

将来债权实际上不是一项确定支付一定款项的债权，而仅是尚未实际发生甚至未必会实际发生的债权，该债权的产生具有或然性，是一种支付特定款项的期待权。我国的将来债权资产证券化实务中，一般会使用"收益权、收费权"等概念。例如，物业费收费权产生的基础实际上是发起人在未来为住户持续提供物业管理服务的对价，因此，在住户使用物业服务后才会发生；再例如，大桥收费权只有在车辆使用过桥服务时才会发生，就现在的时点而言该项收费是不存在的，也无法确定未来是否会存在。

将来债权作为期待权，是有可能会发生且变成既有债权的一种权利，且往往具备权利形成的基础事实。将来债权的取得虽然并未完成，但其处于不断完成的过程中。随着条件逐步成熟，对债权取得的可能性也逐步增强。同时，一般通过已有的交易惯例和合同签订等基础事实，在达到特定条件下，将来债权能够顺利地实现。

（二）将来债权的分类

将来债权作为基础资产虽然表现形式多样，但依据其是否具有法律关系可分为两大类：一类是具备基础法律关系的；另一类是不具备基础法律关系的。后者为狭义的将来债权，前者加后者为广义的将来债权。

具备基础法律关系的将来债权指的是，双方已签订形成债权的合同，但债权在合同生效时尚未形成，须待特定条件发生（如持续履行服务、交付标的物等）后才能形成。例如，一般附期限和附条件的合同均为该类情形，该种期待权受到一定的合同约束和法律保护。不具备基础法律关系的将来债权指的是，双方不存在基础的法律关系，仅具有将来发生的可能性或持续经济关系。例如，物业公司在未来经营活动中可能不断签订新的物业合同，收取物业费；大桥收费站在未来可能持续地收取过桥费用。

由上可知，在一笔资产证券化业务中可能同时涉及具备基础法律关系，以及不具备基础法律关系的将来债权。应用到实际业务中主要表现为，在购买初始基础资产后，存续期间初始基础资产可能面临续签问题、循环购买问题等，导致后续基础资产存在变更的可能，而变更后的基础资产在现在时点不具备基础法律关系。

三、将来债权资产证券化的可行性和问题

（一）将来债权资产证券化的可行性

本文认为，以将来债权作为基础资产开展资产证券化业务，具备一定的经济动机、法律基础以及实务经验，将来债权资产证券化具有一定的可行性，具体表现如下。

其一，将来债权纳入证券化资产范畴存在经济动机。事实上，一般的经营性企业缺乏担保资产，将来债权可能是其少数能够用于证券化的基础资产，将来债权资产证券化对于发起企业而言具有较大的经济利益。在该利益的驱动下，各方将其用于交易、作为融资标的现象较能形成社会

共识。

其二,将来债权纳入证券化资产范畴具有法律基础。如表3所示,我国《应收账款质押登记办法》明确规定了收费权、收益权、知识产权的许可使用等未来应收账款类可登记、可转让,《证券公司及基金公司子公司资产证券化业务管理规定》也将收益权等纳入了基础资产范围。虽然并未对将来债权资产证券化制定特定办法,但从现有法规看,将来债权具有资产证券化的法律基础。而从国际上看,英国、美国、德国、日本立法均不同程度地认可了将来债权的可转让性。

表3 我国将来债权资产证券化的法律基础

法律法规	涉及将来债权转让的界定
《应收账款质押登记办法》	应收账款包括下列权利: 供应水、电、气、暖,知识产权的许可使用; 提供医疗、教育、旅游等服务或劳务产生的债权; 城市和农村基础设施项目收益权; 其他以合同为基础具有金钱给付内容的债权
《证券公司及基金公司子公司资产证券化业务管理规定》	明确企业应收款、不动产收益权等可以纳入基础资产; 证监会认可的其他财产或财产权利
国际立法经验[*]	英国:将来债权转让时具有对价,即视为让与; 美国:将来债权让与合意成立时债权让与即生效; 德国:将来债权让与的生效时点为债权发生时; 日本:立法和判例已认可将来债权让与,目前关注如何在将来债权产生前取得对抗第三人法律地位

注:* 进一步参见代瑞《资产证券化的将来债权让与》。

其三,将来债权纳入证券化资产范畴已有较多实务经验。国际上,将来债权资产证券化已有20多年的实践经验。如上文所示,自20世纪90年代以来欧洲就以企业特定业务的经营性收入作为基础资产发行债券产品(WBS)并形成了较为稳定的品种,而美国的知识产权资产证券化业务在当时也开始发展起来。在我国,虽然企业资产证券化的发展时间较短,但除了知识产权外的其他将来债权资产证券化产品已均有发行,为将来债权进行资产证券化奠定了一定的实践基础。

（二）将来债权资产证券化存在的问题

将来债权虽然能够满足作为资产证券化基础资产的一般法定要件，具备资产证券化的可行性，但与既有债权资产证券化相比，其进行资产证券化时将面临债权转让时点的不确定以及无法脱离主体经营管理等额外问题，同时对于发行方而言则会形成新增负债。总体而言，将来债权资产证券化更难实现。具体情况如下。

将来债权资产证券化将面临债权转让时点不确定的情况。虽然大部分国家和地区已经承认了将来转让的法律效力，但对于债权转让的生效时点仍存在争议。德国和我国台湾地区等认为须待债权实际发生时才进行转让，美国和日本则明确了在订立转让文件时立即生效。[①] 在我国，对于将来债权转让的生效时点并未做出明确规定，这可能将引发如下问题，即当发起人破产时该项债权是判属于特殊目的载体之财产或是属于发起人的破产财产可能存在争议。

将来债权资产证券化将面临较大程度上无法脱离主体经营管理的问题。与不动产、既有债权等基础资产相比，将来债权本身不具备自我变现的能力，发起方必须持续、积极地管理经营相关业务才能形成可发生的债权，进而产生现金流。例如，物业费收费权类项目中物业费是企业的主要经营性收入，只有企业持续地提供物业管理服务，才能收取物业费保障资产支持证券的本息支付。

四、将来债权资产证券化的特殊风险

前文提及，将来债权资产证券化具备可行性，但其在资产证券化过程

[①] 各国关于将来债权转让的法律和实践情况可参考王文宇《金融资产证券化：理论与实务》中《从资产证券化论将来债权之让与兼评2001年台上字第1438号判决》一节。

中会面临一些额外的问题。这些问题经证券化流程传导将会使该类业务呈现出更强的"现金流预测失效、现金流混同严重、破产未隔离、偏重主体信用"等风险特征①。相关风险传导路径如图1和后文所示。

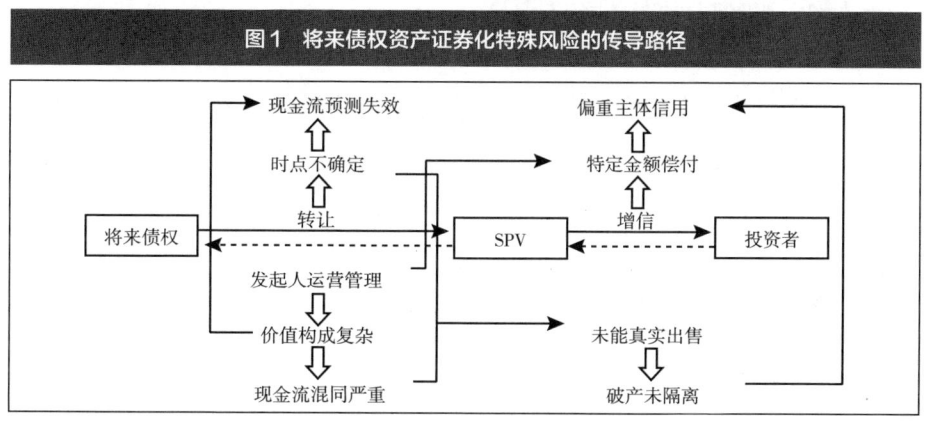

图1　将来债权资产证券化特殊风险的传导路径

（一）现金流预测风险传导路径

将来债权的或然性增加了特定期间现金流减少甚至零现金流的可能性，同时由于作为发起人的经营性收入，现金流产生需要多种经济要素推动，构成较为复杂，上述的传导路径增加了将来债权现金流预测的风险。

以首个违约的资产证券化项目经营性收入为例，2016年5月，该资管计划优先A档到期未发布兑付公告，形成实质违约。主要原因是该大桥的通行费原依赖于运煤的来往车辆，但由于当地煤炭市场严重下滑、煤场进行环保改造，通行费收入大幅下跌，而担保人由于本身经营受到市场冲击也无法履行担保责任。该例中，虽然主要为市场风险引发的问题，但也是由于将来债权的或然性同时没有特定债务人，导致出现了实际债权不发

---

① 此处并非指其他资产证券化不面临相关风险，而是较其他资产证券化业务而言，将来债权资产证券化所面临的该类风险特征更明显。

生、一段时间内几乎没有任何车辆使用大桥设施的情况。上述情况在中介机构做现金流预测时较难把控。

（二）现金流混同风险传导路径

由于将来债权多为企业主营业务产生，依赖于发起人的积极运营和管理，而主营业务收入现金流构成较为复杂，不仅在生产端可能涉及人力、资源等多种要素的持续投入，同时其消费端也涉及多个细分业务，由此，发起人的现金流和资产证券化的现金流较难分离，会产生混同。同时，由于我国资产证券化交易结构中覆盖倍数较高且多要求所有回款现金流均应先归集于信托账户，并未给企业补偿部分运营成本，在企业暂时性资金周转紧张甚至无法继续经营的情况下，资金的混同则可能会进一步引发发起人挪用资金的风险。

以美国曾经的第三大钢铁公司 LTV 在破产重整过程中请求追索其资产支持证券偿付现金流的事件为例。2000 年 LTV 由于收购失败外加钢铁行业竞争激烈，导致了巨额亏损，由此向法院申请了破产保护。其中请求动用此前其发起的两个 WBS 产品的偿付现金流，本金合计 5.7 亿美元，其主要理由为两个 WBS 产品实际上为变相融资，并非真实销售，故应被纳入破产财产。而否认真实销售的重要因素之一是"证券偿付现金流与一般资金的混同"，后续过程中该因素也是法院质疑其真实销售的主要原因。故资金混同可以说是将来债权资产证券化业务中的重大缺陷之一。

（三）委托人的破产风险传导路径

事实上，破产风险是将来债权资产证券化业务中最为特殊而又典型的一类风险，其他各类风险的传导路径与委托人的破产风险传导路径紧密相连，其中未能真实出售是引致破产风险的直接原因。现行法律体系下将来债权转让时点存在不确定性，在遇到发起人破产的情况下，将来债权作为基础资产可能会被作为破产财产进行清算，而无法偿付资产支持证券投资者的本息；另外，在上面现金流混同风险中也提及，由于将来债权的实现无法脱离发起人管理、价值构成复杂，在遇到企业申请破产的情况下，资金混同可能被用作申辩资产非真实出售的一个重要论据。

实际案例中，我国首例违约的资产证券化项目（大成西黄河大桥通行费收益权）以及美国钢铁公司 LTV 追索 WBS 产品的偿付现金流事件，都是因为资产并未实现真实出售而引致破产未隔离风险。与此相应的是，现美国资本市场上 WBS 产品多未经评级或经公开评级后进行私募发行，公募渠道发行的 WBS 产品数量极少。

（四）主体信用风险传导路径

现如今将来债权资产证券化业务在业务审查中较为偏重主体信用风险，主要有两条传导路径。其一，在底层资产（将来债权）并未实现"真实出售、破产隔离"的情况下，增加信用担保、差额补足等增信措施可以一定程度上保障项目的本息兑付。该结构下的资产证券化业务性质与公司债业务性质变得十分相似，均依赖于增信方的主体信用水平。其二，在交易结构中未设计发起方持续经营资金补偿机制，而是直接把未能特定化的资金先进行定额归集。在该结构下，若市场出现不利变化、发起方又无法使用经营收入，其出现的资金周转缺口极大程度上将依赖于差额补足或者担保的履行。

五、可能的风险防范措施与建议

针对将来债权资产证券化存在的主要问题以及风险传导路径，可能的风险防范措施与建议有如下几条。

其一，增强对发起人/管理人的经营管理水平以及管理人可替代性的评估，同时建立后备管理人应急预案等。将来债权的实现较大程度上依赖于管理人的积极管理，其持续经营管理水平将影响资产支持证券未来现金流偿付。另外，由于可能面临项目违约、发起人清算等极端风险，对于管理人可替代性的评估一方面能够更精确评估项目风险，同时为后备管理人应急预案的设立提供基础。事实上，标准普尔在评估该类产品时就将该类产品较大程度上依赖于管理人的这两项作为其中标准的评估事项，以保障该类产品后期有较好的业绩表现。

其二，精细化分析企业经营性业务的价值属性，关注以"劳动密集型或资源密集型"经营业务为资产进行证券化的业务比例，对该类资产证券化业务设立价值补偿机制和严密的监控机制，缓释资金混同与挪用风险，增强对资产的"真实控制"程度。对于部分劳动密集型和资源密集型的企业，其业务经营需要持续、大量地投入人力、原材料，同时价值形成也基本源于其所提供的劳动和资源，本身较难实现现金流的隔离；故相较于含固定资产类的业务，更难实现真实出售、破产隔离。针对该类业务，可以考虑根据实际情况有条件地将部分经营收入先予发起人业务经营之用，再行资金归集，激励发起人积极持续地经营。进一步，还可通过严密监控资金覆盖率、不合格资产出现率等指标，根据指标恶化程度实施加速清偿措施。

其三，参考国际破产拯救制度精神，与发起人就破产清算事宜做好书面有效约定，逐步建立破产接管共识、形成体系，保障投资者利益。英国特有的"行政接管"破产制度能够保证在企业破产的情况下，特定目的载体仍然能够实现对将来债权的"真实控制"，一定程度上缓释破产风险。英国的WBS产品，在发起人与SPV签署协议时就约定，在发起人等经营失败的情况下，不能履行资产管理机构职责时，WBS证券的投资者可以指定"行政接管人"继续经营基础资产，或者可以直接处置相关资产。上述可以进行这项约定主要得益于英国特有的破产安排，即在浮动抵押中，当发生违约或进入清算破产程序时，债权人可不经法院批准直接指定"行政接管人"全面接管融资人的资产和业务。虽然我国破产拯救制度尚不完善，但针对将来债权证券化业务仍应对破产清算事宜做好书面约定。①

其四，规范将来债权转让的信息登记和披露机制，确保资产支持证券投资者及发起人、其他债权人的知情权，避免因对抗第三人而造成投资者损失。将来债权是否能够有效转让还取决于证券化投资者和发起人、其他债权人之间的利益平衡关系。在其他债权人未知晓发起人原资产证券化的情况下，可能对涉及的基础资产截流，或者发起人可能存在基础资产重复交叉进行融资的情况。在公证机构或相关平台上做好充分的信息登记和披露，将能够一定程度上防止上述情况的发生，保护各方利益。就我国实践而言，已有部分收费收益权在做转让和质押过程中在中国动产融资统一登记系统进行登记，但由于法律层面尚未对将来债权制定相关标准和规范，故登记信息的完整性、市场共识度还较为不足。

六、结论与展望

由于企业主营业务的多样化，将来债权资产证券化业务具备了丰富的表现形式，但其并非国际上主流的资产证券化业务，总体规模和平均规模均较小。而发源于英国、发展于美国和日本的 WBS 产品对于我国将来债权资产证券化业务具有较大的理论指导和实践检验意义，尤其各国针对该类业务的立法体系、相关违约案例都是我国证券化业务从业者学习的宝贵经验。

---

① 据现代英美法系规定，浮动抵押是指债务人将其现在和将来所有的财产或者部分财产作为抵押，出于为债权人利益考虑而设定的一种物权担保。

在风险方面，将来债权天生的权利瑕疵导致了其较难实现真实出售和破产隔离，产生了资金混同、破产风险等特殊风险，且更加偏重于主体信用。除了期待在破产制度上能够实现行政接管外，作为资产支持证券的管理机构还应加强对发起者经营管理水平以及可替代性的评估，同时需在交易结构中考虑劳动或资源密集型企业的补偿支持机制，最后则需做好公证信息登记和披露工作，保障各方权益。在不断完善理论体制和推进实务操作的过程中，将来债权资产证券化业务将对非金融企业、金融市场带来独特的意义。

《同意销（预）售函》的法律风险研究
——基于最高院一则案例的启示

谢雪凯

引　言

　　房地产开发之所以属于资金密集型产业，源于其建设工程周期长、资金需求大这一特征，在开发过程中房地产开发企业时常面临资金紧缺之窘境，而向银行、信托公司等金融机构申请项目贷款已成为实践中最常见的融资路径。于银行、信托公司等金融机构而言，放贷行为固然有利息之收益，却也面临借款人届期无法兑付的法律风险。在此意义上，对担保措施的选择成为金融机构内部审批贷款是否发放的关键所在。

　　晚近以降，促进资金融通、倡导物尽其用、保障债权安全成为现代担保制度孜孜不倦的价值追求，实践中及立法上认可"在建工程抵押"这一担保样态，大体反映了这一追求。于我国法律体制下，相较于竣工完成的抵押物，在建工程抵押最大的特点是其在抵押期间可能与现行商品房预售制度发生碰撞，而这一客观事实在学理上应归入"抵押物在抵押期间能否转让"这一法学命题项下。遗憾的是，无论是1988年的《最高人民法院关于贯彻执行〈中华人民共和国民法通则〉若干问题的意见》（以下简称《民法通则意见》）（第115条）、1995年颁布的《担保法》（第49条）、2000年的《担保法解释》（第67条），还是2007年出台的《物权法》（第191条），该问题一直在业界存在较大争议，体现在法律理解和司法适用上的众说纷纭。为更好地阐明该问题，下文择取最高人民法院近年裁判的一期案例进行探析，以期为信托公司开展房地产融资业务保驾护航。

一、案情介绍及争议焦点

　　2003年7月29日，中国农业银行股份有限公司哈尔滨道外支行（以下简称"农行道外支行")与哈尔滨中财房地产开发有限公司(以下简称"中财公司")[1]签订农银借字（2003）第8810号借款合同（以下简称"8810号借款合同"）和农银借字（2003）第8810号抵押合同（以下简称"8810号抵押合同"）。8810号借款合同的主要内容为：借款金额4150万元，借款期限自2003年7月29日至2006年7月28日，借款用途为中财雅典城工程款。8810号抵押合同的主要内容为：为了确保8810号借款合同的切实履行，保障抵押权人债权的实现，抵押人愿意为债务人与抵押权人依主合同所形成的债务提供抵押担保；抵押人担保的主债权种类、数额为人民币4150万元整。8810号抵押合同所附抵押物清单记载抵押房产包括：9号楼78套住宅、13号楼27套住宅、14号楼9套复式，合计114套住宅（因复式住宅后改为平层住宅，故实际抵押房产为139套）。哈尔滨市房产住宅局就此为中财公司出具了"哈房权属证明字第21号"《房屋在建工程权属证明》。在办理8810号抵押合同项下的抵押登记过程中，应哈尔滨市房地产交易中心（以下简称"房产交易中心"）的要求，农行道外支行向其出具了《关于允许抵押人继续售房的函》，内容为："我行与中财公司签订的抵押合同，抵押人中财公司所提供的抵押房产在抵押期间可以出售，可以办理产权手续，售房时中财公司另行与我行签署他项权注销证明与售房资金专储证明，明确资金流向，如不签署，出现问题由中财公司负责"。抵押登记办结后，哈尔滨市房地产管理局于2003年8月11日为农行道外支行颁发"哈房他字第20039002号"《房屋他项权利证》。2004年6月，中财公司提前还本付息，故8810号借款合同已履行完毕。

2004年9月5日，农行道外支行与中财公司另行签订农银借字（2003）第8821号借款合同（以下简称"8821号借款合同"），约定：中

---

[1] 中国农业银行股份有限公司哈尔滨道外支行与哈尔滨中财房地产开发有限公司借款纠纷一案先后在哈尔滨中级人民法院一审（（2013）哈民四商初字第36号民事判决书）、黑龙江省高级人民法院经历二审（（2015）黑高商终字第94号民事判决书），以及最高人民法院再审（（2016）最高法民申887号民事裁定书）。

财公司向农行道外支行借款 3500 万元，用于中财雅典城项目开发，借款期限 3 年，担保方式为抵押担保，适用"原 8810 号抵押合同"，但并未办理抵押变更登记（因主债权发生变化）。

截至 2012 年 10 月 20 日，中财公司尚欠农行道外支行 8821 号借款合同项下借款本金 2080 万元，利息 9175544.52 元。因协商无果，农行道外支行于 2013 年 11 月 18 日向哈尔滨中级人民法院（以下简称"一审法院"）提起诉讼，请求两项请求：其一，要求中财公司还本付息；其二，若中财公司不能还本付息，则以其抵押的房产拍卖、变卖所得价款优先受偿。

一审法院认为，8821 号借款合同属于双方真实意思表示，故支持农行道外支行还本付息之请求，但对于农行道外支行能否主张 8810 号抵押合同所对应的在建工程进行优先受偿，表达了如下见解：……8810 号抵押合同已经办理抵押登记，在抵押权依法设立后，农行道外支行向房产交易中心出具了关于《允许抵押人继续售房的函》，明确表示中财公司在抵押期间对抵押房产可以出售并办理产权手续，中财公司根据农行道外支行出具的函，将抵押的房产全部售出，农行道外支行抵押权已经消灭。是故，一审法院仅支持农行道外支行提出的还本付息的诉讼请求，而认为依据 8810 的抵押合同设立的抵押权已经消灭，故不支持其提出的房产拍卖、变卖所得价款的优先受偿。一审就此判定。

在上诉再审程序中，一方面，农行道外支行围绕"8810 号抵押合同项下的抵押权并未消灭"这一主张坚持一审、二审法院法律适用错误，并极力认为"签署《允许抵押人继续售房的函》并不代表放弃抵押权"，代理律师相继援引了《担保法》第 49 条、《担保法解释》第 67 条作为法律依据。另一方面，一、二审法院则坚持认为自己的判决结果并无不当。

如果稍加留意，可以发现一个有趣的现象：按照《立法法》关于新法优于旧法的一般理解，在抵押物转让问题上，理应优先适用 2007 年《物权法》第 191 条之新规，而不应再适用《担保法》第 49 条或《担保法解释》第 67 条。如果说农行道外支行的代理律师为尽可能使当事人利益最大化而对《物权法》第 191 条视而不见尚属情有可原的话,哈尔滨中院和黑龙江高院在判决依据中只字未提《物权法》第 191 条,似乎有点说不过去。但这也从侧面反映出抵押物转让问题的复杂性。

结合本案,于农行道外支行等金融机构而言,签署《允许抵押人继续售房的函》究竟是否代表其放弃抵押权,进而将原本有增信措施的放贷硬生生变为"裸贷"?下文将结合我国担保物转让制度的立法变迁评析最高院的再审裁定。

二、比较法视角与我国法解释

(一)抵押物转让之比较法视角

"在近代的大陆法系立法中,无论是在以日耳曼为传统的德国及瑞士民法,还是在以罗马法为传统的法国民法以及法国法为蓝本的日本民法,都毫无例外地承认抵押权的追及。"[1]众多大陆法系国家关于抵押物转让的立法模式,无不以追及力为基础而展开的。

法国民法既承认抵押权具有的追及效力[2],又针对登记制度的不完善而独创抵押权的涤除制度[3]以对抗抵押权人的追及力。此外,还赋予受让人代为清偿权[4],使受让人可代替抵押人向抵押权人清偿全部债权以消灭主债权。需要指出的是,涤除制度乃时代之产物,伴随登记制度的完善和

---

[1] 许明月:《抵押权制度研究》,法律出版社,1998,第 89 页。
[2] 《法国民法典》第 2114 条第 3 款,第 2166 条。
[3] 《法国民法典》第 2169 条,对于涤除制度,乃迫于当时登记制度的不完善,防止因隐藏的抵押权人主张权利而使交易安全受到威胁而设计出的制度。
[4] 《法国民法典》第 2168 条。

涤除制度本身弱点的暴露，在今日的法国法，涤除制度几乎不再被人们使用。①

德国民法也承认抵押权的追及效力，"在设定抵押权之后，抵押人仍为一家之主，他可以出让出产物以及从物，让与用益出租之租金债权等。"② 只是赋予受让人权利瑕疵担保请求权和代为清偿③作为对抗追及力的手段，但《德国民法典》并未在"物权编"中对抵押物的受让人专门设置相关制度，只是沿用"债务关系法"中的有关条款为抵押物受让人提供有限的保护。

日本民法对抵押物转让继承了法国民法的模式，即在承认抵押权的追及效力基础上，授予抵押物受让人涤除权④和代价清偿⑤，同时又通过第372条⑥创造性地将抵押物转让的价金纳入抵押权物上代位的范围。基于上述模式，抵押权人享有双重保护路径：既可以追及受让人主张抵押权，也可以对转让价金主张物上代位权。然而，绝大部分日本学者对这种模式并不赞同，认为抵押权的追及力足以为抵押权人提供保护，将物上代位和追及力并存是不必要的。⑦

---

① 费安玲：《比较担保法》，中国政法大学出版社，2004，第192页。
② 〔德〕鲍尔、施蒂尔纳：《德国物权法（下）》，申卫星、王洪亮译，法律出版社，2006，第133页。
③ 《德国民法典》第435条，第268条第3款。
④ 2003年日本修订民法典时将涤除制度（修改前的民法第381条）的名称改为"抵押权消灭请求"（新民法第378、379条），其意为"通过提供一定金额给抵押权人，请求抵押权的消灭。"这一改变使民法中原有的涤除制度的表述与现行《民事再生法》第148条规定的"担保权消灭请求"取得了一致。渠涛编译：《最新日本民法》，法律出版社，第453页。
⑤ 《日本民法典》第378条。
⑥ 《日本民法典》第304条规定："①先取特权，对于债务人因其标的物的变卖、出租、灭失或毁损而所得的金钱或其他物品，亦可以行使。但先取特权人，须在其支付或交付以前实行扣押。②对于债务人在先取特权的标的物上设定的物权的对价，亦同。"第372条规定，该法第304条有关物上代位的规定准用于抵押权。
⑦ 〔日〕北川善太郎：《物权（民法讲义Ⅱ）》，有斐阁，平成8年，第180页；〔日〕高木多喜男：《担保物权法》，有斐阁，平成5年，第130页；〔日〕我妻荣：《新订担保物权法》，岩波书店，昭和46年，第293页。转引自孙鹏、王勤劳、范雪飞《担保物权法原理》，中国人民大学出版社，2009，第167页。

可见，大陆法系国家对抵押物的自由转让都持肯定态度，在承认抵押权追及力的前提下，分别设计四种制度以平衡受让人的利益——权利瑕疵担保请求权、代为清偿、代价清偿和涤除制度。① 严格说来，前两种普遍适用整个民法领域，而后两种才是专门维护受让人交易安全而设立的制度。

（二）抵押物转让之我国法解释

1. 从《民法通则意见》到《担保法》及其司法解释

我国关于抵押物转让制度的规定，可谓一波三折，表现出在以限制抵押物流转为中心的保守主义立法理念上的踟蹰不前。其中最早立法可追溯到1988年的《民法通则意见》第115条："……在抵押期间，非经债权人同意，抵押人将同一抵押物转让他人，或者就抵押物价值已设置抵押部分再作抵押的，其行为无效。"这里的无效，即转让抵押物的合同或抵押合同自始无效、绝对无效。② 可见，我国最初对抵押物转让抱以严格限制主义的态度——未经抵押权人同意，转让行为绝对无效。即原则上抵押人在未获得抵押权人同意的情况下不得转让抵押物或再次抵押。事实上，《民法通则意见》的制度设计以牺牲抵押人对抵押物的处分权为代价来保障抵押权人的"绝对安全"，有两点缺陷：（1）有碍抵押物交易；（2）未考虑如何维护抵押物受让人的利益。

---

① 代价清偿与代为清偿应作区分，前者以受让人以抵押物的价金向抵押权人清偿，该代价通常低于抵押担保的债权，代价清偿本身并非受让人的权利，必须经由抵押权人同意才能发生消灭抵押权的后果，抵押权人在代价清偿中处于主导地位。在价金低于担保债权时，抵押权人要求代价清偿主要是考虑到抵押权正常实现时抵押物的拍卖价格可能走低，按目前的价格接受清偿更有利，至于未能通过代价清偿实现的那部分债权，伴随抵押权的消灭而成为普通债权。参见〔日〕内田贵《民法Ⅲ债权总论·担保物权》，东京大学出版会，平成16年，第441页。

② 参见《最高人民法院关于如何认定中国农业银行湖北省分行国际业务部申请宣告武汉货柜有限公司破产一案中两份抵押合同效力问题的复函》（1995年4月10日法函〔1995〕33号）。

1995年《担保法》第49条规定："（第1款）抵押期间，抵押人转让已办理登记的抵押物的，应当通知抵押权人并告知受让人转让物已经抵押的情况；抵押人未通知抵押权人或者未告知受让人的，转让行为无效。""（第2款）转让抵押物的价款明显低于其价值的，抵押权人可以要求抵押人提供相应的担保；抵押人不提供的，不得转让抵押物。""（第3款）抵押人转让抵押物所得的价款，应当向抵押权人提前清偿所担保的债权或者向与抵押权人约定的第三人提存。超过债权数额的部分，归抵押人所有，不足部分由债务人清偿。"可见，《担保法》第49条在坚持限制抵押物转让的立场下做出几点修订：（1）放宽了限制条件——对于已经登记的抵押物转让，不再以抵押权人同意为条件，抵押人仅须履行通知和告知义务即可实现抵押物的有效转让；（2）添加担保请求权和转让价款提存或提前清偿的义务。但第49条既没有承认抵押物的追及效力，也没有承认抵押物价金的物上代位性，总体而言仍然是一个比较混淆的条文。

《担保法解释》第67条做了两款规定："（第1款）抵押权存续期间，抵押人转让抵押物未通知抵押权人或者未告知受让人的，如果抵押物已经登记的，抵押权人仍可以行使抵押权；取得抵押物所有权的受让人，可以代替债务人清偿其全部债务，使抵押权消灭。受让人清偿债务后可以向抵押人追偿。""（第2款）如果抵押物未经登记的，抵押权不得对抗受让人，因此给抵押权人造成损失的，由抵押人承担赔偿责任。"由此可知，《担保法解释》的进步之处在于其区分了已登记的抵押物和未经登记的抵押物的不同效力。详言之，对于已登记的抵押物，恢复了其追及效力——即不因抵押财产的转让而归于消灭，且抵押财产的转让合同也不会因未通知抵押权人或未告知受让人而无效。之所以认定已登记的抵押物有追及效力，是因为登记作为物权公示手段，第三人可以通过查阅登记簿对抵押物的状况一目了然，赋予其追及效力不致危害交易安全。同时，《担保法解释》第67条第1款还允许抵押物的受让人自行决定是否通过代为清偿而消灭抵押权，以得到清洁的抵押物，在维护抵押物转让行为有效的基础上无论是对抵押权人还是抵押人，都是极其必要的。因此，《担保法解释》很好地协调了抵押权人、抵押人和抵押物受让人之间的利益平衡。于当时而言，《担保法解释》第 67 条的进步是值得肯定的。

2. 《物权法》第 191 条的理解与本案的适用

2007 年颁布的《物权法》第 191 条规定："（第 1 款）抵押期间，抵押人经抵押权人同意转让抵押财产的，应当将转让所得的价款向抵押权人提前清偿债务或者提存。转让的价款超过债权数额的部分归抵押人所有，不足部分由债务人清偿"。"（第 2 款）抵押期间，抵押人未经抵押权人同意，不得转让抵押财产，但受让人代为清偿债务消灭抵押权的除外"《物权法》颁布以后，事实上在抵押物转让问题上存在如何理解《物权法》第 191 条以及如何与《担保法》《担保法解释》相协调的问题，在理论界与实务界争议颇大。

事实上，当第 191 条初次问世后，学界对该条是否承认抵押权的追及效力展开众多讨论：有观点认为，立法者明确否定抵押权的追及效力，[1]因为在本条的语境中，在抵押权人同意抵押人转让抵押物的情况下，抵押权只能通过价金的物上代位得到保全。[2] 另有观点认为，第 191 条并未否认追及效力，只是采取了价金的物上代位制度为主，辅之以抵押权追及效力的模式，实现制度上的最优组合。[3] 但从体例上看，由于我国物权法上的抵押物的范围非常广泛，包含了不动产抵押和动产抵押，并分别以登记生效主义和登记对抗主义作为抵押权生效要件。因此在考虑抵押物转让后抵押权有无追及效力时，也应当区分两种抵押权。本案涉及的在建工程抵押，故下文只以不动产抵押为讨论重点。

对于不动产抵押物，《物权法》项下原则上适用登记生效主义，即登

---

[1] 王利明、尹飞、程啸：《中国物权法教程》，人民法院出版社，2007，第 478 页。
[2] 邹砚："抵押人处分不动产抵押物的自由与限制——评《物权法》第 191 条"，载《法律适用》2011 年第 10 期。
[3] 黄松有：《中华人民共和国物权法条文理解与适用》，人民法院出版社，2007，第 573 页。

记始生抵押权，不登记不生抵押权。结合第191条，如果抵押期间抵押人要将抵押物转让给第三方，即便签订抵押物转让合同，若没有得到抵押权人同意（实践中书面同意函居多），无法办理抵押物的变更登记。依据上述逻辑，《房屋登记办法》第34条规定："抵押期间，抵押人转让抵押房屋的所有权，申请房屋所有权转移登记的，除提供本办法第三十三条规定①材料外，还应当提交抵押权人的身份证明、抵押权人同意抵押房屋转让的书面文件、他项权利证书。"《土地登记办法》第43条第1款规定："土地使用权抵押期间，土地使用权依法发生转让的，当事人应当持抵押权人同意转让的书面证明、转让合同及其他相关证明材料，申请土地使用权变更登记。"据此，若抵押人转让抵押物并未获得抵押权人的书面同意，该抵押物转让行为仅在抵押人与受让人之间形成合同关系，登记机关不可能为受让人办理抵押物变更登记；反之，若抵押人取得抵押权人的书面同意函，登记机关有义务为受让人办理抵押物的变更登记。从这点上便能解释为什么本案中房产交易中心要求农行道外支行签署《允许抵押人继续售房的函》了。

（三）本案争议之评释

结合第191条，本案的争议焦点是：抵押权人同意抵押人转让抵押物是否意味着抵押权人放弃抵押权？在本案件中，农行道外支行出具《允许

---

① 《房屋登记办法》第33条："申请房屋所有权转移登记，应当提交下列材料：
（一）登记申请书；
（二）申请人身份证明；
（三）房屋所有权证书或者房地产权证书；
（四）证明房屋所有权发生转移的材料；
（五）其他必要材料。
前款第（四）项材料，可以是买卖合同、互换合同、赠与合同、受遗赠证明、继承证明、分割协议、合并协议、人民法院或者仲裁委员会生效的法律文书，或者其他证明房屋所有权发生转移的材料。"

抵押人继续售房的函》，是否意味其放弃抵押权？第一种观点认为，抵押权人同意抵押人转让抵押物就等于其放弃了抵押权，故应办理抵押权的注销登记，才能办理抵押物的移转登记。[①] 持这一观点的正是住房和城乡建设部政策法规司。第二种观点认为，抵押权人同意转让抵押物并不等于其放弃抵押权，只要抵押权人没有明确放弃抵押权的意思表示，登记机构就不能仅仅因为抵押权人提交了同意抵押人转让抵押物的书面文件而办理抵押权的注销登记。[②] 这两种观点正好和本案原被告之间的意见呼应。

在本案再审中，最高人民法院就遵循上述第一种观点："……双方争议的焦点是：在抵押权人同意抵押人销售抵押房产的情况下，能否认定抵押权消灭。《物权法》第177条规定，债权人放弃担保物权的，担保物权消灭。对于债权人同意抵押人转让抵押物的情况下，能否认定抵押权已经消灭，结合《物权法》第191条，抵押期间，抵押人经抵押权人同意转让抵押财产的，应当将转让所得的价款向抵押权人提前清偿债务或者提存之规定，可以作出这样的理解，本条确立了'抵押权人同意方可转让'的基本原则，如果抵押权人同意转让抵押物，则不应由受让人代为清偿债务，在抵押物的交换价值实现之日即丧失了物上追及力，抵押权的效力仅及限于转让价金。本案中，农行道外支行向哈尔滨市房地产交易中心出具了《关于允许抵押人继续售房的函》，同意转让抵押物，应视为放弃抵押权，此时农行道外支行对于在建房屋已不再享有抵押权，其只能对买受人支付的购房款行使价金代位权，而不能再追及物上抵押权。至于农行道外支行因无法行使价金代位权而造成的损失，系农行道外支行与中财公司的债权债务关系，当事人应当另行主张。"

事实上，最高人民法院的这一理解基本还是体现了其对物权法立法目

[①] 参见住房和城乡建设部政策法规司、住宅与房地产业司、村镇建设办公室编《房屋登记办法释义》，人民出版社，2008，第144页。
[②] 刘守君：《转让抵押房屋申请登记时应提交同意注销抵押权证明——兼及〈房屋登记办法〉第34条修改意见及理由》，《中国房地产》2013年第7期。

的的遵从，即《物权法》第191条的立法主旨就是抵押权人同意抵押人转让抵押物的，视为抵押权人放弃抵押权。因为在立法者看来，抵押物一经转让，交换价值就实现了，而将转让所生价金来清偿债务，消灭抵押权，可以减少抵押物在流转过程中的风险，避免抵押人利用制度设计的漏洞获取不当利益，更好地保护抵押权人和买受人的合法权益。[①] 从商品价值的二重性来解释抵押物的转让，可以发现抵押人设立抵押权时就视同将抵押物的交换价值让渡给了抵押权人，抵押权人顺势成了抵押物的主人，相当于把抵押物卖了。而抵押人自由转让抵押物，意味着再卖一次，这整个过程相当于鼓励一物二卖；从立法上看，事先限制指抵押物不得转让，事后补救指赋予追及效力的办法。追及效力导致的结果是抵押人还可以再卖抵押物，这种方案视为"力挽狂澜"，其把已经形成的财产秩序重新打乱，中间的买卖当事人要——追索，最终可能追到原出让人。而事先限制的方案乃是"防患于未然"，显然比力挽狂澜更好。[②]

在上述语境下，将抵押权人出具同意函视为其放弃抵押权应当是最能实现立法者维护财产秩序的目标。因此在实践中，不少地方的建设主管部门都要求房地产开发企业在进行预售或现售时，如果存在在建工程抵押的，抵押权人（金融机构）必须出具同意抵押人（房地产开发企业）对外销售的书面文件并办理抵押权注销登记。对此，2015年刚颁布的《不动产登记暂行条例实施细则》第86条第4款表达得更为直接："申请预告登记的商品房已经办理在建建筑物抵押权首次登记的，当事人应当一并申请在建建筑物抵押权注销登记，并提交不动产权属转移材料、不动产登记证明。不动产登记机构应当先办理在建建筑物抵押权注销登记，再办理预告登记。"

综上所述，本案中最高人民法院的裁判理由应当是与《物权法》第

---

① 胡康生：《中华人民共和国物权法释义》，法律出版社，2007，第418页。
② 王胜明：《物权法制定过程中的几个重要问题》，《法学杂志》2006年第1期，第35～38页。

191条立法本意最为接近的解释，其基本确认了这一事实：即抵押权人同意抵押人转让抵押物意味着抵押权人放弃抵押权。

三、结语——对未来展业的些许启示

通常而言，房地产融资由于法律制度配套齐备、融资模式较为成熟，在当前信托业务中占有较大比例。但即便是颇具成熟的地产融资，在某些法律细节上仍然有漏洞，比如本案所讨论的由金融机构出具类似《允许抵押人继续售房的函》（实践中也有表达为：同意销（预）售函）的行为，如果不清楚我国现行立法的规定，势必为信托公司的展业埋下地雷。事实上，在抵押等增信措施之外，比如加强对销售资金的管控力度、明确销售资金应当用于提前还款或归集至信托专户，在相关法律文件中明确动态抵押率、对出具同意销预售函件的法律风险进行适当披露，不啻为一个好的保障措施。

银行业金融机构消费者权益保护问题成因探讨及相关建议

张妍玫

一、金融消费者权益保护现状

2017年3月15日,公益投诉平台——21CN聚投诉,联合广州云润大数据服务有限公司发布了《2016年国内银行卡盗刷大数据报告》,报告结果显示全网统计银行卡被盗刷共计7095次,累计造成客户损失1.83亿元。盗刷事件的后期处理还存在银行投诉解决率低,报案情况、受理率不理想等情况。而目前市场上的盗刷险,也正是信用卡盗刷定责难、持卡客户维权难的一例佐证。

2017年1月6日晚东北特殊钢集团有限责任公司(以下简称"东北特钢")公告称,公司2013年度第一期中期票据不能按期足额兑付利息,已构成实质性违约,再度敲响了刚性兑付的警钟。

近年来随着互联网金融的发展,更多的第三方支付平台、P2P平台、众筹平台、股权交易平台等在市场上如雨后春笋般崛起,相当一部分互联网金融产品规范化程度不高,处于法律监管的灰色地带,缺乏有效的风险防控机制,金融消费者的利益极易受到冲击。

以上种种案件及问题都牵动着社会公众的切身利益,也将金融消费者这一特殊群体推到了聚光灯下。本应与金融机构是合作共赢关系的他们不得不站在了彼此的对立面,在信息不对称、金融体系尚待进一步完善的今天,谁来保护这些金融消费者?如何构建一个高质量、多层次的金融消费者保护体系,形成三方共赢的和谐金融生态圈?这些问题值得深入探讨和研究。

二、金融消费者权益保护问题的成因

金融消费者权益保护不足的问题自2008年金融危机爆发以后逐步引起

人们的关注和热议。在社会经济新常态大背景下，金融消费者这一群体受到包括外部市场环境、银行业金融机构自身发展、消费者的需求变化的影响，这三个维度的合力是金融消费者保护面临挑战的内核。

（一）市场环境的迅速变化

在金融机构面临转型发展、产业亟待升级的今天，市场的变化会直接影响金融关系的性质和内容。

1. 金融创新催生金融新业态

在"经济转型"格局的指引下，经济增速从"高速转为中高速"，经济结构致力于"优化升级"，从而凸显金融创新的现实价值。因此也催生了金融新业态的成长，银行、保险、证券等各行业的相互融合与合作，利率市场化、互联网金融、金融衍生市场等金融趋势也不断落地。

2. 市场快速发展急需配套监管体制

市场环境作为金融交易滋生和依赖的外部环境，其发展变化会直接作用于成长在这一生态圈当中的各个要素。在交易市场成长速度过快与监管体制的革新较慢的反差下，许多金融模式和主体权益保护呈现"真空"状态。以法律为例，由于经济发展对市场环境的应激性反应要远快于法律制度的制定，因此，当出现新型金融形态时，现有法律可能无法实现主体权益的有效保护，而新的法律并没有这么快出台，由此导致一部分金融活动处于完全自主的状态下。因而我们需要监管体制的协助来保证市场以理想速度发展变化的同时呈现良性、和谐发展的态势。

（二）银行业金融机构的改头换面

现阶段，银行业金融机构对金融业务的创新热情空前高涨，新业务、新渠道、新关系的频繁出现一方面促进了金融服务的多元化，另一方面也对金融机构的内控管理提出了更高的要求。

1. 新业务层出不穷

面对转型发展的重要时期，各大银行业金融机构更加注重逐步兴起的资本市场领域。然而，资本市场的高风险性，资管计划、股票质押、股权交易等新业务的多变性，金融消费者对新产品的不确定性等促使金融机构与金融消费者的关系变得更加复杂。

2. 新渠道雨后纷起

面对互联网金融的跨界冲击，金融机构寻求更多维度的业务渠道，面对新渠道的爆发式增长，如何找准金融机构的定位、如何解决线上渠道带来的巨大风险必将成为银行业金融机构未来发展的重要工作。

3. 新关系刻不容缓

在市场环境、转型发展、需求升级的持续作用下，银行业金融机构逐步转变为向客户提供综合化金融服务的顾问/咨询金融机构，金融服务的升级必然伴随着客户对金融机构的依赖性增加，新关系的出现意味着新风险点的爆发，这将对刚拥有新关系的合作双方造成困扰。

（三）金融消费者的非理性预期

1. 金融消费者金融需求的转变与其自身金融知识的匮乏形成了最大矛盾

从行为金融学理论来分析，主要有以下几个方面。

（1）过度自信

人们在投资决策过程中往往会有高估自身判断力的过度自信现象，这将形成两个方面的偏离：其一，过分确信自己收集到的信息，包括错误的信息，形成"噪声交易"；其二，偏向选择支持自身决策的信息，忽视负面信息。因此，不够规范、成熟的市场环境，就会使这些金融消费者产生盲目的预期，非理性地要求高收益低风险。

(2)"羊群效应"

社会交往形成的偏好影响,导致人们存在追求时尚与盲从心理的误区。拓展到本文讨论的金融投资领域,消费者也往往表现出非理性的从众心理,也就是"羊群效应"。单个投资者受市场其他投资者影响会趋向于选择相同的投资策略,以2015年资本市场调整前期为例,大量资金聚集在资本市场、基金市场,一旦市场环境发生变化,消费者的滞后效应就会引发一连串雪崩式的反应。

(3)锚定现象

锚定现象是指当人们在对数量进行评估的时候,评估值常常会受到问题表述方式的影响。由于金融产品结构创新等原因,自身内在价值较难界定,锚定现象在金融市场中就表现得尤为明显。例如,大多金融消费者并不知道一款理财产品的年化收益率是否真的达到4%或5%,在缺乏更准确信息的情况下,以往价格或类似产品的价格就更容易成为一个参照物。

2. 金融消费者对金融机构角色定位的非理性预期造成了关系的不对等

长久以来,我国金融消费者的需求相对单一,金融机构对于他们而言,要做的就是保管他们的财富并将其增值,大多数金融消费者乐得做"甩手掌柜"。但是,在一个成熟的金融体系中,金融消费者要积极地参与自身的财富管理,金融机构承担的角色应该是金融消费者的财富顾问,分析消费者的资产状况并提供金融方案,帮助其做出决策,而非主导客户的资产配置。

三、金融消费者权益保护应对策略

对于以上三个维度所面临的问题以及其成因,我们同样从三个方面提出针对性的应对策略。

（一）市场环境下的金融消费者权益保护优化

1. 加强金融市场自律与监管

发达国家金融消费者权益保护体系完善经验和做法表明，法律与制度、组织与监管是形成良好金融消费者权益保护的主要工具。目前我国金融立法尚未完善，应更有效地利用行政监管、行业自律、自发制约等多种预防、处理途径，推动金融行业的正向成长。

法律执行需要依托有形的组织机构，基于目前我国"一行三会"的体制，建议形成三个主体和三个层面的权益保护架构——政府监管机构、行业协会和消费者保护组织。基于制度与组织框架，针对市场环境变化，应加强以下三方面工作：第一，加强对金融机构的监管力度，促使金融机构自身提升自查、自律、自我保护的积极性；第二，制定金融消费者保护的行业自律公约与准入标准、退出管理，形成定期检查、预警、风险排除的工作机制；第三，监管机构、自律组织、被监管金融机构三方合作，结合最新市场金融消费者权益保护情况，建立金融消费者保护数据库，开放不同权限给不同角色，全方位达到从上而下、从下而上的沟通反馈与记录；并在长期内实现"采集－分析－优化"的可持续监管模式。

2. 强化新常态下金融产品及服务信息披露

新金融业态下，金融产品结构日益复杂，各类创新产品逐步深入普通家庭投资范围。金融消费者受个体认知所限，对金融产品和服务的了解并不全面甚至有误。因此在消费者接受产品和服务前充分披露信息，尽可能减少信息不对称，加大市场竞争与比较，有效削弱金融机构的盲目引导效应。

借势于互联网金融的兴起，新媒体传播有助于实现信息披露的途径优化，保护消费者知情权：（1）金融机构加强产品、服务信息的说明与披露，通过新媒体渠道及时发布产品最新消息，明确其风险所在；（2）金融消费者可通过互联网对各类产品风险收益进行比较，从而赋予消费者自由选择的权利、监督批评的权利，获得更公平的交易地位。（3）借助新媒体交互性与即时性的优势，形成信息披露的有效反馈，形成"线上反馈、线下优化"的金融消费良性循环。

（二）金融机构全方位地优化产品设计和服务流程

对于金融消费者的保护，金融机构更应在金融消费活动发生的前、中、后全过程做好权益保护工作，使金融机构与消费者达到和谐共处、双赢的目的。

（1）金融机构是金融产品的开发者与提供者，因而有必要、有义务不断提高相关产品的科学性与人性化程度，开发出真正使金融消费者需要的、能使金融消费者获利的产品；同时，除完善产品之外，也要着重提升内部员工的综合素质。不难发现，现实生活中金融消费者利益损失的案例很大一部分原因在于机构内部员工与外部欺诈人员的勾结。只有做好内部管理，建立成熟完善的内控机制，才能将风险扼杀在摇篮里。

（2）客户在进行金融消费活动过程中，金融机构应依托完善的销售流程，强化服务质量和风险提醒，引导客户树立正确的财富管理理念，参与自身管理决策，将问题解决在源头。

（3）事后的维护工作是金融机构与消费者建立和谐关系的重要保障。金融机构必须要了解消费者对其产品的感受与反馈，及时发现消费者的不满之处，客观分析情况发生的原因所在，注意舆论引导、消除误解、达成共识，赢得客户更大的认可，将金融消费者保护工作贯穿于行事的每个环节中。

（三）加强消费者金融知识教育与宣传教育

美联储认为，市场上受过良好教育的消费者就是最佳的消费者保护。借鉴国外金融教育经验发现，澳大利亚政府专门成立消费者金融知识委员会和全国金融知识基金会，对消费者普及金融知识，真正实现"让国民有机会更好地管理自己的金钱"的承诺。通过加强金融消费者知识宣传教育与长效机制的建议，可逐步构建并扩大消费者的保护圈。

（1）加强金融知识教育需要做到"双线合并"。一方面，线下积极开展普及金融知识万里行、金融知识进社区、防范非法集资宣传等多种形式的活动，通过宣教，激发消费者自身知识转达动力；另一方面，线上实现同步材料更新，可在官方网站或新媒体平台形成长期、有特色、多形式的宣教专栏，借助社群化优势，强化金融知识教育覆盖面与实效性。

（2）建立长期而有效的金融消费者宣传教育机制。第一，应加强宣传教育的针对性。加大可能影响金融消费者重大决策的"重要信息""重大决定"的告知力度，减少避重就轻的宣传内容；第二，增强宣传教育的可获得性。在传统媒体基础上，充分利用微信公众平台等新兴媒体渠道广泛宣传金融知识，增进公众的了解认知水平；第三，增强宣传教育的互动性。通过良好互动激发金融消费者参与金融权益保护认识提升的兴趣。

四、结语

金融消费者权益保护这一命题，已经切切实实摆在了我们面前，相信随着金融体系、法律法规的日趋完善和公众金融理念的逐步深化，银行业金融机构与金融消费者的关系终将在市场环境的包裹下实现从对立到共赢，三方都能在这样的关系中找到最合适的角色，达到和谐、稳定的状态，形成适应"新常态"的良性金融生态圈。

参考文献

1. 戴国强、陈晨：《金融消费者保护与金融危机——基于全球142个经济体的实证研究》,《财经研究》2015 年第 3 期,第 100~110 页。
2. 世界银行 2011 年公布《金融消费者保护的良好经验建议(草案)》,美国 2010 年制定《多德——弗兰克华尔街改革与消费者保护法案》,英国制定了《金融消费者投诉处理办法》。具体见阳建勋《"金融消费者"概念生成的法社会学探析——消费者运动与金融危机耦合下的金融法变革及其本土资源》,《甘肃政法学院学报》2014 年第 1 期,第 16~24 页。
3. 杨东:《我国金融消费者保护统合立法体系的构建——以日本的立法经验借鉴为视角》,《社会科学》2013 年第 8 期,第 108~115 页。
4. 新华网,《习近平首席系统阐述"新常态"》,http://news.xinhuanet.com/world/2014-11/09/c_1113175964.htm,2014。
5. 李明彧、张辉:《新常态、新机遇、新挑战:重构经济增长新动力——北京大学经济学院第四届"北大经济国富论坛"综述》,《经济科学》2014 年第 6 期,第 6~12 页。
6. 郭卫东:《全球金融监管改革及发展趋势》,《经济体制改革》2013 年第 6 期,第 112~116 页。
7. 周密:《论我国金融服务消费者保护存在的问题与法律对策》,湖南大学,2009。
8. 中国人民银行西安分行课题组:《目前我国金融消费者保护的现状、存在问题及对策建议》,《西部金融》2010 年第 8 期,第 11~14 页。
9. 新浪财经,《东北特钢再曝 14 亿元中票违约已有 10 只债券违约》,http://finance.sina.com.cn/roll/2017-01-17/doc-ifxzqhka3254150.shsht,2017。
10. 新浪财经,《2016 年银行卡盗刷投诉 7000 例用户损失 1.83 亿》,http://finance.sina.com.cn/money/bank/bank_hydt/2017-03-15/doc-ifychihc6647007.shtml,2017。

中英文摘要

ABSTRACT

中文摘要

2016 年信托行业发展综述

郭慧子

摘　要： 2016 年，全国 68 家信托公司管理的信托资产规模正式迈入 20 万亿，总量和增长率均优于 2015 年。但发展背后，信托行业仍在转型的征程中探索；在规模背后，规模与经营效率一定程度地背离；在增长背后，行业内部分化愈发明显。宏观经济环境和金融政策的变化，在带给信托行业机会型业务的同时，更考验了信托公司发展主动管理能力的意愿和力度，从而正在重塑信托行业长期格局。

关键词： 信托行业　综述　2016

2016 年信托公司固有业务研究报告

何　珊

摘　要： 2016 年，信托行业固有资产规模持续稳定增长，固有资产配置结构未有显著变化。受市场环境影响，固有业务收入多年来首次下降，对信托行业收入贡献占比大幅下降，固有净资产收益率出现下降趋势。收入构成中，投资收益依旧最为重要，由股权投资收益、其他投资收益、证券投资收益共同构成。

关键词： 固有业务　资产结构　赢利能力

2016年信托公司风险管理研究报告

聂雅雯

摘　要： 截至2016年底，全国68家信托公司管理的信托资产规模增长至20.22万亿元，较2015年增长24.01%，随着宏观经济波动以及实体经济的下行影响，信托公司已出现明显的分化，对风险管理的体系建设也越来越重视。对于信托公司而言，完善的风险管理体系，独立的风险管理流程，严谨的风控团队，量化的风险管理技术以及领先的风险管理水平已经成为信托公司展业及与同业区分必不可少的部分。本文主要从信托公司目前风险管理组织架构流程及风险要素，信托公司风险管理情况分析、风险管理体系建设、不良资产状况，资产减值准备计提和诉讼案件情况等方面对信托公司的风险管理进行逐一分析。

关键词： 风险管理组织架构　风险要素　不良资产　诉讼案件　风险主动管理体系建设

2016年信托行业人力资源报告

曾　层

摘　要： 2016年度信托行业从业人员增速由快至稳，人员增减差异增大。信托行业员工年龄结构更趋合理，高学历人员密集成为行业共识，人员岗位分布随着业务创新和精细化管理日趋合理，信托公司也探索适应行业转型的机构设置。伴随人员的发展，信托行业人均产能将进一步得到重视。

关键词： 人员规模　人员结构　人均产能

信托公司长期股权投资及混业经营分析

葛枫

摘　要： 长期股权投资和专业子公司投资，是信托公司固有资产配置和运用的两个重要方式。对于信托公司而言，对金融企业的长期股权投资及对专业子公司的投资，不仅可以扩大投资收益来源，还可以有效促进业务融合与协同发展，获得金融混业经营的优势，同时以专业子公司作为渠道突破展业过程中的限制，更好地为信托公司业务开展提供支持。

关键词： 长期股权投资　专业子公司　业务协同

财政失衡背景下的中国信托业发展

葛枫

摘　要： 2012年以来，信托业经历了一个高速发展的阶段。在这个阶段中，除了来自信托牌照带来的制度红利、行业监管体系完善带来的监管红利外，信托行业的发展一定程度上还获益于中央-地方财政结构的长期失衡。这样的财政体制失衡是如何为信托业带来发展机遇的，当失衡减弱而迎来均衡回归时，信托业的转型进程又将如何演化，这些都是值得深入思考的问题。

关键词： 财政结构失衡　信托　市政平台　房地产

货币边际收紧背景下的房地产行业整合新局面

郭慧子　应汇康

摘　要： 2016年四季度，经历调控政策后的房地产行业紧接面临货币政策的调整。在中央稳增长、防风险为核心的政策思路下，央行货币政策边际收紧，银行监管力度加码，房地产行业面临不断上行的资金成本。资金价格的上涨对地产公司的负债情况和杠杆水平产生极大影响，房地产企业将面临更严峻的经营环境。未来地产行业面临的将不仅是兼并频发，甚至有可能出现杠杆过高的大企业遭遇困境。新形势下，房地产信托亟须告别粗放的发展模式，寻求业务转型。

关键词： 货币政策　房地产行业　房地产信托

地产基金及信托公司参与模式探讨

李合怡　陈　梓

摘　要： 随着地产行业的监管趋严，地产企业的融资需求逐渐多样化，信托公司在产品设计方面也逐步向专业化、精细化、定制化转变，"信托+投资基金"的创新业务结构已成为现阶段最主要的地产股权信托展业模式。本文梳理了国内地产基金的发展概况、组织形式，着重探讨了信托公司参与地产投资和地产基金的主要模式，并从审批风控的角度提出信托公司应根据股权投资特性，建立一套符合自身需求和切合业务实际的风险管理体系和风险评估标准。

关键词： 地产基金　轻资产转型　信托公司　风险管理

股票投资信托的发展模式与路径探索

黄伟斌

摘　要：作为重要的资产管理业务类别，股票投资信托的发展对信托公司具有重要的意义。本文从股票投资信托的发展历史、当前现状、主要模式、发展的必要性，以及面临的监管，存在的主要问题等方面进行探讨，认为一方面发展股票投资信托需要业务聚焦，另一方面也需要监管上循序渐进的改革。未来股票投资信托的通道类业务逐渐收缩，业务模式更为多元，其中定向增发业务市场空间大，FOF/MOM 模式、海外资产配置将成为股票信托发展的突破口。

关键词：　股票投资　信托　路径

信托公司搭建 FOF 基金实例研究

林　凡　应汇康

摘　要：FOF 基金在资产管理上具有独到的优势，不仅能够获得基金产品的额外收益，还能有效规避市场的下行风险，从而实现投资者保值增值的理财目标。本文在回顾 FOF 基金发展，分析 FOF 优劣势的基础上，研究信托公司搭建 FOF 基金的量化方法，从理论到实践阐述从 FOF 底层基金管理人的选择，FOF 底层基金的比较，到如何通过基金组合来达到收益风险比最大化的构建策略全过程。

关键词：　FOF 基金　资产组合管理　FOF 构建策略

立足消费升级开展信托业务

黄婷儿

摘 要： 中国居民消费升级引领消费金融服务行业迎来高速发展期，信托公司可借助债权信托、资产证券化、股权信托、消费信托等全面介入消费金融领域，拓宽业务范围，改善财富管理，推动业务转型升级。但消费金融风险特征的复杂性也给信托展业带来诸多挑战，需要信托公司从风险管理、信息建设、监管沟通等方面着力推动。

关键词： 消费升级　消费金融服务　消费信托

消费信贷业务信息系统建设研究

邱　放

摘 要： 近年来信托公司赢利增长放缓，开拓创新业务模式、寻找新兴利润增长点成为迫切需要。随着国内居民消费水平的日益提升，消费规模快速增长，消费金融业务成为信托公司业务拓展新方向。本文从信托公司开展消费金融业务的主要模式、业务全流程、消费金融系统框架及功能模块、消费金融系统供应商等方面，阐述信托公司开展该业务过程中信息化系统如何发挥其重要作用。

关键词： 消费信贷　风险控制　规则引擎　贷款管理

资产管理行业的统一监管初探

袁　路

摘 要： 中国的资产管理行业已经拉开了统一监管改革的序幕，这对我国金融监管体系向统一监管转型探索积累经验具有重要意义。在监管改革推进过程中，信托公司需要积极拥抱变化，做好统一监管来临的准备。

关键词： 资产管理　统一监管　转型

畅想信托的金融科技革命

唐彦斌

摘　要： 中国正处于金融科技革命的初级阶段，并凭借互联网技术与金融业务的结合改造传统金融机构的展业模式，但依然受金融本质约束。但无疑未来的金融科技发展空间是巨大的。与此同时信托作为重要的金融业态，也已进入发展瓶颈期和矛盾爆发期。有前瞻性的信托公司应积极融入金融科技革命浪潮，最终凭借互联网信托、数字信托、智能信托等一系列深刻的技术变革突破瓶颈实现新的飞跃。

关键词： 金融科技　互联网信托　数字信托　智能信托

将来债权资产证券化的风险及其防范研究

蔡婉婷

摘　要： 在经济实践中将来债权已成为证券化不可或缺的基础资产。从经济动机、法律基础和实务经验看将来债权具备了证券化的可行性，其证券化业务一般形式多样但规模较小。由于转让时点不确定且依赖发起人经营管理，将来债权证券化业务呈现出"现金流预测失效、资金严重混同、破产未隔离、偏重主体信用"等风险特征。由此，本文提出应建立破产接管共识、增强可替代性评估、完善补偿机制以及规范信息登记披露，保障各方利益和市场有序发展。

关键词： 将来债权　资产证券化　风险防范

《同意销（预）售函》的法律风险研究——基于最高院一则案例的启示

谢雪凯

摘　要： 在有抵押物的开发贷项目中，因拟开发楼盘面临预售需求，交易中心会要求贷款人出具同意抵押人在抵押期间转让抵押物的《同意销（预）函》，但出函行为是否意味着"债权人放弃抵押权"，学界与实务中多生疑问。最高院在农行道外支行与中财公司借款纠纷案中做出"出函意味着债权人放弃抵押权"的裁判，应当说是对物权法立法目的的遵从，殊值肯定。

关键词： 同意销（预）售函　物权法第191条　抵押物转让

银行业金融机构消费者权益保护问题成因探讨及相关建议

张妍玫

摘　要： 结合金融消费者自身的特点，本文从市场环境、银行业金融机构自身以及金融消费者需求三个维度对银行业金融消费者权益保护问题的成因进行了具体探讨，并根据这三个层面提出了针对性的应对策略，通过加大市场监管、优化产品设计和服务流程及加强消费者金融知识的宣传教育，以期金融消费者权益保护尽快走出困境，形成三方共赢的和谐金融生态圈。

关键词： 同意销（预）售函　物权法第191条　抵押物转让

英文摘要

Review of Trust Industry 2016

Abstract: In the passing year of 2016, Trust industry has scaled up to 20 trillion in total asset, achieving a higher growth rate than 2015. Meanwhile, the whole industry yet has a long way to go in transition. It takes strategic vision for the trust companies to build up long-term and comprehensive competitiveness, especially with dynamic economic environment. An upcoming competition pattern of the whole industry is forming, and 2016 would be a crucial year before a new promising era comes.

Key words: Trust Industry; Review; 2016

Research on the Proprietary Business of Trust Companies in 2016

Abstract: In 2016, proprietary asset of the trust industry kept a steady expansion. There is no significant change in the proprietary asset allocation structure. Due to the market conditions, the proprietary business revenue has declined for the first time in years, and the share of the trust industry's revenues had fallen sharply. There was also a downward trend in the return on proprietary equity.

For the revenue composition, investment returns were still the most important element. It was composed of equity investment returns, other investment returns, and securities investment returns.

Key words: Proprietary Business; Asset Structure; Profitability

Research on the Risk Management of Trust Companies in 2016

Abstract: The assets managed by the 68 firms comprising the trust sector grew to RMB 20. 22 trillion by the end of 2016, up 24.01% from 2015. Due to upheavals in the macroeconomic dynamics and the real economy, there has been increased focus on building a strong risk management framework for trust firms. Factors such as having a well-established risk management structure, enhanced independence procedures, more professional teams, and improved quantitative techniques are becoming essential and indispensable for these companies.

This article analyzes different risk management elements for trust firms, including risk management organization, procedures and risk factors, non-performing assets, asset impairment allocations, and lawsuits.

Key words: Risk Management Organization Structure; Risk Factors; Non-performing Assets; Lawsuits; Active Risk Management System

---

Research on Human Resources Development of Trust Companies in 2016

Abstract: In the year of 2016, the personnel growth of trust industry has become more stable, while the personnel change has become more increasing. There are several characteristics of staff structure: the more rational age structure, the more highly educated talents, the more reasonable post structure and more need of talents in innovative business. These characteristics strengthen the active management of the whole trust industry, and more concern of per-capita productivity.

Key words: Staff Size; Talent Building; Business Development

Analysis of Long-term Equity Investment and Mixed Operation of Trust Company

Abstract: Long-term equity investment and the investment of specialized subsidiaries are two important ways of asset allocation and utilization of trust companies. For the trust companies, the long-term equity investment of financial enterprises and investment of specialized subsidiaries, can not only expand the investment income, but also can effectively promote the business integration and collaborative development, access to financial mixed business advantage, also specialized subsidiaries as a channel to break through the course of the exhibition industry restrictions, provide support to carry out for the trust company business better.

Key words: Long-term Equity Investment; Specialized Subsidiary; Business Collaboration

---

The Development of Trust Industry in the Background of Fiscal Imbalance

Abstract: The trust industry has experienced a period of rapid development since 2012. In this period, the development of the trust industry has also benefited from the long-term imbalance between the central and local fiscal structure, in addition to the dividends institutional and regulatory dividends. There are some questions worth thinking in depth that how the imbalance of fiscal structure brought development opportunities for the trust industry, and how the transformation process of trust industry will evolve when the imbalance weakened.

Key words: Imbalance of Fiscal Structure; Trust; Municipal Platform; Real Estate

How would the Tightening Monetary Policy Change the Pattern of Real Estate Industry in China?

Abstract: Since the 4th quarter of 2016, the real estate industry has been facing more rigorous regulatory and monetary policies. Under the guidance of steady growth and risk prevention, the central bank has tightened the monetary policy and the CBRC has implemented stricter financial regulatory policies, and thus the real estate industry is facing upward financial costs. This creates significant negative effects on the financial leverages of the industry. In the future, the real estate industry will see not only merges and acquisitions, but also large enterprises with high leverages tumbling. Under new circumstances, real estate trust business must transit from an extensive expansion to a more diversified development.

Key words: Monetary Policy; Real Estate Industry; Trust

Model of Trust Companies Participating in Real Estate Fund

Abstract: With the tightening of the real estate industry's regulation, the financing needs of real estate enterprises gradually diversified, and the trust company's product design has gradually become specialized, refined and customized. "Trust" plus "Investment fund", the innovative business structure, has become the most important real estate equity trust business model at this stage. The article sorted the development of domestic real estate fund and its organizational form, and discussed the principal model of the trust companies participating in real estate investment and real estate fund. From the perspective of risk management, the author suggested that trust companies should establish a system of risk management and risk assessment that fits the company's needs and its business.

Key words: Real Estate Fund; Asset-light Strategy; Trust Company; Risk Management

Diverse Development of Equity Investment Trust

Abstract: As an important category of asset management, equity investment trust has a more important significance for the trust company. This article discusses the development history, current situation, main mode, the necessity of development, and the supervision, the main problem of equity investment trust. We think that equity investment trust is now in need of focus, on the other hand also need regulatory reforms step by step. In future, the channel business will gradually shrink, and the business model will be more diverse, the private placement market will have a much greater market space, FOF/MOM and overseas asset allocation will become a breakthrough of equity investment trust.

Key words: Equity Investment; Trust industry; Pattern

Building FOF A Perspective from Trust Industry

Abstract: FOF has unique advantages in portfolio management, not only obtaining excess returns, but also effectively avoiding some downward risks of the financial market. Based on reviewing the development of FOF and analyzing its advantages and disadvantages, this paper studies how trust companies build a FOF in quantitative ways, from theories to cases. It discusses selections of fund managers, screening of the underlying funds, and shows how to achieve income-risk maximization through portfolio combinations.

Key words: FOF; Portfolio Management; FOF Strategies

Trust Companies Participating in China's Consumption Upgrade

Abstract: Consumption Upgrade in China is leading the consumer financial services industry step into a period of rapid development. The trust companies can use various patterns to participate in consumer finance, such as credit trust, equity trust, ABS, consumer trust, etc, in order to broaden the scope of business, improve the wealth management, as well as promote business transformation. However, the complexity of the consumer financial risks also brings many challenges to the trust industry, which requires the trust companies to improve their risk management, information system construction, and the communication to the supervision.

Key words: Consumption upgrade; Consumer finance Services; Consumer Trust

Research of Consumption Credit Management Systems of Trust Companies

Abstract: In recent years, profit growth of trust companies has been keeping slowing down, which makes it imperative for them to develop new business patterns and create an alternative path for continued growth. At the same time, domestic consumption of the residents has also been rising, as a result of which, trust companies can take advantage of the rapidly growing consumer finance business, and eventually leading a new direction when expanding the business scope. This article discusses how trust companies can utilize the information system to support the operation of this business. The following discussion focuses on several aspects: main business pattern of consumer finance, full coverage of business process, system architecture and modules, system suppliers and so on.

Key words: Consumer Finance; Risk; Trust Industry

Transformation of Integrated Supervision in the Asset Management Industry

Abstract: China's asset management industry has opened the prelude to a unified regulatory reform, which will have great significance to China's financial regulatory system. In the process of promoting regulatory reform, the trust companies need to actively embrace changes and make preparations for unified supervision.

Key words: Asset Management; Integrated Supervision; Transformation

---

Imagination of Fintech Revolution in Trust Industry

Abstract: China still stays in the primary stage of Fintech revolution, seeing financial business mode reform driven by the combination of the international technology and financial business, although constrained with the financial nature. Even so Fintech has a bright and thrilling future definitely, meanwhile "trust", as the important financial activity, has got trapped in the development bottleneck or dilemma. Forward-looking trust companies should be actively integrated into the wave the Fintech evolution. It is fairly predictable that the trust industry will witness a giant leap after a series of technical changes, such as internet trust, digital trust and intelligent trust.

Key words: Fintech; Internet Trust; Digital Trust; Intelligent Trust

The Risk and Prevention of Future Obligatory Right's Securitization

Abstract: The future obligatory rights have become indispensable as assets for securitization. It is feasible to securitize the future obligatory rights owning to the economic motivation, legal basis, and practical experience. The securitization of obligatory rights has diverse forms of performance but relatively small scale. It may bring risks including failure predication, serious mixture, invalid bankruptcy isolation and credibility dependency, which is attributed to the uncertain transfer time of future obligatory right and the requirement for originator's management as well. Therefore, it is suggested that the mandatory institution should establish the interim receiver system, strengthen the assessment for originators' substitutability, set up the compensation mechanism and normalize the transfer registry system, ensuring an orderly market.

Key words: Future Obligatory Right; Securitization; Risk; Prevention and Control

---

The Legal Risk of the Commitment Letter for (Advance) Sale

Abstract: To meet the needs of advance sale of commercial houses, the Real Estate Exchange Center generally requires the mortgagee to issue a commitment letter to consent the mortgagor transfers the property under mortgage during the mortgage term. But it is debatable whether or not the conduct of mortgagee to issue the commitment letter refers to the waiver of a right to mortgage. In Daowai sub-branch of ABC v Harbin Zhongcai Real Estate Development Company, the Supreme Court stated that "issuing the letter means the creditor has waived the right to mortgage" which by and large complies with the legislative purpose of Chinese property law, and should be recognized.

Key words: Commitment Letter for (Advance) Sale; Article 191 of Property Law; Transfer of the Property Under Mortgage

Discussion and Suggestions on the Consumer Rights Protection in Banking Financial Institutions

Abstract: Based on the characteristics of financial consumers, this paper makes a concrete discussion on the causes of the problems which are involved with protection of the rights and interests of financial consumers from three aspects: the market environment, the banking financial institutions and the financial consumer demands. By analyzing these three dimensions, this paper proposes corresponding strategies——strengthening market supervision, optimizing products' design and service processes and improving consumers education. The problems may be solved or eased, and the tripartite win-win harmonious financial ecological circle may be expected.

Key words: Finance Consumer Protection; Finance

图书在版编目（CIP）数据

中国信托行业研究报告.2017／中建投信托研究中心编著.--北京：社会科学文献出版社，2017.9
（中国建投研究丛书.报告系列）
ISBN 978－7－5201－1279－6

Ⅰ.①中… Ⅱ.①中… Ⅲ.①信托业－研究报告－中国－2017 Ⅳ.①F832.49

中国版本图书馆 CIP 数据核字（2017）第 204647 号

中国建投研究丛书·报告系列
中国信托行业研究报告（2017）

编　　著／中建投信托研究中心

出 版 人／谢寿光
项目统筹／王婧怡　许秀江
责任编辑／王婧怡　刘宇轩

出　　版／社会科学文献出版社·经济与管理分社（010）59367226
　　　　　地址：北京市北三环中路甲29号院华龙大厦　邮编：100029
　　　　　网址：www.ssap.com.cn

发　　行／市场营销中心（010）59367081　59367018
印　　装／三河市尚艺印装有限公司
规　　格／开　本：787mm×1092mm　1/16
　　　　　印　张：24.875　插　页：0.625　字　数：327千字
版　　次／2017年9月第1版　2017年9月第1次印刷
书　　号／ISBN 978－7－5201－1279－6
定　　价／98.00元

本书如有印装质量问题，请与读者服务中心（010－59367028）联系

▲ 版权所有 翻印必究